Leichte 3000er
Die 99 schönsten Touren mit Weg

Dieter Seibert

Leichte 3000er

Die 99 schönsten Touren mit Weg

BRUCKMANN

ZWISCHEN SILVRETTA UND BERNINA

Blick vom Muttler-Aufstieg nach Westen.

ORTLERGRUPPE UND BRENTA

Der Hohe Angelus im Ortlergebiet.

ÖTZTALER ALPEN

Die Weißseespitze im Kaunertal.

STUBAIER ALPEN

Der Rinnensee in den Stubaier Alpen.

ZILLERTALER ALPEN UND HOHE TAUERN

Das Massiv der Cunturinesspitze in den Dolomiten.

Gabler und Reichenspitze.

DOLOMITEN

Blick von Norden auf die Marmolada.

Am Gipfel der Kreuzspitze.

NÖRDLICHE KALKALPEN

Die Parseierspitze über dem Tal bei Grins.

Liebe Bergwanderer!

Das ist euer Buch! Ein besonderer Reiz der Wanderungen und Touren in den Bergen ist die Vielfalt an Möglichkeiten. Mit einigem Bemühen findet jeder die Unternehmen, die ihm ganz persönlich Spaß machen und die zu seinem Können, zum herrschenden Wetter, den momentanen Bedingungen usw. passen. Es gibt schließlich Touren jeder Größe und jeder Schwierigkeit – und das in reicher Auswahl. Erstaunlicherweise trifft dies auch für unsere Dreitausender mit Weg zu. Auf dem Gipfel des Wiesjagglskopfs (3130 m) steht man – beim Ausnützen aller Fahrmöglichkeiten – schon nach dreißig Minuten, den Munt Pers (3207 m), diese Aussichtsloge für den Piz Palü, erreicht man nach einer Stunde, für den Hohen Riffler (3160 m) oder die Hochwilde (3480 m) hingegen braucht man zwei Tage.

Die Bezeichnung »mit Weg« ist im Gebirge und damit auch in diesem Buch problematisch. Auf vielen Karten wird alles mit einer roten Linie eingetragen, ganz gleich, ob es sich um eine bequeme Promenade handelt oder um einen winzigen Steig im Steilgelände, der zudem mit Drahtseilen und Ähnlichem gesichert ist und den bestimmt nicht mehr jedermann begehen kann. Da sollte auf den Karten in Zukunft deutlich unterschieden werden! Unser Buch bringt eine bunte Palette mit allem vom wirklich gut angelegten Steig wie am Piz Languard (3262 m) über Routen, die mehr auf Pfadspuren verlaufen, etwa an der Hohen Geige (3395 m), bis hin zu sehr Anspruchsvollem; dazu gehörten der Detmolder Weg an der Hochalmspitze (3360 m) und die echten, spannenden und ausgesetzten Klettersteige wie am Westgrat der Marmolata (3343 m). Es ist deshalb ganz wichtig, die Texte und Angaben genau zu studieren, damit man das Passende herausgreift und unterwegs nicht, weil einem das Gelände zu schwierig wird, in unangenehme Situationen gerät.

3000 Meter – das ist vor allem für den Bergwanderer eine magische Zahl. So wird das Erreichen des Gipfels zu einem stolzen Erlebnis, zumal 98 der 99 Touren durch eine reizvolle, hochalpine Bergwelt mit weiten Ausblicken, viel Abwechslung, mancher Überraschung wie herrlichen Seen usw. führt (nur beim »Ausprobier-Ziel« Schwarzkogel gibt es allzu viele Skilifte und planierte Flächen). Unsere Dreitausender kann man zudem in zwei Kategorien einteilen. Mancher dieser Berge zählt selbst zu den ganz Großen; so ragen die Parseierspitze (3038 m), das Petzeck (3283 m) oder die Tofanen (3243 m) als Hauptgipfel in ihrem Bereich auf. Andere Berge wiederum sind selber weniger imposant, bilden aber ideale Aussichtspunkte. So hat man etwa beim Wilden Mannle (3023 m) nicht nur den gewaltigen Eisbruch des Taufkarferners unmittelbar vor sich, sondern kann auch die Wildspitze, den höchsten Berg Tirols, ganz aus der Nähe bewundern.

Unser Buch beschränkt sich auf die Ostalpen, bringt jedoch hier eine sehr gezielte und damit umfassende und gründliche Auswahl. Es fehlen wohl keine wichtigen Möglichkeiten. Einige wenige Ziele liegen jedoch sozusagen an der obersten Grenze für Bergwanderungen wie der Hochfeiler (3509 m), der Hauptgipfel der Zillertaler Alpen, dessen Westgrat nur selten wirklich schneefrei ist, oder die Cima Brenta (3150 m) mit ihrem Gletscherchen und dem steilen Klettersteig.

Wolken umspielen die Felstürme der Tofana di Rozes in den Dolomiten.

Die Schaubachhütte oberhalb von Sulden, dahinter der Ortler.

Ein Paar Hinweise und Tipps

Die Formulierung »mit Weg« im Untertitel sollte niemanden zum Leichtsinn verführen! Bitte studieren Sie deshalb die folgenden Hinweise gründlich.

Höhe und Bedingungen Gehen wir streng von dem Kriterium »Leichte Dreitausender mit Weg« aus, dann sind dies die zwölf höchsten Ziele des Buches:

1.	Monte Vioz	3645 m
2.	Hoher Angelus	3521 m
3.	Schrankogel	3496 m
4.	Hochwilde	3480 m
5.	Hinterer Seelenkogel	3470 m
6.	Kreuzspitze	3455 m
7.	Hohe Geige	3395 m
8.	Piz Güglia	3380 m
9.	Tschenglser Hochwand	3375 m
10.	Hoher Tenn	3368 m
11.	Hochalmspitze	3360 m
12.	Seikogel	3360 m

Diese kurze Statistik soll vor allem die großen Höhen vor Augen führen und damit das Wesentliche unserer Touren. Je höher der Berg, desto mehr Bedeutung gewinnen die herrschenden Bedingungen! Bis weit in den Sommer hinein können sich hier Altschneefelder halten, die zudem mit fortschreitender Jahreszeit immer härter werden. Außerdem fallen die sommerlichen Niederschläge dort oben fast ausschließlich als Schnee. Das Wichtigste vor einer Tour ist deshalb die Information über die momentanen Verhältnisse. Man kann Verkehrsämter, Bergführer und Hüttenwirte befragen, während die Auskünfte anderer Bergwanderer oft mit gewisser Vorsicht zu behandeln sind.

Mit steigender Höhe werden auch die Wetterbedingungen rasch extremer, nehmen zum Beispiel die Temperaturen ab und die Windstärken zu. Da sollte man wirklich nichts mehr riskieren! Rechtzeitiges Umkehren oder ein gänzliches Verzichten sind Zeichen von Klug- und nicht von Feigheit!

Anforderungen Die Schwierigkeiten unserer Touren sind sehr unterschiedlich! Da es im Bereich der hoch-

Panorama der Stubaier Alpen: Im Vordergrund Geißkogel und Beillöcherspitze.

alpinen Wanderungen dafür keine Bezeichnungen gibt, und die herrschenden Verhältnisse einen großen Einfluss haben, wird das Charakteristische bei jeder Tour exakt beschrieben. Bitte jeweils genau durchlesen!

Von wenigen Ausnahmen abgesehen muss man die Touren – im Rahmen von Bergwanderungen – als anspruchsvoll bis sehr anspruchsvoll einordnen. Bei ungünstigen Bedingungen werden rasch ernste Hochtouren daraus. Man braucht also in vielen Fällen einige alpine Erfahrung. Vor allem eine gute Trittsicherheit sollte nicht fehlen; sie ist sowieso eine Art Lebensversicherung.

Bei manchen Routen trifft man auf Felspassagen, die mit Drahtseilen, Stiften usw. gesichert sind. Bei reichlichen Sicherungen spricht man dann von einem Klettersteig, oder in Italien von einer Via ferrata. Das Begehen dieser Routen hat sich sozusagen zu einem eigenen Zweig der Bergsteigerei entwickelt. Es gibt auch hier alles von einfach bis äußerst steil und ausgesetzt. Wer zum Beispiel ohne entsprechendes Können und Wissen probiert, die Via ferrata degli Alleghesi an der Civetta zu begehen, wird wohl rasch in Schwierigkeiten geraten. Also Vorsicht bei den – allerdings seltenen – Routen dieser Art in unserem Buch!

Zeitangaben Die angegebenen Gehzeiten können nur Richtwerte sein, zu ungleich ist das Tempo der einzelnen Wanderer und Bergsteiger. Auch andere Faktoren beeinflussen die benötigte Zeit wie ein schwerer Rucksack, ungünstige Bedingungen, Hitze, die persönliche Tagesform usw. Jeder muss für sich herausfinden, ob er in etwa die angegebenen Zeiten braucht, ob er langsamer oder schneller unterwegs ist.

Hütten etc. Für manche Tour empfiehlt sich eine Übernachtung in einer der beschriebenen Hütten, die fast alle alpinen Vereinigungen gehören, meist dem Alpenverein in Deutschland, Österreich, Südtirol und Italien. Wer öfter derartige Stützpunkte besucht, sollte Mitglied in einem der Vereine sein; das bringt ihm einige Vorteile. Alle Hütten sind voll bewirtschaftet. Vor allem in der Hauptsaison empfiehlt sich ein vorheriges Anmelden für die Übernachtung.

Ausrüstung Das Wichtigste sind gute Schuhe; erstaunlicherweise wird hier am meisten »gesündigt«. Die so verbreiteten leichten Trekkingschuhe werden zum Beispiel auf Schnee rasch zu einem Gefahrenträger oder zwingen zu einer frühen Umkehr. Im Gegensatz zu den

Im Furtschaglgebiet mit Blick auf das Schlegeiskees und den Großen Möseler.

Schuhen sind viele bei der Kleidung eher »overdressed«, denn auch heute stimmt der alte Grundsatz: Mehrere dünne Schichten sind besser als wenige dicke. Bitte daran denken, dass es in diesen Höhen, etwa durch einen kräftigen Wind, auch bei Schönwetter recht kalt sein kann. Also nie das Wärmende im Tal lassen; so gehören auch die Handschuhe stets in den Rucksack! Zudem an Sonnencreme und Brille denken!

Über die (allzu eifrige und sture) Verwendung von Skistöcken ist der Eispickel fast in Vergessenheit geraten. Dabei kann er auf hartem Schnee eine so wichtige und zuverlässige Hilfe sein! Wer die anspruchsvollen Touren in diesem Buch anpacken will, sollte sich mit den Grödleisen vertraut machen.

Wie ärgerlich wäre es, wenn man nur wegen einem kurzen, hartgefrorenen Schneefeld umkehren müsste!

Ein wenig Statistik

Um Ihnen ein bisschen bei der Auswahl zu helfen, erscheinen hier fünf Blöcke mit jeweils zehn Gipfelzielen, die eine stete Steigerung vom Einfachen bis zum Anspruchsvollen bringen. Kostete Ihnen zum Beispiel schon der Piz Languard (2. Block) viel Kraft, hatten Sie dort Angst im Fels, dann sollten Sie sich für den nächsten Tag eher den Munt Pers aus dem 1. Block heraussuchen als etwa den Piz Güglia.

In der »ersten Abteilung« bieten wir Ihnen Spritztouren, die sich dafür eignen, das persönliche Können zu testen und erste Erfahrungen zu sammeln.

1.	Hintere Schöntaufspitze	3324 m
2.	Im Hintern Eis	3270 m
3.	Munt Pers	3207 m
4.	Piz Boè	3100 m
5.	Wiesjagglskopf	3127 m
6.	Monte Scorluzzo	3095 m
7.	Säuleck	3085 m
8.	Wildes Mannle	3023 m
9.	Schwarzkogel	3016 m
10.	Schneewinkelspitze	3016 m

Bei diesen Vorschlägen liegt die Steigerung vor allem in der Länge der Touren, während die Anforderungen nur unwesentlich größer sind.

1.	Keeskogel	3291 m
2.	Piz Languard	3262 m
3.	Hoher Nebelkogel	3211 m
4.	Hintergrasleck	3170 m
5.	Flüela Schwarzhorn	3146 m
6.	Wilde Kreuzspitze	3132 m
7.	La Varella	3055 m
8.	Larmkogel	3017 m
9.	Sulzkogel	3016 m
10.	Furgler	3004 m

Hier nun eine kleine Aufstellung schon recht großer Gipfel, die jedoch ganz auf angelegten Pfaden bestiegen werden; es gibt jedoch kurze Felsstellen.

1.	Kreuzspitze	3455 m
2.	Seikogel	3355 m
3.	Roteck	3337 m
4.	Laaserspitze	3305 m
5.	Petzeck	3283 m
6.	Piz Ot	3246 m
7.	Großer Lenkstein	3236 m
8.	Großer Muntanitz	3232 m
9.	Hoher Riffler (Normalweg)	3168 m
10.	Piz Lischana	3105 m

Zum Interessantesten in diesem Buch gehören die großen Felsberge mit ihren oft gesicherten Steiganlagen, die schon einige Erfahrung erfordern.

1.	Monte Vioz	3645 m
2.	Hoher Angelus	3521 m
3.	Schrankogel	3497 m
4.	Hochwilde	3480 m
5.	Piz Güglia	3380 m
6.	Tschenglser Hochwand	3375 m
7.	Habicht	3277 m
8.	Wassertalkogel	3252 m
9.	Hoher Sonnblick	3106 m
10.	Kesselkogel	3002 m

Hier noch zehn anspruchsvolle Touren. Wer sie ohne Zittern schafft, darf sich mit dem Titel »Meister des Bergwanderns« schmücken.

1.	Vertainspitze	3544 m
2.	Hoher Tenn	3368 m
3.	Hochalmspitze	3360 m
4.	Hohe Dock	3348 m
5.	Marmolada di Penia	3343 m
6.	Muttler	3294 m
7.	Civetta	3220 m
8.	Cima Brenta	3150 m
9.	Parseierspitze	3036 m
10.	Zehnerspitze	3026 m

Zwischen Silvretta und Bernina

»Kontrastprogramm« könnte die Überschrift über dieses Kapitel lauten, denn auf engem Raum und in kurzer Zeit lassen sich hier die unterschiedlichsten Eindrücke sammeln. Welche Welten trennen etwa das Bergbauerndorf Guarda im Unterengadin und die Weltmetropole St. Moritz! Naturverbundene fühlen sich wohl mehr zu den Orten der Bauern hingezogen. In diese sehr alten Siedlungen des Unterengadin kann man sich so richtig verlieben, in die eng verschachtelten Ortskerne, wo rund um den Brunnenplatz die unverwechselbaren, behäbig-breiten Bündnerhäuser stehen mit ihren sehenswerten Fassaden, ihren für das Engadin so typischen Sgraffito-Ornamenten, den Erkern, Gittern, Toren, Beschlägen und ihrer Blumenpracht … Unser Kontrastprogramm setzt sich in der Eigenart der Täler und der dort herrschenden Atmosphäre fort. Da gibt es die topfebenen Wiesenböden bei Samedan, die herrliche Seenlandschaft zwischen St. Moritz und dem Maloja, das tiefe V-Tal im Unterengadin, wo die Dörfer fast ausschließlich hoch oben auf den Terrassen der Sonnenseite liegen, die wilde Schlucht nach Samnaun, die Wiesenterrassen von Serfaus oder das schmale Paznauntal mit seinen himmelhohen Steilhängen. Wahrlich eine reiche Palette! Natürlich stehen auch die Berge in der Vielfalt nicht zurück. Absolutes Schaustück ist die Bernina mit ihren Eisbergen, die im 4049 m hohen Piz Bernina gipfeln, und den gewaltigen Gletscherströmen. Bei vier unserer Touren können wir sie aus der Nähe bewundern. Im Verhältnis zur Bernina wirken die Gipfel von Albula- und Languardgruppe, von Silvretta und Verwall in ihrem dunklen Gneisgewand recht »brav«. Doch die vielen Bergseen, die rauschenden Wildbäche, eine sehr reiche Flora bilden hier ebenfalls eine Landschaft voller Reiz; zudem findet man auch in dieser Region viele stattliche Gletscher, die sich allerdings mehr verstecken, nicht so leuchtend ins Auge fallen. Einen ganz eigenen Akzent setzen, dank ihrer geologischen Vielfalt, die Gipfel rund um das Unterengadin; dort trifft man auf die verschiedensten geologischen Formationen, vom zerborstenen Kalkgipfel bis hin zur urgewaltigen, ganz aus Schiefern bestehenden Pyramide des Muttler.

Karten: Für die Touren 1 bis 5: Freytag & Berndt WK 1.50 000, Blatt 372; für die Touren 6, 7, 12: Landeskarte der Schweiz 1:100 000, Blatt 39 (Flüelapass); für die Touren 8 bis 11 Landeskarte der Schweiz 1:100 000, Blatt 44 (Malojapass).

1 Hoher Riffler
3168 m

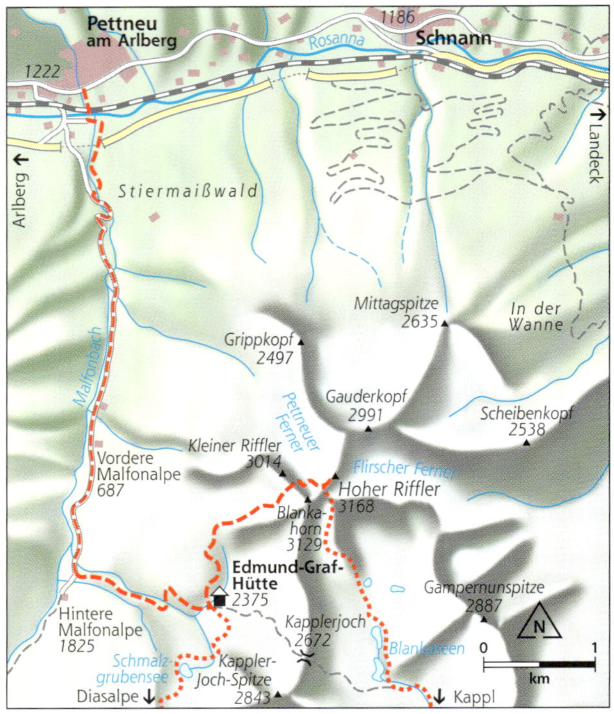

Der Hauptgipfel des Verwall

Verwall heißt eine weiträumige Berggruppe zwischen dem Arlberg und der Silvretta, die trotz der sehr schönen und auffallend wilden Felsgipfeln, trotz der Hütten und Wege wenig beachtet wird – sehr zu Unrecht! Am häufigsten erhält noch der Hauptgipfel der Region Besuch, der Riffler, der mit gutem Grund den »Vornamen« Hoher trägt. Denn von allen Seiten fällt gerade dieser Berg ins Auge, eine schöne, alles überragende Felsgestalt, die zudem nordseitig malerisch von zwei Gletschern dekoriert wird; ja selbst vom Inntal bei Landeck aus beherrscht der Riffler das Blickfeld im Westen. Steiler, kantiger, teilweise rostroter Fels, der besonders auffallend am Nachbarberg Blankahorn (3129 m) leuchtet, gibt diesem Gipfel auch aus der Nähe ein schönes, imposantes Aussehen und bildet als Spiegelung, etwa in den Blankaseen, zudem ein recht fotogenes Motiv.

Auf einem Vorsprung hoch über dem Malfontal thront die Edmund-Graf-Hütte, der Stützpunkt, der vor allem die Riffler-Gipfelaspiranten anlockt. Die neunzig Schlafplätze zeigen, dass zumindest an entsprechenden Wochenenden sich doch recht viele Bergsteiger hier einfinden. Der Aufstieg bereitet, trotz des Schnees, meist keine Probleme. Doch Bergfreunde, die noch ein wenig mehr vom Verwall kennen lernen wollen, die konditionsstark sind und zudem spannende Routen schätzen, starten nicht im Norden, sondern in Kappl über dem Paznauntal. Dank der Dias-Bahn beginnt die Tour dort bereits in freiem Gelände. Gute Steige leiten über das Schmalzgrubenjoch und vorbei am gleichnamigen See hinüber zur Hütte. Der Abstieg mit zwei recht unterschiedlichen Varianten – die direkte Route eignet sich nur für wirklich Erfahrene – berührt die erwähnten Blankaseen und führt dann weit, weit hinab ins Paznauntal.

Charakter: Hochalpine Bergwege mit Schneefeldern; direkter Abstieg zu den Blankaseen sehr steil und anspruchsvoll. Von Pettneu zur Hütte 3 Std. Aufstieg, Übergang aus dem Diasgebiet zur Hütte reichlich 3 Std., Aufstieg zum Gipfel 2 ½ Std.
Ausgangspunkt: Entweder auf der Arlbergstrecke nach Pettneu im Gebiet von St. Anton oder Fahrt ins Paznauntal und zur Talstation der Dias-Bahn unterhalb von Kappl.
Zur Edmund-Graf-Hütte: Von Pettneu auf dem Fahrweg, später teilweise auf Fußwegen, ins Malfontal und empor bis an den Beginn des Bodens bei der Hinteren Malfonalm. Nun auf einem Steig zwischen zwei Bächen rasch aufwärts, schließlich links durch die steilen Hänge zur Edmund-Graf-Hütte (2375 m, ÖAV, 90 Schlafplätze, Tel. 05448/338).
Zugang von der Dias-Bahn: Mit der Gondelbahn zur Bergstation (1830 m) und zum nahen Gasthaus Dias (1863 m). Genau nach Norden über die Hänge schräg

Beim Abstieg vom Hohen Riffler Richtung Blankaseen hat man diesen Blick auf das benachbarte Blankahorn.

aufwärts bis unter die Hohe Spitze, rechts um sie herum und steil in die Schmalzgrubenscharte (2679 m). Diagonal durch einen Hang auf eine Schulter hinab, nach rechts zum malerischen Schmalzgrubensee und weiter abwärts zur Hütte.

Auf den Gipfel: Von der Hütte über die Hänge empor auf eine Schulter im Westgrat des Blankahorns, dahinter durch eine Mulde weit empor in einen Schneesattel neben dem Kleinen Riffler, quer über den flachen Firn und auf den oberen Hängen zum Südgipfel. Der Nordgipfel ist 2 m höher, aber nur in Kletterei zu erreichen.

Abstieg über Blankaseen: Entweder aus dem Sattel zwischen Hohem Riffler und Blankahorn durch eine 200 m hohe, sehr steile Schrofen- und Geröllflanke (nur Steigspuren, alpine Erfahrung notwendig!) in das Kar unter den beiden Gipfeln und über zwei Böden und zwei steilere Stufen hinab zu den schönen Blankaseen (2405 m). Oder hierher über Edmund-Graf-Hütte und Kappler Joch (bequemer, aber 1 1/2 Std. weiter). Talaus zur Durrichalm, auf Fußwegen über die hohen Talhänge nach Unterbichl und auf dem Sträßchen hinüber nach Kappl.

Aufstieg zur Breiten Krone im Fimbertal oberhalb der Heidelberger Hütte, hinten der Piz Tasna.

2 Breite Krone
3079 m

In der Ostsilvretta

Dank des Gletscherrückgangs zählt plötzlich auch die Breite Krone zu den Zielen der – erfahrenen – Bergwanderer. Dieser Dreitausender ganz im Osten der Silvretta zeigt ein unverwechselbares Aussehen: Von Westen zieht eine breite, mittelsteile Fläche zum Gipfel hinauf, der in alle anderen Richtungen mit sehr steilen Wänden abbricht; das erinnert an den Söller einer Burg. Der weite Sattel westlich unseres Bergs trägt den ungewöhnlichen Namen »Falsches Kronenjoch«, der jedoch gar nicht so unsinnig ist, wie es zuerst scheinen mag. Im Nebel verwechselte ihn nämlich schon mancher mit dem »echten« Kronenjoch; und das führte sogar zu Unfällen.

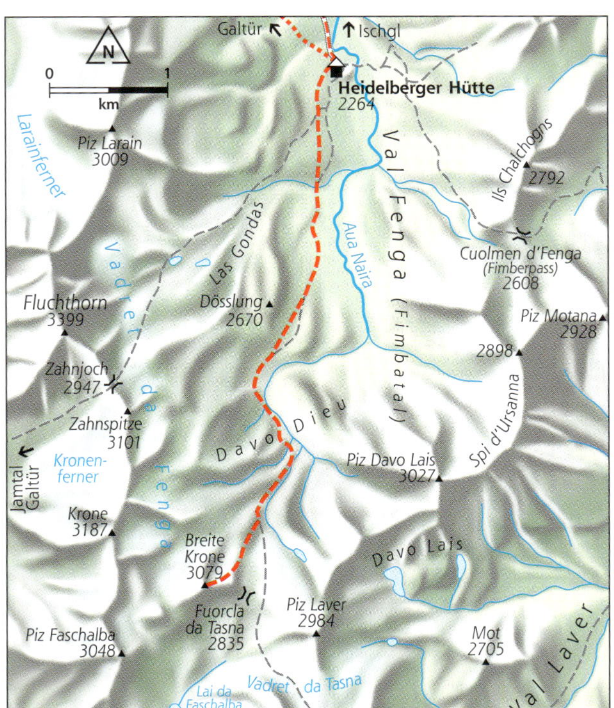

Zweierlei gibt dieser Tour eine besondere Note. Als erstes sei der wirklich imposante Anblick der Fluchthörner (3399 m) erwähnt, die als breiter, von Zacken besetzter Felskamm gewaltig über ihre Umgebung aufragen. Außerdem verläuft in diesem Gebiet die Grenze zwischen den Bündnerschiefern, die weiche Formen wie den Piz Davo Lais bilden, und den Silvrettagneisen mit ihren wilden, scharfkantigen Graten und Wänden wie an der Krone (3187 m) oder der Zahnspitze.

Charakter: Stets weiträumiges, nie gefährliches Gelände, im oberen Teil jedoch nur Pfadspuren und bis in den Sommer Schneefelder. Aufstieg zur Hütte 2 Std., von dort auf die Breite Krone gut 2 1/2 Std.

Ausgangspunkt: Im mondänen Skiort Ischgl (Paznauntal) mit dem Auto auf der schotterigen, steilen Straße weit hinauf ins Bodental bis 300 m hinter das Gasthaus (1850 m; gesperrt zwischen 9 und 17 Uhr).

Drei Dörfer liegen auf der Sonnenterrasse über dem oberen Inntal; Ladis erkennt man an der Burg Laudegg aus dem 13. Jahrhundert.

Zur Heidelberger Hütte: Stets auf dem Talsträßchen 6 km talein zur Hütte (2264 m, DAV, 150 Schlafplätze, Tel. 05444/54 18), sehr schöner Blick auf die Fluchthörner; in 2120 m Höhe überschreitet man mitten im Tal die Schweizer Grenze (Ausweis).
Auf die Breite Krone: Von der Hütte nach Süden über die Grasböden zur Wegverzweigung. Auf dem linken Steig flach talein, dann über einen kleinen Sattel im Gelände und kurz hinab zum Bach. Rechts bleibend ein Stückchen noch im Tal, dann den Steigspuren folgend über die weiten Schutt- und Schneeflächen, zwischendurch etwas steiler, stets nach Südwesten aufwärts und in das unauffällige Falsche Kronenjoch (2958 m). Hier im scharfen Winkel nach links und auf Steigspuren im Schutt steiler zum breiten, aber nach Osten jäh abbrechenden Gipfel.
Eine Anregung: Von Galtür hinüber ins Laraintal und über das Ritzenjoch (2690 m) in fünf Stunden zur Heidelberger Hütte. Später dann vom Falschen Kronenjoch über Schuttböden ins nahe Kronenjoch (2974 m) und durch das Futschöltal am malerischen gleichnamigen Bach entlang zur stattlichen Jamtalhütte (2165 m, 2 Std.). Von dort über einen Steig evtl. auf den Fast-Dreitausender Westliches Gamshorn (2987 m, 2 ½ Std. Aufstieg). Dann durch das Jamtal zurück nach Galtür.

3 Furgler
3004 m

Beliebter Gipfel über Serfaus und Komperdell

Der Furgler, der letzte große Gipfel im nördlichen Bereich der Samnaunberge, ist ein eigentümlicher Berg. Hier gibt es keine glatten Hänge und ausgeprägten Grate. Das breite, behäbige Massiv wirkt wie aufgelöst. In die steilen Flanken sind immer wieder wie Daumenabdrücke eines Riesen kleine und kleinste Kare eingebettet. Auch der Hauptgrat Richtung Norden bildet keine ausgeprägte Schneide, sondern einen weiten Rücken mit Firnmulden. Selbst der neue Aufstieg von der Scheid über die Südflanke bietet eine echte Überraschung. Da stiefelt man über die steilen Gras- und Schutthänge empor, schnaufend und schwitzend in dieser prallen Sonnenseite, und steht dann auf einer Karschwelle urplötzlich vor einem kleinen Boden, der gerade Platz für den 200 m langen Tiefkarsee lässt. Jawohl, hier in 2790 m Höhe versteckt sich mitten im Steilgelände ein blaues Seeauge! Blau ist es allerdings nur, wenn die Sommersonne die dicke Eisdecke zum Schmelzen gebracht hat.

Die Seen sind überhaupt der besondere Schmuck dieser Landschaft. Wer nach der Gipfeltour, die ja nicht allzu anstrengend war, noch über Kraftreserven verfügt, sollte vom Furglersee aus nochmals 25 Minuten aufsteigen, um den Rest des Tages auf dem großen Seenplateau zu verbummeln. Vom einstigen Gletscher geschliffene Felsplatten, grobes Blockwerk, Graspolster, ein Halbdutzend schönster Bergseen mit dem großflächigen Blankasee, der freie Blick nach Südosten – das sind die Attribute dieser Hochfläche. Wer nicht nur zum Sammeln von Dreitausendern unterwegs ist, findet hier zudem eine reizvolle 3-Tages-Tour mit sehr unterschiedlichen Eindrücken, die am Schluss wenigstens kurz skizziert werden soll.

Charakter: Bergwege in teilweise steilem Gelände, Schneefelder bis in den Sommer beim Abstieg. Vom Lift auf den Gipfel knapp 2 1/2 Std.
Ausgangspunkt: Im oberen Inntal nach Ried, von dort auf serpentinenreicher Bergstraße über Fiss nach Serfaus (1429 m); Talstation der Bahn im hintersten Ortsteil.
Aufstieg vom Lazid: Von Serfaus mit der Komperdell- und der Lazid-Bahn zu deren Bergstation (2346 m). Nun über den ausgeprägten Kamm der Böderköpfe, wobei man am besten auf dem Fußweg bleibt, mit etwas Auf und Ab in den Sattel »Scheid« (2429 m). Erst gerade in steilem Gelände empor, dann schräg nach links durch die Hänge ins Tieftal und zum gleichnamigen See. Links um ihn herum, dann über die Schuttböden und -hänge zum breiten Gipfel mit Kreuz.
Abstieg über den Furglersee: Auf dem breiten, blokkreichen Nordrücken weit hinab ins Furglerjoch (2748 m) und nach rechts ins Kar. Über Geröll, evtl. auch über Schnee zum Furglersee und nun entweder direkt in einem weiten Bogen durch die Hänge hinab zur Bergbahnstation und zum Kölner Haus (1965 m, DAV, 55 Schlafplätze, Tel. 05476/6214) oder Gegenanstieg von 25 Min. zu dem erwähnten Seenplateau und Abstieg von dort.

3-Tages-Tour (in Stichpunkten): Von Fiss mit den Bahnen zum Fisser Joch (2430 m) und immer über die Grate in sehr schöner Wanderung über den Brunnenkopf auf den Planskopf (2804 m, 2 1/2 Std.), Abstieg zu den Seen und weiter hinab zum Kölner Haus. Am zweiten Tag wie beschrieben über den Furgler, am dritten zum Hexenkopf.

4 Hexenkopf
3035 m

Spannender Zugang über den Ostgrat

Im Sommer, wenn die Sonne zumindest auf den Südseiten mit dem Schnee aufgeräumt hat, wirkt der Hexenkopf aus der Nähe, etwa vom großflächigen Gmairersee aus, behäbig breit und etwas formlos, und man fragt sich: Wie mag dieser Berg zu seinem ungewöhnlichen Namen gekommen sein? Steigt man jedoch vom Masnerjoch über den gebogenen Ostgrat empor, dann kann die Fantasie schon eher aktiv werden. Anfangs ist das Gelände fast verwirrend weiträumig und überrascht mit immer neuen kleinen Mulden und Tälchen. Ganz anders zeigt sich dann das Massiv am steil nach Westen abbrechenden Gipfelgrat mit seinen gewaltigen Felsblöcken, den zerborstenen Türmchen, geheimnisvollen Klüften. Betrachtet man den Hexenkopf zudem aus der passenden Höhe, etwa vom Hinteren Kreuzjoch, dann zeigt der Gipfel erst seine wahre Größe – er ragt ja deutlich höher als alle Nachbarberge auf – und wirkt dann dank seiner 300 m hohen, oben steilen Westflanke auch durchaus imposant.

Der Hexenkopf ist kein Gipfel für Ungeduldige! Von welcher Seite man auch kommt, der Zugang ist weit und kompliziert. Die Routen werden deshalb nahezu nie begangen, von unserem Weg aus dem Gebiet von Serfaus einmal abgesehen. Hier heißen die Stationen Lazid – Böderköpfe – Scheid – Ladermoos – Arrezjoch – Hexensee – Hexensattel. Erst dann ist man am südwestseitigen Gipfelfuß angekommen, wo der einfachste Anstieg zum Kreuz abzweigt. Über knapp sieben Kilometer führt dieser Anmarschweg, sieben Kilometer, die man – und das ist das Gemeine an dieser Tour – ja Meter für Meter wieder zurückwandern muss (noch dazu meist im Bereich von Liften und Pisten). Doch es gibt eine Chance für alle

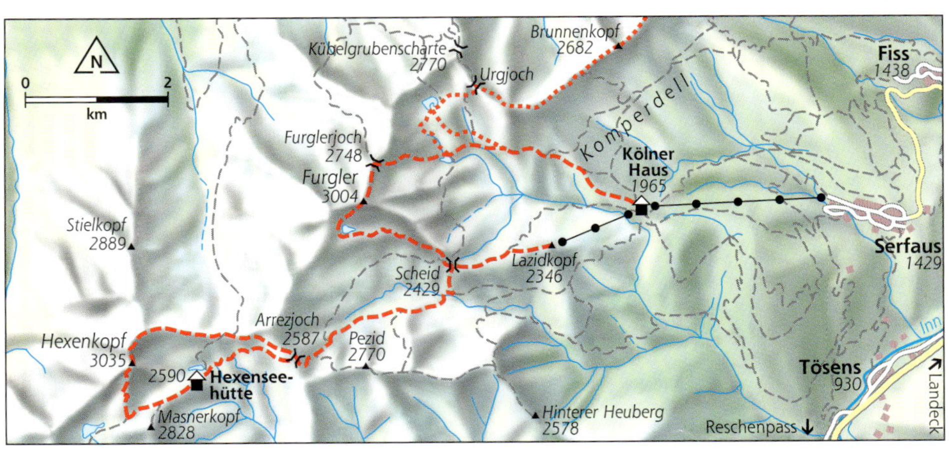

Trittsicheren und Unternehmungslustigen: Bei der ungleich spannenderen Gipfelroute über Arrezjoch und Ostgrat spart man sich das letzte Drittel dieses Marsches.

Charakter: Weite Bergwege, bei schneefreien Verhältnissen auf der Südwestroute ohne Schwierigkeiten; kürzer und spannender, aber viel anspruchsvoller über den Ostgrat. Vom Lazid über den Grat in 3 1/2 Std. auf den Gipfel, recht langer Rückweg.
Ausgangspunkt: Im oberen Inntal nach Ried, von dort auf serpentinenreicher Bergstraße über Fiss nach Serfaus (1429 m), Talstation der Bahn im hintersten Ortsteil.
Aufstieg vom Lazid über den Ostgrat: Von Serfaus mit der Komperdell- und der Lazid-Bahn zu deren Bergstation (2346 m). Nun über den ausgeprägten Kamm der Böderköpfe, wobei man am besten auf dem Fußweg bleibt, mit etwas Auf und Ab in den Sattel »Scheid« (2429 m). Auf dem markierten Steig immer rechts in den Hängen in weitem Bogen ins Ladermoos und kurz wieder empor ins Arrezjoch (2587 m) mit seinen Liftstationen. Von dort über den Grat etwas aufwärts gegen den Arrezkopf, dann links durch die sehr steilen Hänge (Trittsicherheit nötig) ins Masnerjoch (2685 m), einen tief eingeschnittenen Sattel im Hauptkamm. Auf dem wenig ausgeprägten Steig (auf die Markierungen achten!) durch die Südhänge des weiten Gratrückens in eine Scharte. Weiter über gegliederte Trümmerflächen an den Vorgipfel heran. Kurz über den nun ausgeprägten Grat, dann rechts um die Köpfe und Türme in die schmale Lücke zwischen Vor- und Hauptgipfel, durch eine Spalte und über steilen Fels (Schwierigkeitsgrad I) auf den Gipfel mit Kreuz und Buch.
Zugang über den Hexensattel (weiter, weniger interessant, aber wesentlich einfacher): Vom Arrezjoch durch die Hänge leicht abwärts zu einem kleinen See und wieder hinauf zum Hexensee, über dem auf einer ausgeprägten Rippe die kleine Hexenseehütte (2590 m, evtl. bewirtschaftet, auch Übernachtungsgelegenheit, im Kölner Haus auf Komperdell erkundigen) liegt. Weiter über die Rippe und durch eine Mulde in den Hexensattel (2715 m). Von dort über flachere und steilere Hänge zum oberen Südgrat und auf den Gipfel.

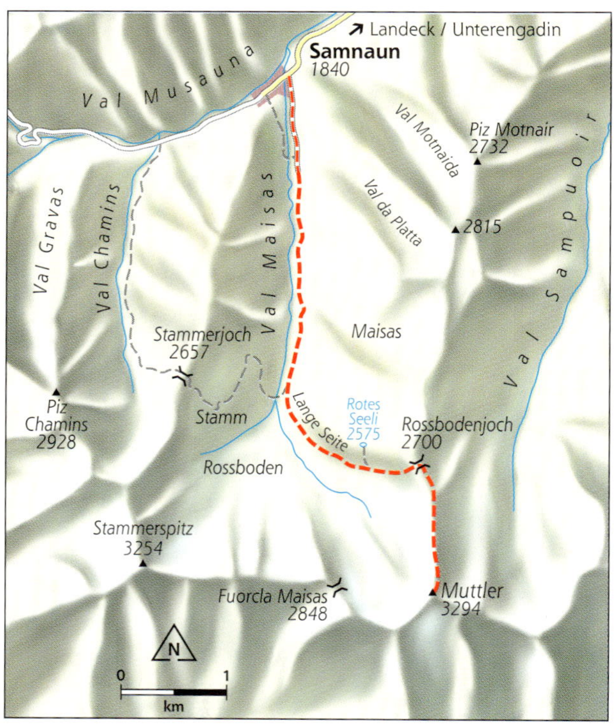

5 Muttler 3294 m

Hauptgipfel der Samnaunberge

Nur selten trifft man an einem Massiv auf so extreme Unterschiede in den Bedingungen wie am Muttler. Schiefer, genauer gesagt Bündnerschiefer bauen diese gewaltige, dunkle Pyramide auf, ein Material, das zu feinem Schutt und Grus zerfällt. Der übliche Aufstieg führt über den Nordgrat; diese Himmelsrichtung und die große Höhe sorgen für die so stark und rasch wechselnden Bedingungen. Herrschen ideale Verhältnisse, ist also der Schutt locker und trocken, dann kann jeder den Hauptgipfel der Samnaunberge besteigen, sofern er die nötige Kondition und Ausdauer für die lange Tour und das steile, rutschige Gelände mitbringt. Doch hat es etwa bei einem Gewitter geregnet und es folgt dann eine klare, kalte Nacht, dann friert dieses feine Material zusammen, und so wird die Sache schlagartig gefährlich. Das Gelände kommt dem Begeher jetzt viel steiler vor und er wird sich bewusst: Auch auf gefrorenen Schieferhängen kann man tödlich abstürzen! Da ist sogar harter Schnee noch angenehmer – auf den man in dieser Höhe stets treffen kann –, der lässt sich wenigstens mit Pickel und Steigeisen relativ sicher begehen. Also: Der Muttler ist kein Berg für jedermann und für alle Tage!

Die gewaltige, stumpfe Pyramide, die ihre Umgebung weit überragt, fällt von allen Seiten ins Auge. Das ist ein würdiger König der Samnaunberge! Doch je näher man dem Massiv kommt, desto mehr verliert es das Imponierende, ja, es entpuppt sich schließlich als »Trümmerhaufen«. Ein Phänomen stellt die Nordwestflanke dar; sie ist auf volle 900 m Höhe (!) nahezu gleichmäßig geneigt, so steil, dass niemand an ein Hinaufsteigen denken würde. Und doch zeigt sie keinen Fels; die ganze Flanke besteht aus Schieferschutt. Ein Kuriosum bildet auch die Ostwand, die einzige echte und immerhin 600 m hohe Felswand des Muttler. Mit ihr könnte man jeden Kletterer schrecken,

Früher Morgen beim Aufstieg zum Muttler, im Dunst das Oberinntal, hinten Glockturm und Blickspitze.

denn das Gestein besteht scheinbar nur aus aufeinander gestapelten Schieferplatten.

Trotzdem wird mancher Spaß an dieser Tour haben, an dem ungewöhnlichen Material, an dem sich immer weiter ausdehnenden Panorama, zu dem zum Beispiel Ortler und Bernina gehören, am Anblick des Nachbarberges, der Stammerspitze (3254 m), einer offensichtlich ganz unnahbaren Felsburg, und am Roten Seeli. Das ist ein kleines Gewässer in immerhin 2575 m Höhe, das dank einer Alge kein blaues, sondern ein rotes Auge in der Landschaft bildet. Es liegt allerdings etwas abseits der üblichen Route.

Charakter: Hochalpine Tour, nur bei schnee- und eisfreiem Gelände relativ einfach, doch sehr steil. Bei ungünstigen Verhältnissen gefährlich! 4 ½ Std. Aufstieg von Samnaun.

Ausgangspunkt: Aus dem österreichischen Oberinntal auf guter neuer Bergstraße über Spiss nach Samnaun (1840 m, Schweiz), oder dorthin auf der älteren, eindrucksvolleren Straße mit vielen Tunneln etc. ab Vinadi. Zollausschlussgebiet, deshalb ein viel besuchter Ort in eindrucksvoll hoher Lage.

Auf den Muttler: Immer links, also östlich des Maisasbachs in der scharf eingeschnittenen Val Maisas erst auf einem Fahr-, dann auf einem Fußweg weit talein bis auf die Böden im Talschluss. Jetzt immer mehr links haltend auf allmählich ziemlich steilem Pfad über Schutt in einer Mulde empor ins Rossbodenjoch (2700 m). Auf, teilweise auch rechts neben dem hier ansetzenden Nordgrat über Schutt und Platten auf eine Schulter und an die steile Gipfelpyramide heran. In rutschigem Schieferschutt noch 400 Hm auf den alles überragenden Gipfel.

6 Piz Lischana 3105 m

In den Unterengadiner Dolomiten

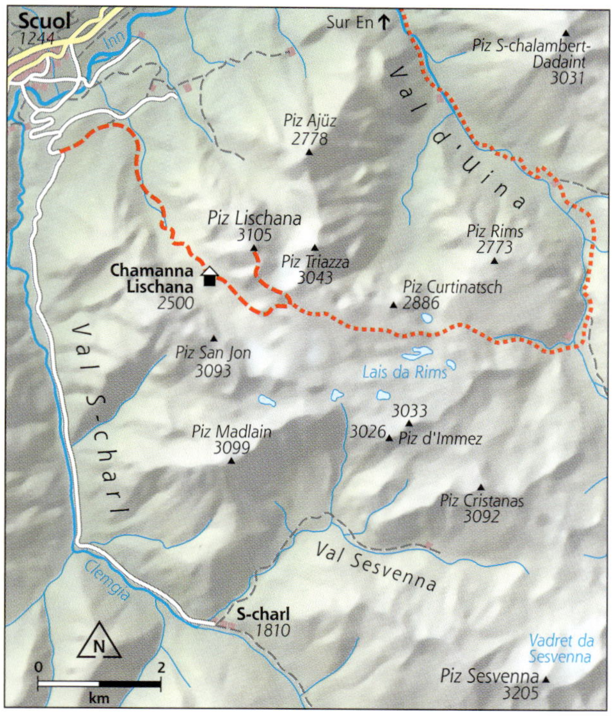

Unterengadiner Dolomiten – das ist kein etwas verunglückter Vergleich wie etwa eine Holsteinische Schweiz. Das Engiadina bassa, das Unterengadin, begleitet im Süden eine lange Reihe wilder, bizarrer und auffallend zerborstener Felsgipfel, die für das Malerische und Fotogene der Region sorgen. Sie bestehen aus dem stark verwitternden Gestein Hauptdolomit. Diese beiden Tatsachen machen den Vergleich mit den Dolomiten also durchaus legitim! Die rätoromanische Sprache hat zudem so klangvolle Namen wie Piz Laschadurella, Piz Plavna Dadora, Piz Pisoc (3178 m), Piz S-chalambert … Man könnte meinen: Ein bekanntes Tal mit so berühmten Orten wie Schuls-Tarasp-Vulpera plus ganz auffallende und für jedermann sichtbare Felsgipfel ist gleich ein überlaufenes Modegebiet. Irrtum – genau das Gegenteil trifft zu! Die aufgeführten Berge und ihre vielen Nachbarn führen ein ausgesprochenes Aschenputteldasein.

Ein einziger Gipfel fällt hier sozusagen aus der Reihe. Das ist der mit Hütte und einem alpinen Steig erschlossene Piz Lischana. Beim Zugang wird nach einem Auftakt durch Wald das Gelände bald beeindruckend, die schmale, kräftig steigende Val Lischana flankieren zerklüftete, bis zu 800 m hohe Felswände. Zu einem Unternehmen voller Abwechslung und Überraschungen wird die Tour vor allem bei einer Wanderung über die seengeschmückte Hochfläche von Rims und den recht langen Abstieg durch die Val d'Uina mit ihren beiden Schluchten und einem Wald voller Frauenschuh.

Ein Tipp: Niemand sollte einen Bummel durch die historischen Engadiner Dörfer wie Ardez oder Guarda – in herrlicher Panoramalage – mit ihrer einzigartigen Bauernhauskultur versäumen.

Nach Nordwesten fällt der Piz Lischana mit einer bis zu 1200 m hohen Felsflanke ab, dank der der Gipfel einen imposanten Anblick bietet.

Charakter: Gute Wege zur Hütte, dann kleinere Steige in teilweise geröllreichem Gelände, am Gipfel steil und evtl. noch Schnee. Für den Abstieg in die Val d'Uina nebelfreies Wetter wichtig! Aufstieg zur Hütte 3 ½ Std., auf den Gipfel 2 Std.

Ausgangspunkt: In Scuol/Schuls hinab zur Innbrücke, auf der Straße Richtung S-charl zur vierten Serpentine und nach links zu den Flächen von San Jon (1420 m).

Zur Lischanahütte: Vom Ostende der San-Jon-Wiesen durch Wald schräg aufwärts in die Val Lischana. Anfangs zwischen Bäumen, dann durch Buschwerk im V-Tal rasch aufwärts, später auf Gras im hier breiten, bachlosen, von Wänden eingefassten Hochtal kräftig steigend zu der auf einem Vorsprung thronenden Chamanna Lischana (2500 m, SAC, 38 Schlafplätze), einem noch recht ursprünglichen Stützpunkt für Bergsteiger.

Auf den Piz Lischana: Stets auf der linken Seite des Hochtals über Gras und Geröll bis fast in den Talschluss, dann durch eine kleine Geröllmulde gerade empor bis unter den Kamm. Bei der Verzweigung links, ganz hinauf zum Grat und gleich wieder links in der Flanke auf einen 3044 m hohen Gratkopf. Von dort noch relativ langer Weiterweg erst über die ausgeprägte Schneide, dann rechts um einen markanten Felskopf in eine Scharte vor dem senkrechten Gipfelaufbau (dem Wahrzeichen des Piz Lischana). Umgehung in der Flanke links und dann steil zum Gipfel empor.

Seenplateau von Rims und Val d'Uina. Ein paar Stichpunkte zur langen Route: Auf der Anstiegsroute zur obersten Wegverzweigung zurück. Kurz wieder empor zum Kamm und auf diesem nach Süden in den nächsten Sattel. Jetzt nach Osten über die sehr wellige Hochfläche zum größten der Seen von Rims. Über einen kleinen Sattel, durch Mulden, dann in einem Tälchen auf einen Almboden im Haupttal. Von dort auf breitem Weg durch eine eindrucksvolle, bröselige Schlucht. In der Val d'Uina an den Uina-Höfen vorbei und durch die Uina-Schlucht weit talaus nach Sur En (etwa 4 Std.). Hinauf zur Engadin-Straße bei Crusch und mit dem Bus zurück nach Scuol.

7 Flüela Schwarzhorn 3146 m

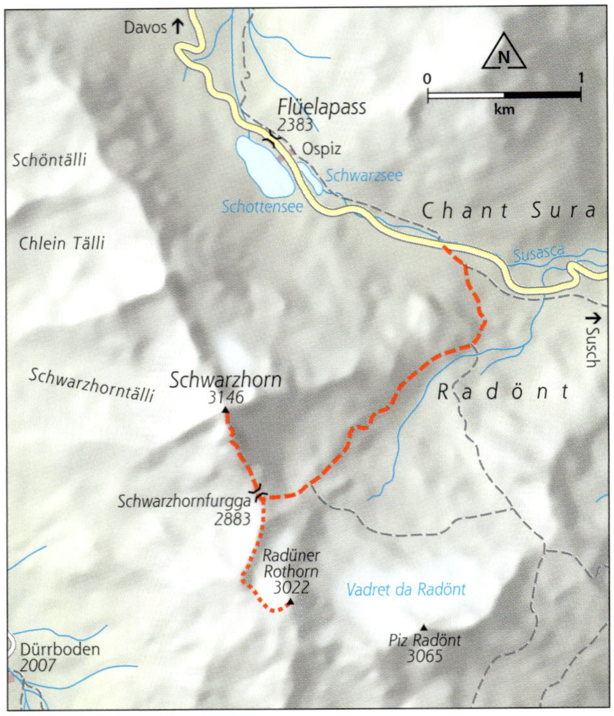

Der nördlichste Dreitausender der Albulaberge

Schwarz- und Weißhorn – oder wie es bei den Schweizern heißt: Wisshorn – flankieren den schmalen Flüelapass (2383 m, mit Hospiz) recht eindrucksvoll. Vor allem das Erstere, das sich in dem 500 m langen Schottensee spiegelt, bietet eine imposante Gestalt mit gezackten Graten und einer zerborstenen Nordwand. Beimengungen von Hornblende in den hier vorherrschenden Gneisen sorgen für die dunkle (namengebende) Farbe des Gesteins, das im Frühsommer, solange der Schnee noch Rinnen und Flanken füllt, fast schwarz wirkt. Bei diesem Anblick mag niemand glauben, dass man ohne alle Kletterei dieses stolze Ziel erreichen kann – und das noch relativ rasch. Das Schwarzhorn hat sein »kleines Geheimnis«: Der scheinbar felsige Südgrat verbirgt auf dem höchsten Kamm eine Art Dach, das jeder gut begehen kann.

Wer etwas Besonderes erleben will und auch einmal ein kurzes Stück ohne Weg zurechtkommt, dem servieren wir hier als Nachspeise das Radüner Rothorn. Diese Urlandschaft mit kleinen, weltabgeschiedenen Böden, riesigen Felsblöcken, einem größeren und einem winzigen See ist wirklich beeindruckend! Es kann bei diesem Abstecher – bei nebelfreiem Wetter! – nichts passieren, solange man sich den Rückweg genau merkt, ihn gegebenenfalls mit Steinmännern markiert.

Charakter: Gut angelegte Bergwege ohne irgendwelche problematischen Stellen auf einen markanten Gipfel. 2 1/2 Std. Aufstieg.
Ausgangspunkt: Kleiner Parkplatz in 2330 m Höhe, der 1,4 km östlich des Flüelapasses liegt. Zufahrt von Susch im Engadin oder – etwas weiter – von Davos über den Pass.
Der Schwarzhorn-Weg: Auf dem breiten Steig schräg durch die Hänge und über ein paar gletschergeschliffene Felsplatten auf eine Schulter mit schönem Blick auf die Berge von Radönt. Immer in den Hängen ein gutes Stück über den Talböden nach Südwesten aufwärts, dann durch weite Schuttmulden (evtl. Schnee) in die Schwarzhornfurgga (2883 m). Rechts um ein paar Felsen herum, dann auf einem Schutt- und Trümmerhang in vielen kleinen Serpentinen empor, schließlich über ein erstaunlich weiträumiges Dach zum Gipfel mit Kreuz und Buch.
Abenteuer Radüner Rothorn: In der Mulde gleich unter der Schwarzhornfurgga vom Weg ab, pfadlos sanft aufwärts nach Süden auf eine nahe Geländeschulter und über Böden mit großen Felsblöcken und durch Mulden zu einem malerisch-hochalpinen See. Immer in den tiefsten Senken bleibend westlich um den aus Trümmern aufgebauten Gipfel bis in den hintersten Winkel. Kurze Steilstufe zum scheinbaren Grat, dann über mächtige Felsblöcke weiter aufwärts, schließlich von Süden auf den 3022 m hohen Gipfel (mit Buch; keine richtige Kletterei, nur ein Turnen über Blöcke jeder Größe, doch Geschicklichkeit und Orientierungsvermögen wichtig).

8 Piz Ot 3246 m

Die »Hohe Spitze«, ein idealer Aussichtsberg

Die rätoromanischen Bezeichnungen klingen so interessant und geheimnisvoll, etwa Piz Ot, Funtauna Fraida oder Las Trais Fluors, und sie lassen sich doch ganz einfach übersetzen: Hohe Spitze, Kalte Quelle, Die Drei Blumen. Die letzte Bezeichnung tragen drei wilde Felsgipfel (2910 m), die mit ihrem Dolomitgestein zwischen den dunklen Gneisbergen besonders ins Auge fallen. Auch unser Ziel zeigt auffallende Formen, präsentiert sich, vor allem von Norden gesehen, als eleganter Dreikant, der zudem ganz gewaltig über seine Umgebung aufragt und deshalb seinen Namen mit vollem Recht trägt. Natürlich bildet ein so hoher, isoliert stehender Berg auch einen Aussichtsbalkon erster Klasse.

Vom Engadinort Celerina bringt eine Gondelbahn den Gast ins berühmte (Ski-)Gebiet von St. Moritz und

Das Flüela Schwarzhorn zeigt von Nordosten eine ganz typische Form; über den Rücken von links führt der übliche Anstieg.

Piz Nair; das schafft die Möglichkeit für eine Piz-Ot-Rundtour. Die Wege führen in die Fuorcla Valletta, von der man ein gutes Stück wieder absteigen muss, bevor man den restlichen Anstieg Richtung Piz Ot in Angriff nehmen kann. Abenteuerlustige verlassen allerdings den Weg in 2700 m Höhe, um über die von teilweise mächtigen Blöcken bedeckten Böden nach Norden zu wandern, zu turnen, zu balancieren; das ist eine reizvolle Variante für alle, die Derartiges schätzen und sich auch einmal ohne Weg zurechtfinden. Für Spannung sorgt auch der steile Gipfelaufbau, an dem der Steig teilweise gesichert ist.

Charakter: Hochalpine Bergwanderung, steiler Gipfelaufbau mit Drahtseilen, gute Verhältnisse in dieser Südostflanke notwendig. Aufstieg von der Bahn 3 1/2 Std.

Ausgangspunkt: Celerina (1730 m), kleiner Oberengadiner Ferienort zwischen Samedan und St. Moritz, die Talstation der Gondelbahn liegt im Westen des Ortes.

Von Marguns auf den Piz Ot: Mit der Gondelbahn zur Bergstation (2279 m) in der Val Saluver. Rechts des Schlatteinbachs talein und über weite, aber zerfurchte Wiesenhänge zur nicht öffentlichen Chamanna Saluver (2632 m) neben einem kleinen See. Jetzt nach rechts in steilerem Gelände in die Val dal Büz, bei der Verzweigung nach oben und durch das Trümmerkar in die Fuorcla Valletta (2858 m). Drüben 70 Hm hinab, dann entweder – ohne richtigen Weg – fast eben über das wellige Blockgelände (mit kleinem See) insgesamt 550 m

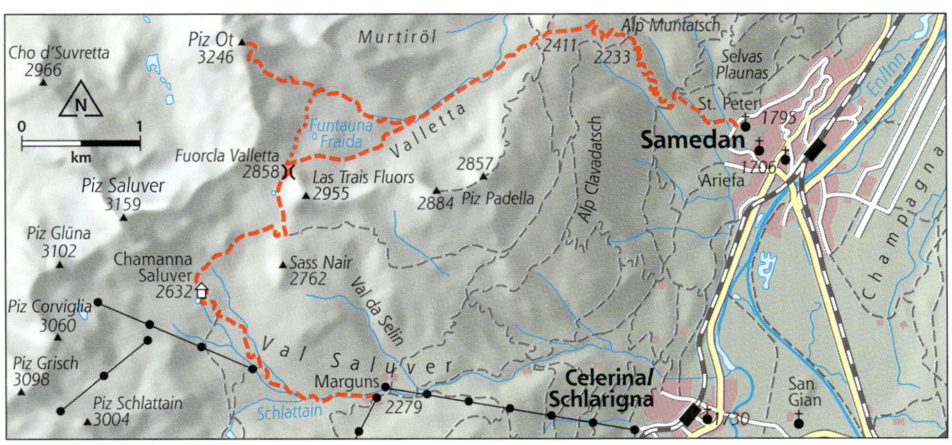

Über einen sehr langen, meist felsigen Grat, der mit einigen Sicherungen »gebändigt« ist, erreicht man den Piz Güglia.

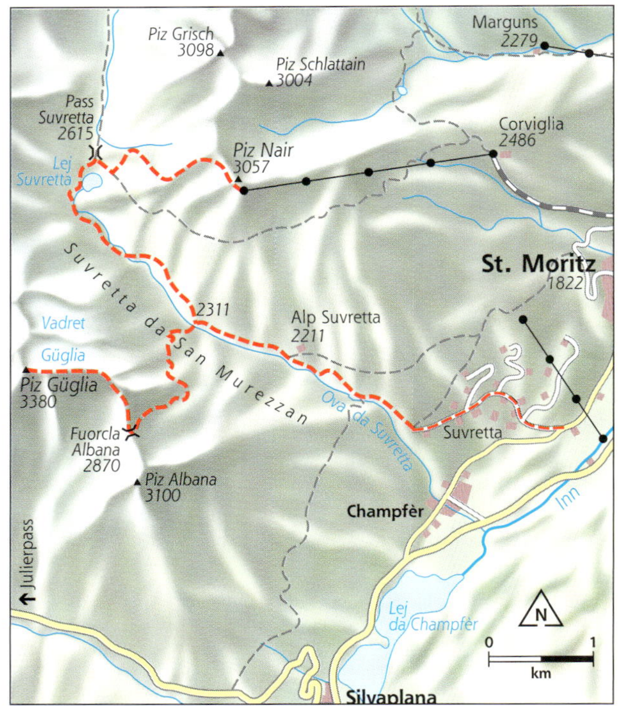

hinüber zur übernächsten Geländerippe, wo man auf den Gipfelweg trifft. Oder auf dem Pfad bleibend weit hinab auf den Boden von Valletta und nach links zum Weg; über ihn, an der Funtauna Fraida (= Kalte Quelle) vorbei auf die erwähnte Geländerippe. Teilweise durch grobes Blockwerk im Bereich der Rippe auf einen schönen Absatz und dann zunehmend steiler an den Gipfelaufbau heran. Durch die felsige Flanke zum Grat (Sicherungen) und auf den höchsten Punkt.

Abstieg nach Samedan: Durch die weiträumige, flache Valletta talaus, ab 2500 m Höhe mehr nach rechts und um einen breiten Rücken herum zur Geländekante mit schönem Tiefblick und weitem Panorama. Schräg durch den Hang tiefer, dann in vielen Kehren über Weideflächen, zwischen Buschwerk und Bäumen hinab nach Samedan (1706 m). Mit der Bahn oder zu Fuß in 40 Min. zurück nach Celerina.

9 Piz Güglia
3380 m

Höchster Engadiner Wege-Berg

Das ist der absolute König unter seinesgleichen! Kein anderer Engadiner Dreitausender mit Weg erreicht auch nur annähernd diese Höhe, ragt ähnlich gewaltig über seine Umgebung empor, ja, der Piz Güglia zählt zu den imposantesten Bergen in unserem Buch. Er bildet eine zwei Kilometer breite Felsburg mit bis zu 500 m hohen Wänden. Albulakette heißt das mächtige Gebirge, das zwischen Flüela- und Malojapass das Engadin im Westen begleitet und mit unserem Piz Güglia – nach dem viel anspruchsvolleren Piz Kesch (3418 m) – den zweiten Hauptgipfel bildet. Imposant auch der Ausblick vom Gipfel, stehen die großen Bernina-Eisberge doch, nur getrennt durch das Tal mit den Engadiner Seen, gleich vis-à-vis.

Was ziehen Sie vor – 700 Höhenmeter Abstieg von einem Gipfel und vorbei an einem malerischen Bergsee oder 500 Höhenmeter Aufstieg durch ein Tal? Die Bahn zum Piz Nair (3057 m) schafft diese Möglichkeit für Genießer. Man hat dann die düsteren, gletschergeschmückten Nordabstürze des Piz Güglia ganz nahe vor sich; da mögen Bedenken oder gar Ängste aufkeimen. Doch dank des Steiges und einer Reihe von Sicherungen wird die einzigartige Wanderung dort oben, auf dem höchsten Kamm weit und breit, zu einem großen, aber nicht gefährlichen Erlebnis! Eine Erfahrung ganz anderer Art sind die Kontraste zwischen dieser sehr urtümlichen Bergwelt und dem Mondänen um das Fünfsternehotel Suvretta, an dem der Rückweg vorbeiführt. Güglia ist die rätoromanische Form von Julier, heißt der berühmte Julierpass doch offiziell Pass dal Güglia.

Charakter: Mächtiger Gipfel mit langem Anstieg und sehr hohem, felsigem Gipfelaufbau mit Sicherungen; Trittsicherheit und zuverlässiges Wetter wichtig. Gut 4 Std. Aufstieg.
Ausgangspunkt: Talstation der Bahnen in St. Moritz (1822 m).
Vom Piz Nair: Mit den Bahnen von St. Moritz über Corviglia zum Gipfelgrat. In wenigen Minuten auf den **Piz Nair** (3057 m) – ebenfalls ein Dreitausender! –, dann in einem Bogen südlich unter dem Grat nach Westen und hinab in den Pass Suvretta mit einem sehr schönen, großen Bergsee. Von dessen Südwestzipfel neben dem Bach ein gutes Stück in der Val Suvretta talaus zur Abzweigung des Güglia-Weges (2311 m, knapp 1 Std.). Hierher auch direkt vom Ausgangspunkt am Suvrettahotel vorbei und durch die Val Suvretta (gut 1 ½ Std.). Über ein Brückchen, dann lange Zeit über die ziemlich steilen Hänge durch Gras und viel Geröll oder Blockwerk empor, einmal eine längere Querung mit anschließendem Felsgürtel. Beim letzten, steilen Anstieg in die Fuorcla Albana (2870 m) evtl. noch Schnee. Erst links, dann rechts des hier noch wenig ausgeprägten Kammes, später auf und neben der teilweise scharfen Schneide (einige Sicherungen) über den noch sehr langen Grat – dabei stets gut auf die richtige Route achtend – gegen den Ostgipfel, südlich unter ihm hindurch und zum breiten Hauptgipfel.
Rückweg: Auf der gleichen Route zurück in die Val Suvretta. Immer links des Baches weit talaus. Bevor dann das Gelände steiler ins Haupttal abfällt, auf breitem Weg schräg links abwärts nach Suvretta und zum Ausgangspunkt.

10 Piz Languard
3262 m

König der Aussichtsberge im Steinbockrevier

Passende Schlagzeile: Ideal einer Panoramatour, eventuell mit reizvollen Ergänzungen beim Abstieg. Von Pontresina führen uns die Wege sehr zielstrebig auf diesen Aussichtsberg der Extraklasse; kein Zwischenabstieg, kein Flachstück bremst das Vorwärtskommen. Der Steig lässt sich zudem bis zur Georgyhütte in 3186 m Höhe recht mühelos begehen; das ist echte Schweizer Qualitätsarbeit! Dazu kommt der grandiose Berninablick, der uns schon beim Aufstieg begleitet. All die großen Eisgipfel des Morteratschbeckens stehen Parade, der Piz Palü (3905 m) mit der berühmten Nordwand, der Piz Bernina (4049 m) mit der leuchtenden Eisschneide des Biancogrates, der breite Piz Morteratsch ... Der Piz Languard ist zudem selbst eine auffallende Gestalt, die hoch über ihre Umgebung aufragt. Ein Erlebnis eigener Art erlaubt die Georgyhütte in Gipfelnähe: einen Sonnenuntergang und -aufgang von ungewöhnlich hoher Warte zu beobachten. Ein Glückspilz kann zudem plötzlich einem Steinbockrudel sozusagen Auge in Auge gegenüberstehen. Der benachbarte Piz Albris ist schließlich die eigentliche Heimat der heute riesigen Engadiner Steinwildkolonie. Je früher man unterwegs ist, desto mehr steigt die Chance auf eine Begegnung. Oft kann man diese Tiere in aller Ruhe beobachten, sind sie doch viel weniger scheu als etwa unsere Gämsen. Der Rückweg lädt zu einem Abstecher zum versteckten Languardsee ein und zu einem Besuch im Paradis – wer würde dies nicht gerne schon zu Lebzeiten kennen lernen. Allerdings versteckt sich nicht mehr als ein schöner, grüner Rücken und ein uriges Hüttchen hinter diesem Namen.

Charakter: Für einen Gipfel dieser Höhe einfach, am Grat etwas Trittsicherheit nötig. 2 ½ Std. Aufstieg.
Ausgangspunkt: Von der Umgehungsstraße in die Ortsmitte von Pontresina (1805 m) und hinauf zur Talstation der Languard-Bergbahn.
Auf den Gipfel: Mit der Bahn auf eine Höhe (2326 m) oberhalb der Alp Languard. Auf breitem, gutem, kräftig steigendem Weg schräg durch die teilweise steilen Grashänge aufwärts, wo-

Der Piz Palü mit seiner wilden, bis zu 900 m hohen Nordwand ist das Schaustück beim Ausblick vom Munt Pers.

bei man an den Verzweigungen stets die oberen Steige benützt. Während des gesamten Aufstiegs freier Blick auf die großen Bernina-Eisberge. Flacher über die Böden von l'Esen und an den steilen, felsigen Gipfelaufbau. Etwas nach rechts und in kleinen Kehren über die schuttreiche Stufe zur bewirtschafteten Chamanna Georgy (3180 m, privat, 24 Schlafplätze, Tel. 081/833 65 65). Auf dem nun weniger ausgeprägten Steig nach links zwischen den Felsen zum Grat und über Platten und Blöcke auf den überragenden Gipfel.

Languardsee und Paradis: Abstieg bis zur zweiten Abzweigung (am Oberrand der l'Esen-Böden, 2820 m). Nach links, dann über eine Stufe hinab. Danach evtl. so bald wie möglich vom Weg nach links ab und talein zum herrlichen, großflächigen Lej Languard im hintersten Talwinkel. Zurück zum Weg, ins Bachtal hinab und 60 Hm schräg wieder empor zur kleinen, bewirtschafteten Chamanna Paradis (2540 m), einer Aussichtsloge der Extraklasse. Über den Grasrücken von Paradis hinab und durch den Wald von Languard nach Pontresina (1 1/2 Std. weiter als ein direkter Abstieg mit Bahnhilfe).

11 Munt Pers 3207 m

Vis-à-vis der berühmten Piz-Palü-Nordwand

Auffallender könnten die Gegensätze nicht sein! Die große Diavolezza-Seilbahn bringt Ausflügler jeder Couleur gewissermaßen im 50er-Pack herauf zur Diavolezza. Die vielen Menschen verteilen sich in der Umgebung der Bergstation, deren steiniges Gelände dann bunt gepunktet ist. Dahinter ragt geradezu majestätisch die Welt der gewaltigen Eisberge auf. Das Schaustück bildet der Piz Palü (3901 m), dieser berühmte Berg und Filmstar (»Die weiße Hölle vom Piz Palü«) mit seiner einzigartigen, 900 m hohen Nordwand, die drei wie gemeißelte Pfeiler trägt und deren Hängegletscher schon fast groteske Formen zeigen.

Wir verlassen den Diavolezza-Trubel und steigen in aller Bequemlichkeit auf den Munt Pers, einen der »schnellsten« Dreitausender mit Weg und eine herrliche

Aussichtsloge. Von dort oben zeigt sich der Piz Palü in der schönsten Perspektive; der Piz Bernina (4049 m) mit dem berühmten Biancograt, der hier als feiner Eisstreifen über hohen Felswänden erscheint, liegt gleich gegenüber. Und zu Füßen ziehen die beiden insgesamt zehn Kilometer langen Eisströme von Pers und Morteratsch vorbei. Der wirklich Erfahrene findet dort einen einzigartigen Rückweg ins Tal, den aber der Bergwanderer nur einschlagen darf, wenn die Gletscherzungen völlig aper sind. Wer stürzt schon gerne in eine versteckte Spalte! Das Überqueren der beiden mächtigen Eisströme auf dem im Sommer porösen und dann griffigen Eis und den dunklen, geheimnisvollen Spalten ist ein faszinierender Gang in urweltlicher Landschaft!

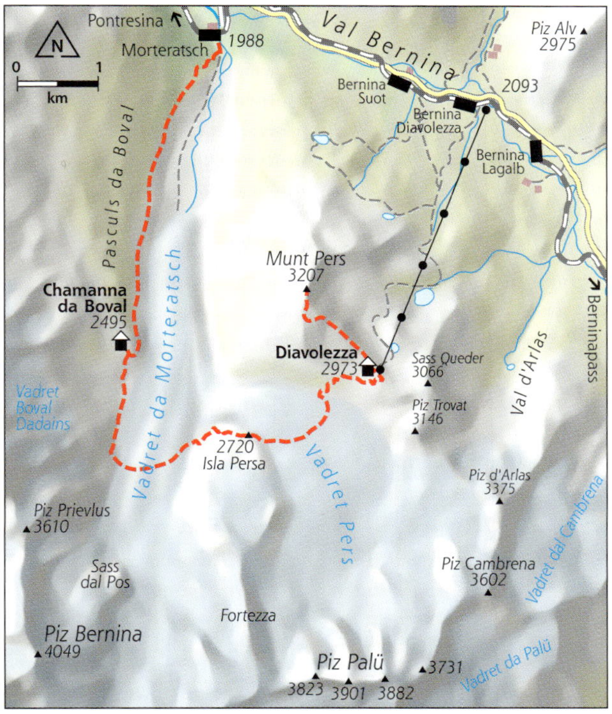

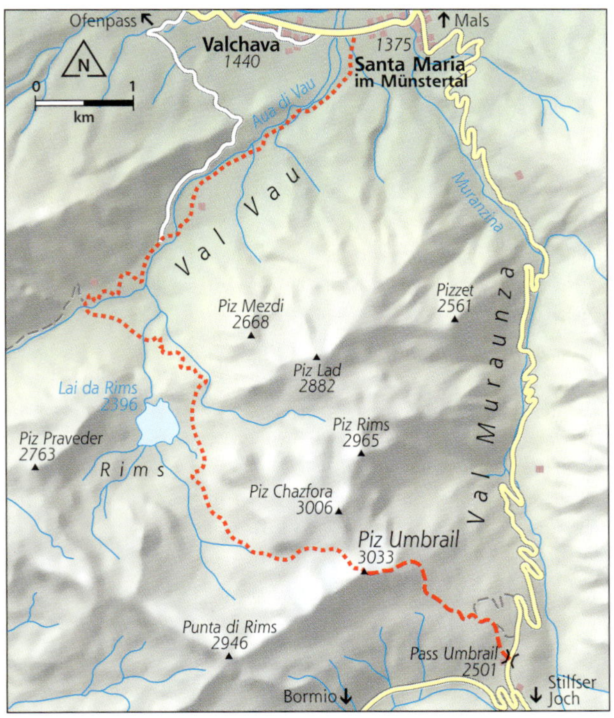

Charakter: Aufstieg von der Diavolezza »kurz und schmerzlos«; evtl. Gletscherabstieg, dann sehr eindrucks- und anspruchsvoll. Zum Munt Pers 1 Std. Aufstieg.

Ausgangspunkt: Vom berühmten Bergsteigerort Pontresina auf guter Straße ins Berninatal empor und zur Talstation der Diavolezza-Seilbahn (2093 m, 9 km).

Auf den Mont Pers: Fahrt mit der Seilbahn nach Diavolezza (2973 m, Berghaus mit großem Restaurant, 230 Schlafplätze), sehr beliebtes Ausflugsziel. Auf deutlichen Wegspuren in meist steinigem, schuttreichem Gelände und über ein paar Felsen teils auf dem Grat, teilweise in der südseitigen Flanke mühelos auf den weiträumigen Gipfel.

Gletscherabstieg. Nochmals: Diese Route darf erst begangen werden, wenn die beiden Eisströme aper sind und damit die Spalten offen liegen, zudem muss nebelfreies Wetter herrschen. Von der Diavolezza auf breitem Weg nach Westen hinab und über die Moräne auf den Persgletscher. Nahezu eben über den Eisstrom (auf keinen Fall zu weit nach rechts) ans andere Ufer. Dort wieder auf einem Steig zwischen rundgeschliffenen Felsen kurz empor auf die Isla Persa und drüben steil hinab zu einem malerischen Moränensee und auf den Morteratschgletscher. Quer über die Eisfläche (auch hier nicht nach rechts) ans andere Ufer, erst dann nach Norden abbiegen und unterhalb der Bovalhütten vorbei immer parallel zur Gletscherzunge noch 4 km talaus zum Bahnhof Morteratsch (1988 m; Gehzeit ab Diavolezza etwa 3 ½ Std.). Mit der Berninabahn zurück zum Ausgangspunkt.

12 Piz Umbrail
3033 m

»Senkrecht« über der Stilfser-Joch-Straße

Das Stilfser Joch (2758 m) ist der höchste Straßenpass der Ostalpen und gleichzeitig die Sprachgrenze zwischen dem Deutschen und Italienischen. Nur wenige Kilometer entfernt gibt es mit dem Pass Umbrail eine weitere Grenze, und zwar zwischen Italien und der Schweiz. Auch die Berge von Livigno und die Ortlergruppe stoßen hier aneinander, und man streitet sich, welcher der beiden Pässe diese Gebirge voneinander trennt.

Der Bergsteiger, der seine Augen offen hält, entdeckt noch eine Grenze völlig anderer Art. Westlich des Passes stoßen zwei gegensätzliche Gesteine aneinander: rotbrauner Gneis und hellgrauer Hauptdolomit. Ersterer zaubert die saftig grünen Matten hervor mit ihrem ausgesprochen reichen und vielfältigen Blumenschmuck. Das zweite Gestein bildet graue, nahezu vegetationslose Schutthalden. Dort gibt es nur noch wenige

Blütenpflanzen, so genannte Schuttkriecher wie den Gelben Alpenmohn. Die Grenze zwischen den beiden Formationen könnte nicht schärfer sein! Der feine Schutt und das zu Grus zerfallende Gestein bestimmen auch das Bergsteigerische bei der Umbrail-Tour, muss man doch in diesem Material die steile Nordflanke überlisten. Oben am Gipfel begeistert ein weites Panorama, in dem die Ortlerberge dominieren, aber auch die Berninagruppe imponiert. Zudem entdeckt man im Südwesten ein mächtiges, formschönes Eismassiv, die bei uns wenig bekannte Cima di Piazzi (3439 m). Ein besonderer Clou ist der Tiefblick über die scheinbar senkrechte Südwand auf die ganz nahe Stilfser-Joch-Straße.

Wer mehr als eine Spritztour unternehmen will, steigt vom Piz Umbrail zum immerhin 500 m breiten Lai da Rims (Lai = See auf Rätoromanisch) ab, der auf drei Seiten von gezackten Felsgipfeln umrahmt ist. Der Weiterweg führt dann durch die Val Vau ins Münstertal.

Es lassen sich zudem mühelos Piz Umbrail und Rötlspitz an einem Tag besteigen, selbst den Monte Scorluzzo könnte man noch zusätzlich ins Programm aufnehmen.

Charakter: Relativ schlechte Bergwege in abschüssigem, bröseligem Gelände, stark von den Verhältnissen abhängig (unangenehm nach Regenfällen), Trittsicherheit wichtig. 1 3/4 Std. Aufstieg.

Ausgangspunkt: Entweder vom Stilfser Joch nach Westen 3 km hinab und ganz kurz wieder aufwärts in den Pass Umbrail (2501 m, Grenze Italien/Schweiz). Oder dorthin aus dem Münstertal durch die einsame, urwüchsige Val Muranzina (16 km ab Santa Maria; Steinwild). Parken auf der Schweizer Seite.

Auf den Piz Umbrail: Direkt nördlich des Schweizer Zollhauses beginnt ein Steig. Auf ihm über weite Grasböden an den Bergfuß mit der Gesteinsgrenze. Nun schräg rechts empor und weiter auf die nordseitige Schutthalde. Über diese immer weiter nach rechts, wiederum diagonal aufwärts, dann in kleinen Serpentinen steil zum wenig ausgeprägten Nordrücken. Knapp hinter ihm weiterhin im Schutt ziemlich direkt zum Gipfelgrat. Auf und neben der Schneide zum Ostgipfel und rasch hinüber zum 2 m höheren Westgipfel.

Abstieg zum Lai da Rims und in die Val Vau: Aus dem Sattel zwischen den beiden Gipfeln nach Norden über Schutt oder Schnee in den Sattel vor dem Piz Chazfora (2903 m). Nach Westen, später mehr nach rechts umbiegend über die Böden und Hänge hinab zum malerischen Lai da Rims (2396 m). Rechts an ihm vorbei, dann über eine sehr hohe Geländestufe in die Val Vau hinab und talaus nach Santa Maria. Teilweise undeutliche, dann jedoch gute Steige, 2 1/2 bis 3 Std., Busverkehr zwischen Santa Maria und dem Umbrailpass.

Auf dem Weg vom Furkellift zur Rötlspitze: Blick auf Thurwieserspitze und Trafoier Eiswand in den Ortlerbergen.

13 Rötlspitz
3026 m

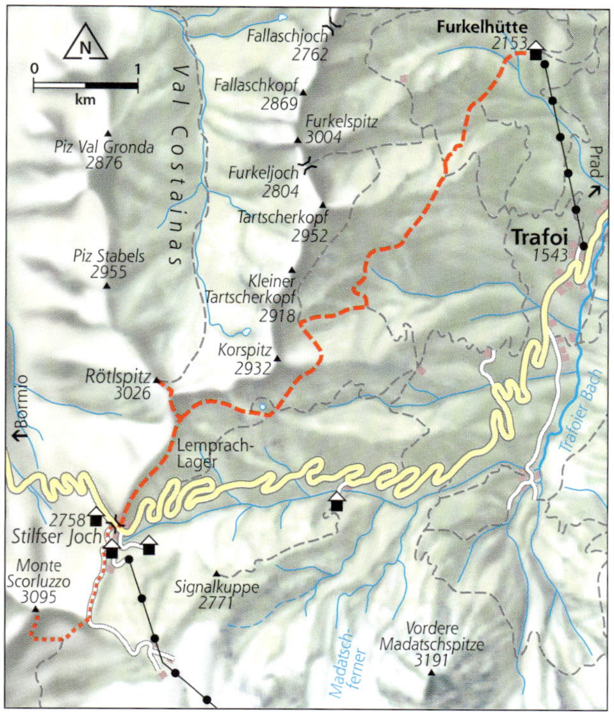

Aussichtsloge über dem Stilfser Joch

Das ist natürlich eine harte Entscheidung: Nehme ich einen zusätzlichen Aufstieg von 600 Höhenmetern auf mich, um die heutige Tour interessanter zu gestalten? Wer ausschließlich einen reizvollen, ganz »raschen« Dreitausender einheimsen will, steigt in einer guten Stunde vom Stilfser Joch zur Rötlspitz hinauf und kehrt zum Joch zurück. Bergsteiger mit Muße und Freude an freien Ausblicken – besonders eindrucksvoll präsentiert sich König Ortler mit seiner zerborstenen, mehr als 1000 m hohen Westflanke – wandern nach dem Abstecher auf den Gipfel quer durch die Hänge ein gutes Stück nach Nordosten zum Furkellift. Und wer in großartigen, sich stets steigernden Ausblicken und Bildern schwelgen will, begeht den gleich Weg, jedoch im Aufstieg, wobei er die anfangs erwähnten Höhenmeter hinter und unter sich bringen muss. Bei dieser Gehrichtung hat er – das ist der große Unterschied – all die Berge und Gletscher der westlichen Ortlergruppe vor sich und nicht im Rücken! In der folgenden Routenbeschreibung haben wir die mittlere Möglichkeit ausgewählt; wer vom Lift aus aufsteigen will, wird ohne viele Mühe die Beschreibung »umdrehen« können.

Die Rötlspitz ist ein Berg der Gegensätze, hier lassen sich die unterschiedlichsten Eindrücke gleichsam im Zeitraffer sammeln. In der Hotel- und Geschäftesiedlung auf dem Stilfser Joch herrscht an schönen Sommertagen ein Trubel wie auf einem südländischen Jahrmarkt. Steigt man zur Dreisprachenspitze (drei Sprachen: Deutsch, Italienisch, Rätoromanisch) hinauf, beginnt sich das Durcheinander rasch zu entwirren, und beim Weiterweg zur nahen Rötlspitz bleiben die Halbschuhtouristen allmählich zurück. Oben auf dem Felsgipfel, der mit recht hohen, zerborstenen und auffallend roten Wänden (Name!) nach Süden abbricht, trifft man nur noch Gleichgesinnte.

Charakter: Bergwege, im oberen Teil steileres Gelände, etwas Trittsicherheit nötig. Vom Stilfser Joch auf die Rötlspitz gut 1 Std. Vom Furkellift reichlich 3 Std. Aufstieg.

Ausgangspunkt: Entweder Trafoi oder Stilfser Joch (2758 m, Hotelsiedlung, Sommerskigebiet), das man auf der berühmten Passstraße mit ihren 47 Serpentinen nach 14 km erreicht.

Aufstieg vom Stilfser-Joch: Vom Joch auf breitem Weg hinauf zur Dreisprachenspitze (2843 m); hier eine wenig attraktive Hütte. Über die weiten Flächen des Kammes nach Norden bis vor einen größeren Kopf. Nun entweder stets durch die Hänge auf der rechten Seite bis unter den Sattel am Südfuß des Gipfels. Oder – schöner, aber etwas weiter – über den Kamm dorthin. Kurz empor, dann diagonal durch den Trümmerhang zum breiten Ostgrat. Über Schutt zu einem Vorgipfel und über Blockwerk und an einer auffallenden Felskluft vorbei zum höchsten Punkt.

Abstieg zum Furkellift: Auf der gleichen Route zurück, bis man unter dem Südsattel wieder auf dem querenden Weg ist. Auf ihm nach Osten durch die Hänge leicht abwärts auf eine Schulter (2760 m) in einer Geländerippe und zum in einem Kessel versteckten Goldsee knapp dahinter, der auf Italienisch klangvoll Lago d'Oro heißt. Oberhalb um den See herum und auf eine weitere Schulter. Quer durch den folgenden Hang zum Ostrücken der Korspitze, weitere Querung unter den Kleinen Tartscherkopf und auf einer Rampe abwärts bis unter den Großen Tartscherkopf. Durch dessen Südost- und Osthänge ins Furkeltal und nochmals durch einen Hang – nun schon zwischen den ersten Bäumen – zur längst sichtbaren, bewirtschafteten Furkelhütte (2153 m). Talfahrt nach Trafoi mit dem Lift. Busverbindung zwischen Trafoi und dem Stilfser Joch.

Monte Scorluzzo (3095 m). Eine weitere Möglichkeit über dem Stilfser Joch, diesmal in der Ortlergruppe: Von der Talstation der Seilbahn auf einem Sandsträßchen nach Süden an einem Gasthaus vorbei zum Sattel östlich des Berges (Wegweiser). Nach rechts abbiegen, auf einem Steig zu einer Schulter empor und über nun etwas gröberen Schutt auf den Gipfel (einfach, 1 Std.).

Ortlergruppe und Brenta

Zwischen Bozen und dem Gipfel des 3899 m hohen Ortler liegen 3637 m Höhendifferenz! Es gehört zum besonderen Zauber dieser Region, in kurzer Zeit alle Klimastufen vom mediterranen Klima etwa im Gebiet von Meran, wo Palmen gedeihen und sich Weingärten ausbreiten, bis hinauf zum ewigen Eis kennen zu lernen. Vor allem aus dem Vinschgau, also dem Tal der Etsch, führen die Wege zu den teilweise erstaunlich hohen und gewaltigen Dreitausendern, die alle Anforderungen von einfach bis schwierig aufweisen. Jeder Kunstfreund wird zudem viel Spaß an einem Bummel durch die reizvollen, meist uralten Dörfer dieses Tales haben. Er entdeckt dann so manches Kirchlein aus der Romanik, eng verschachtelte Ortskerne, alte Burgen und schöne Schlösser, sehenswerte, mit Weinlaub überwucherte Bürgerhäuser ...

Das Herzstück der Ortlergruppe mit den hohen Gipfeln und den gewaltigen Gletscherflächen ist bestens erschlossen; überall helfen vor allem Straßen, aber auch Bahnen und Lifte, die Gipfelanstiege zu verkürzen. So werden viele unserer Ziele zu Touren, die man an einem Tag vom Tal aus anpacken kann. Eine Sonderstellung nimmt das Zaytal mit der Düsseldorfer Hütte ein, wo ein besonders aktiver Wirt gleich vier große Gipfel bis 3545 m Höhe mit Weganlagen »gebändigt« hat, bei denen allerdings die Schwierigkeiten sich bis zu »sehr anspruchsvoll« steigern. Zwei unserer Vorschläge führen aber auch in die bei uns ganz unbekannte Val di Sole, das Sonnental zwischen Ortler- und Adamellogruppe. Neugierige werden dort weitere Möglichkeiten finden, von der problemlos zu ersteigenden Punta di Ercavallo (3068 m) über die Cima Presena (3069 m) bis zu der nicht ungefährlichen und anspruchsvollen Route auf den Care Alto (3462 m). Schließlich noch ein Wort zur Brentagruppe, dem Dorado für alle Freunde der Klettersteige: Sie zeigt ein Bild wie die Dolomiten, trotzdem gehört sie, rein geografisch, in dieses Kapitel. Man erreicht sie ja, wie den mit Abstand höchsten Gipfel dieses Buches, den Monte Vioz (3644 m), aus der Val di Sole.

Karten: Für alle Touren in der Ortlergruppe Wanderkarte von Freytag & Berndt 1:50 000, Blatt WKS 6; für die Brentagruppe Alpenvereinskarte 1:25 000, Brentagruppe.

14 Hinteres Schöneck 3128 m

Aussichtswarte gegenüber der Ortler-Nordwand

Das ist eine Aussichtsloge der Extraklasse! Gerade aus dieser »Dreiviertelhöhe« wirken die großen Gipfel am beeindruckendsten. Gleich jenseits des tief eingefurchten Suldentals ragt der 3899 m hohe Ortler in den Himmel. Man sieht von unserem Logenplatz aus ebenso auf das mächtige Gletscherdach der Nordseite, über das der einfachste Aufstieg zu Südtirols höchstem Gipfel führt, wie in die berühmte Nordwand. Die Mitte dieser 1200 m hohen, stark gegliederten Flanke bildet eine jähe Eisrinne, die extreme Kletterer als besondere Herausforderung betrachten. Aber nicht nur der Ortler, auch die Aufstiege auf zwei unserer größten Wege-Gipfel, auf die Vertainspitze und den Hohen Angelus, lassen sich von dort oben genau betrachten.

Von der Tschenglser Hochwand führt ein wilder, zwei Kilometer langer, von Scharen von Felszacken besetzter Grat nach Südwesten, dessen Ende unser Schöneck bildet. Von ihm fallen dann die Hänge ganz steil nach Sulden ab. Zwei Steige ermöglichen sogar eine Überschreitung des Hinteren Schönecks. Wer eine steile Route voller Überraschungen durch eine zerfurchte Felsflanke mag, der steigt von der Düsseldorfer Hütte zum Gipfel hinauf, um von dort oben dann den 1200-Hm-Abstieg nach Sulden anzupacken. Die Umgebung dieser gut geführten Hütte gehört mit den Bächen, den großen Felsblöcken, den Gletscherschliffen und den herrlichen Nah- und Fernblicken zum Schönsten in Südtirol.

Es bietet sich natürlich an, von der Düsseldorfer Hütte aus – je nach Können – drei bis vier Dreitausender zu besteigen (siehe folgende Touren).

Charakter: Aufstieg von der Hütte durch eine steile Felsflanke, Trittsicherheit unbedingt nötig. Zugang zur Hütte 1 ½ Std., von dort auf den Gipfel knapp 1 ½ Std.; langer Abstieg nach Sulden.

Ausgangspunkt: Aus dem Vinschgau nach Gomagoi und weiter hinauf nach Sulden (von Prad 17 km), bei der Brücke nach rechts und am Bach entlang zur Talstation des Kanzelliftes (1845 m).

Zur Düsseldorfer Hütte: Von der Bergstation des Liftes durch die Grashänge nach Norden, dann teilweise flach ein gewaltiges Blockfeld durchquerend in einen Winkel und jenseits über den Hang zur längst sichtbaren Düsseldorfer Hütte (2721 m, CAI, 70 Schlafplätze, Tel. 0473/613115) hinauf.

Auf das Schöneck: Hinter der Hütte schräg zum breiten Bach hinab und auf Brettern ans andere Ufer. Über Schutthalden zum Steilgelände empor und stets dem gut angelegten Steig folgend – durch steiles Gras, Trümmerflächen und Schrofen – über Rippen und quer durch Rinnen in der Flanke weit empor. Dann quer durch das Steilgelände nach links und zum Gipfel hinaus, der nur ganz wenig aus dem Kamm hervorragt.

Abstieg nach Sulden: Auf, meist jedoch links neben dem Südrücken abwärts (zwischendurch mächtiges Blockfeld mit Plattenweg) und noch am ganz unauffälligen Vorderen Schöneck (2908 m) vorbei, dann ein gutes Stück über den Kamm abwärts. Ab 2750 m Höhe rechts in den steilen Wiesenhängen diagonal hinab in eine Hochmulde und wieder gerade abwärts über die Stieralm zur Kälberhütte (2248 m) nahe der Waldgrenze – ständig sehr schöne Ausblicke! Auf Alm- und Forstwegen nach Sulden.

15 Tschenglser Hochwand 3375 m

Gewaltiges Felsmassiv 2500 Meter über dem Vinschgau

Tschenglser Hochwand – das ist ein vornehmes Gipfelziel, das Nonplusultra für alle etwas trittsicheren Wege-Bergsteiger. 2500 m überragt das breit gelagerte Felsmassiv den Vinschgau, 600 m ist die Nordwand, 300 m die Südflanke hoch, und die Grate strotzen von wilden Felszacken. Der Zugang begeistert durch seine Vielfalt; malerisch sind vor allem die Blockfelder mit Riesentrümmern bis zu Hausgröße. Der Gipfelaufbau lässt dann echte Spannung aufkommen. Der sehr aktive Hüttenwirt hat nämlich über die Südrippe eine Art Klettersteig eingerichtet, der auf den Namen Erich-Otto-Route »hört«, eine Huldigung an die Erbauer. Der Steig führt immer wieder über felsige Stufen und ist deshalb mit Drahtseilen und ein paar Leitern gesichert. Man spart sich damit das etwas mühsame Gehen über das Schutt-(Schnee-)feld der alten, viel einfacheren Route, die heute fast nur noch im Abstieg benützt wird. Zum Außergewöhnlichen gehört natürlich auch der ständige Blick auf die berühmten Nordwände von Ortler (3899 m), Monte Zebru und Königsspitze. Diese Kette liegt weit ausgebreitet genau gegenüber, jeder Eiswulst, jeder Felssporn lässt sich mit bloßem Auge erkennen. In

Keine andere Hütte der Ostalpen bietet so viele Dreitausender mit Weg wie die Düsseldorfer Hütte hoch über Sulden.

den gesamten Alpen gibt es nur wenige Bilder von derartiger Wucht und Größe.

Ein Tipp: Beim Rückweg zur Hütte sollte man es nicht allzu eilig haben, denn die Böden knapp oberhalb laden so recht zum Faulenzen und Träumen ein. Das ist ein herrlicher Bergwinkel mit Gras, Blumen, Bächen, vom Gletscher rundgeschliffenen Felsen, zu denen die fast schwarze Vertainspitze (3545 m) und der Hohe Angelus mit seinen Eisfeldern den Hintergrund bilden. Oder man setzt sich vor die Hütte und genießt bei Knödelsuppe oder Apfelstrudel den Blick auf das Ortler-Dreigestirn.

Charakter: Bergwege über Gras, durch Blockwerk und steileres Geröll, dann einfacher Klettersteig, der Trittsicherheit erfordert. Aufstiegszeit 2 ½ Std.
Ausgangspunkt: Düsseldorfer Hütte (2721 m), Näheres siehe Tour 14, Schöneck, auf Seite 34.
Zum Gipfel: Von der Hütte über Wiesenböden und durch Riesenblockfelder zu einem schön gelegenen Moränensee. Hier Wegverzweigung. Nach links hinüber zum Bergfuß. Nun der wenig ausgeprägten Südrippe folgend mit einigen leichten, gesicherten Kletterstellen auf den Hauptkamm. Keine Steine abtreten, denn damit gefährdet man Nachkommende! Über Platten und Schneeflecken nach rechts zu dem noch ein gutes Stück entfernt liegenden Gipfel.

Beim Abstieg kann man auf die rot markierte Route ausweichen, die länger in Gratnähe bleibt und dann durch eine große Rinne hinabführt. Mit dieser Variante vermeidet man »Gegenverkehr« auf der gesicherten Südrippe.

16 Hoher Angelus
3521 m

Bei idealen Bedingungen ein ideales Ziel

Die vier Gipfel über der Düsseldorfer Hütte, die mit einer Steiganlage oder wenigstens mit Markierungen und Pfadspuren erschlossen sind, haben alle ihr ganz individuelles Aussehen und lassen sich nicht verwechseln, wenn man sie aus dem inneren Zaytal betrachtet. Das Hintere Schöneck ist der letzte Kopf einer wilden Zakkenreihe, die Tschenglser Hochwand zeigt sich als breite Mauer, und die beherrschende Vertainspitze fällt als dunkles, besonders steiles Felsbollwerk ins Auge. Bleibt in dieser Aufzählung noch der Hohe Angelus: Über einem dunklen, schrägen Felsstreifen ragt der Gipfel als weißer Gletschergupf empor, der auffallend abgerundet ist.

In warmen Sommerzeiten bietet der Nordwestgrat des Hohen Angelus – der dritthöchste Berg in diesem Buch – einen schneefreien Anstieg, der zudem durch den Wirt der Düsseldorfer Hütte markiert und teilweise ausgebaut wurde. So entschärfen Drahtseile die steilste Stelle zwischen 3070 und 3200 m Höhe, wo man durch eine beeindruckende Flanke turnt und immer wieder die Hände braucht, um einzelne Stellen zu überwinden. Trotzdem sollte man nie die Muße verlieren, die nähere Umgebung zu bestaunen, etwa die Steilabbrüche des Gletschers an unserem Gipfel oder die ganz nahe, gut 500 m hohe Nordwand der Vertainspitze mit ihrem Hängegletscher, der leider auch immer mehr abschmilzt.

Diese Tour sprengt schon ein wenig den Rahmen unseres Buches, gibt es doch keinen richtigen, gut angelegten Weg, außerdem können in dieser Höhe schlechte Verhältnisse die Schwierigkeiten rasch verdoppeln und verdreifachen. Umsichtige Bergsteiger warten deshalb entsprechende Bedingungen ab, über die der Hüttenwirt gerne aufklärt; er weiß bestens Bescheid, hat er doch ganz persönlich all die Möglichkeiten über dem Zaytal ausgebaut. Beim Abstieg benützt man die gleiche Route (und nicht den Eisweg); nur so weiß man über die Bedingungen schon Bescheid und ist zudem weitgehend vor Steinschlag sicher.

Charakter: Hochalpine Tour, eine der anspruchsvollsten in diesem Buch, sehr von den Verhältnissen abhängig, evtl. Pickel und Steigeisen nötig. Eine Kletterstelle II. Aufstieg gut 2 ½ Std.
Ausgangspunkt: Düsseldorfer Hütte (2721 m), Näheres siehe Tour 14, Schöneck, auf Seite 34.
Zum Gipfel: Von der Hütte in das nahe Tälchen hinab und im tiefsten Einschnitt ein Stück am Bach entlang zu einem ganz in Schutt gebetteten See. Über Böden mit Geröll, dann steiler in dem Moränenblockwerk zu einem Rücken und über eine Stufe zum Felsfuß neben dem Abbruch des Nördlichen Zayferners. Rechts der Kante in der anfangs sehr steilen, felsigen Flanke (I, eine Stelle II, Drahtseile) empor, dann über eine Trümmerflanke auf eine Gratecke. Neben fast senkrechten Abbrüchen zum Gletscher und über grobes Blockwerk auf den nächsten Absatz. Jetzt in feinerem Schutt oder links daneben im Schnee zum obersten Grat. Bei gutem Firn problemlos an den Felsen entlang, sonst auf der Schneide über große Blöcke.

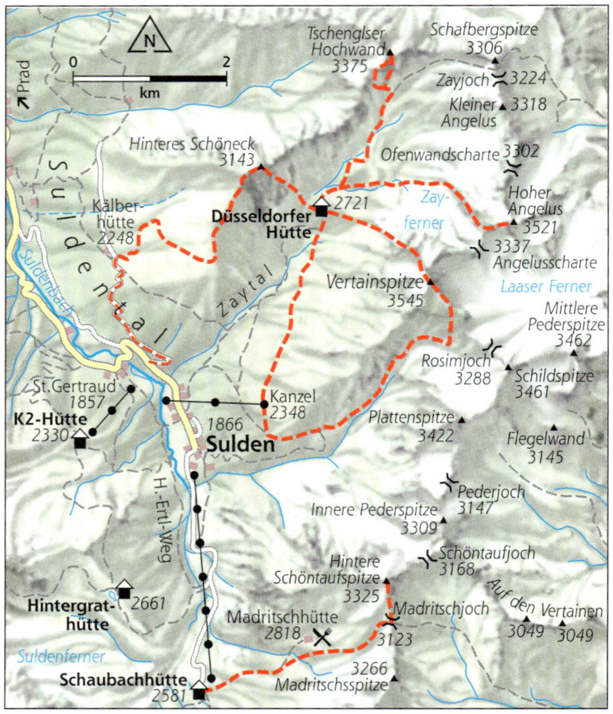

17 Vertainspitze 3545 m

Klettersteig über einen wilden Grat

Über dem Zaytal mit der Düsseldorfer Hütte stehen vier Gipfel in einem weiten Rund, die auf diesen Seiten beschrieben werden (Touren 14 bis 17). Von West über Nord nach Ost steigert sich nicht nur die Höhe dieser Berge (von 3128 bis zu 3545 m), sondern es wachsen auch die Schwierigkeiten. Während bei trockenem Fels das Hintere Schöneck nur einige Trittsicherheit verlangt, muss man auf der Reinstadler-Route zur Vertainspitze regelrecht klettern in teilweise beängstigend ausgesetztem Gelände. Das erinnert ein wenig an große Dolomiten-Klettersteige, allerdings wurde hier mit den Sicherungen eher spärlich umgegangen. Auch der übliche Abstieg serviert noch ein Problem: Man erreicht zwar ohne größere Probleme die untere Südflanke, muss dann jedoch den Rosimferner begehen. Auch wenn man sich dort ganz am Rand hält, kann man auf einige Spalten oder auch auf Blankeis treffen. Wer keine Gletschererfahrung mitbringt, klettert deshalb besser über den Aufstiegsgrat wieder hinab. Der Könner jedoch, der den Schwierigkeiten gewachsen ist, findet hier eine ungewöhnlich reizvolle und spannende Tour in meist sehr gutem Fels.

Die Vertainspitze ist ein würdiger Hauptgipfel über Zay- und Laasertal, eine mächtige Gestalt mit teilweise beeindruckendem dunklen Fels; nur die Südseite zeigt ein harmloses Gesicht. Dort stiegen auch die ersten Alpinisten, Payer und Pinggera, zum Gipfel hinauf, und zwar im Jahr 1865, in dem auch das Matterhorn erstmals bestiegen wurde. Heute sind dort relativ viele unterwegs, von denen mancher jedoch nicht so ganz geeignet für einen Berg dieser Höhe ist.

Charakter: Mehr eine markierte Kletterroute mit Sicherungen als ein angelegter Weg, eine Stelle III-, teilweise sehr ausgesetzt. Beste Verhältnisse und alpine Erfahrung unbedingt notwendig. Beim Abstieg über den Rosimferner Eisausrüstung und Seil empfehlenswert. Aufstiegszeit je nach Können 3 bis 4 Std.
Ausgangspunkt: Düsseldorfer Hütte (2721 m), Näheres siehe Tour 14, Hinteres Schöneck, auf Seite 34.
Zum Gipfel: Von der Hütte flach nach Osten über schöne Gras- und Gletscherschliffrücken, dann durch ein Blockfeld zum Fuß des Nordwestgrates der Vertainspitze, der mit einer jähen Wandstufe beginnt. Wenige Meter nach rechts in die Wand hinaus und sehr steil und ausgesetzt mithilfe einiger Sicherungen ein gutes Stück empor. Dann viel einfacher über den weiträumigen Blockrücken weiter empor zum nächsten, sehr hohen Aufschwung. Immer wieder über Kletterstellen, meist in bestem Fels, rasch aufwärts; ein sehr steiler Riss lässt sich links umgehen, einen plattigen Überhang erklettert man (III-); in diesem Bereich sind die schwierigen Stellen nicht so ausgesetzt. Neben dem Grat in eine Lücke, dann über ihn auf einen Kopf, Harpprechtskuppe genannt. Über eine messerscharfe Felsschneide zu einem flachen Gratteil, wo links der Gletscher bis zum Grat

heraufreicht. Über den Block- bzw. Firngrat, schließlich in bröseligem Material auf den Hauptkamm. Nach rechts über den Blockgrat, an einem Vorgipfel vorbei und zum Kreuz auf dem höchsten Punkt, einer weiträumigen Fläche.

Abstieg nach Süden: Vom Gipfel über den einfachen Südostgrat oder auch durch die Südflanke, falls sie aper ist (dann deutliche Spuren) bzw. guten Firn aufweist, bis in 3300 m Höhe abwärts, dann den Pfadspuren folgend auf den Rosimferner hinab. Immer am rechten Rand bleibend über zwei Stufen (evtl. Spalten), danach auf einem Steig durch das Rosimtal tiefer und schließlich nach rechts durch einen steilen, blumenreichen Hang zur Bergstation des Kanzellifts (siehe Tour 14, Hinteres Schöneck, Seite 34).

18 Hintere Schöntaufspitze 3325 m

»Schnellster« Ortler-Dreitausender

Von Sulden aus fällt der weiße Schopf der Schöntaufspitze über dem äußeren Rosimtal ins Auge; ein kammnaher Gletscher, der den Gipfel im Norden schmückt, sorgt für das charakteristische Bild. Darunter fällt eine Felsflanke in Hochkare ab, die nahezu nie von Bergsteigern betreten werden. Die Südseite des Berges bildet ein krasses Gegenstück dazu. Dort ist das Gelände verhältnismäßig sanft und weiträumig und wurde deshalb zu einem hochalpinen Pistengebiet mit den entsprechenden Liften und allem Drumherum ausgebaut. Da die Suldener Seilbahn zudem die Menschen in Scharen bis in 2600 m Höhe trägt, herrscht dort auch alles andere als Stille.

Doch niemand sollte sich durch dieses »Ambiente« von einer Tour zur Schöntaufspitze abhalten lassen. Schon bei der Ankunft an der Bergstation empfängt den Gast ein gewaltiges Bild: ganz nahe der teilweise wild zerklüftete Suldenferner und dahinter – scheinbar unendlich hoch – die Königsspitze (3859 m) mit der Nordwand fast im Profil und dem 1100 m hohen Ostbollwerk. Ein besonderes Schauspiel bietet später das letzte Gratstück zu unserem Gipfel. Oberhalb des Jochs sollte man sich immer wieder einmal umdrehen und den unmittelbar gegenüberliegenden Kamm mit der Butzen- und Madritschspitze betrachten. Plötzlich taucht zwischen den beiden Gipfeln ein makellos weißes Horn auf, das dann mit jedem gewonnenen Höhenmeter wächst und wächst und sich schließlich als gewaltiger, völlig von Eis überzogener Doppelgipfel präsentiert: Zufallspitze und Monte Cevedale (3769 m).

Charakter: Weite Böden mit Liftanlagen und Pisten, dann hochalpines (bis über 3300 m hoch!), aber an keiner Stelle schwieriges oder gefährliches Gelände. Gut 2 Std. Aufstieg.

Aus dem Gebiet der Schaubachhütte zeigt die Königsspitze ihre gewaltigen Ost- und Nordabstürze, rechts der Monte Zebru.

Ausgangspunkt: Aus dem Vinschgau nach Gomagoi und weiter hinauf nach Sulden (von Prad 17 km), über die Brücke und ganz talein zur Talstation der Seilbahn (1930 m).
Auf die Schöntaufspitze: Fahrt mit der großen Seilbahn zur Bergstation (2600 m), die knapp oberhalb der Schaubachhütte (2581 m, CAI, 67 Schlafplätze, Tel. 0473/61 30 02) liegt, einem beliebten Stützpunkt der Bergsteiger, die von dort unter anderem zur Königsspitze aufbrechen. Von der Station beliebig durch das weite Hochtal mit seinen Liften und Pisten (oder links auf einem Fußweg) nach Osten empor zur modern umgebauten, meist bewirtschafteten Madritschhütte (2818 m). Weiter in der gleichen Richtung in den hinteren Karwinkel und nun steiler über Schutt und Schnee ins Madritschjoch (3123 m). Von dort genau nach Norden über den erst ausgeprägten Kamm, der dann allmählich in einen breiten Rücken und eine weiträumige Gipfelfläche übergeht.

19 Laaserspitze 3305 m

Wächter zwischen Martelltal und Vinschgau

Tannas heißt ein Dörfchen, das in 1454 m Höhe hoch über Eyrs in den Vinschgauer Sonnenhängen »klebt«. Wer unsere Laaserspitze in ihrer vollen Größe kennen lernen will, sollte einmal am Nachmittag dort hinauffahren. Über den Steinbrüchen hoch oben in den Hängen, wo der berühmte weiße Marmor von Laas gebrochen wird, ragt ein für die Ortlergruppe außergewöhnlich wildes Felsmassiv auf. In Wirklichkeit handelt es sich um zwei Berge, die hintereinander stehen, um die Jennewand mit 2962 m Höhe, an deren markantem Westgrat man im weißen Marmor klettern kann, und die Laaserspitze, die früher auch Orgelspitze hieß. Von ihr fällt eine 1000-m-Flanke nach Nordwesten in einen wüsten Tobel mit dem auf Italienisch so lustig klingenden Namen Vallone di Psai ab. Bei diesem Anblick denkt sicher niemand an ein Ziel für Bergwanderer. Aber wie so oft zeigt auch die Laaserspitze zwei ganz unterschiedliche Gesichter. Genau von Süden zieht ein fast felsfreier Trümmerhang zu dem alles überragenden Gipfel

An ihrer Zeltform ist die Laaserspitze schon von weitem zu erkennen; nach Nordwesten fällt sie mit hoher Steilflanke ab.

empor. Wer die nötige Kondition mitbringt und unterwegs aufmerksam auf die Spuren und Markierungen achtet, wird viel Freude an diesem Unternehmen haben. Denn der Blick wird immer freier und weiter, je höher man in diesen steilen Hängen und Mulden kommt. Eindrucksvoll zeigt sich vor allem der Monte Cevedale (3769 m) mit seinen weiten Gletschern. Und oben beim Gipfelkreuz gibt es noch eine Überraschung anderer Art: den Tiefblick über 2500 m in den Vinschgau.

Martelltal heißt ein noch erstaunlich ursprüngliches, nur wenig besiedeltes Tal, das aus dem mittleren Vinschgau bis zu den Gletschern des Monte Cevedale zieht. Im ersten Abschnitt des Tales liegt der Ort Martell, der sich malerisch an den Sonnenhängen emporzieht. Unser Ziel ist das Gasthaus Stallwies (1931 m), das bereits sehr schöne Ausblicke bietet. Der gleichnamige Hof ist nicht nur das höchstgelegene Bergbauernhaus des Martell, dort baute man einst auch Getreide an; dies waren die höchstgelegenen Felder in ganz Südtirol.

Charakter: Teilweise nur undeutlicher Steig, durchgehend markiert, steile Passagen, die Trittsicherheit erfordern. Aufstiegszeit reichlich 4 Std.

Ausgangspunkt: Von Goldrain im Vinschgau nach Süden über Morter ins Martelltal und nach Gand (gut 10 km). Rechts ab, hinauf nach Martell (1308 m) hoch oben am Hang und noch 8 km auf der Höfestraße zum Gasthaus Stallwies (1931 m).

Auf die Laaserspitze: Von Stallwies kurz am Rand der freien Flächen entlang, dann in schönem Zirben- und Lärchenwald auf dem Weg Nr. 5 zur oberen Waldgrenze. Hier nach links und schräg aufwärts in eine Einbuchtung, durch die man teilweise sehr steil zu einem Absatz aufsteigt; links liegt der kleine See des Steinmanngasselochs. Auf den nun sanften Böden auf den genau über dem hintersten Eck der Hochfläche gelegenen Gipfel zu. Über die dann wieder steilen Hänge mit einiger Anstrengung in teilweise mächtigem Blockwerk, später auch auf Platten in eine Gratlücke links des Gipfels und zum Kreuz empor.

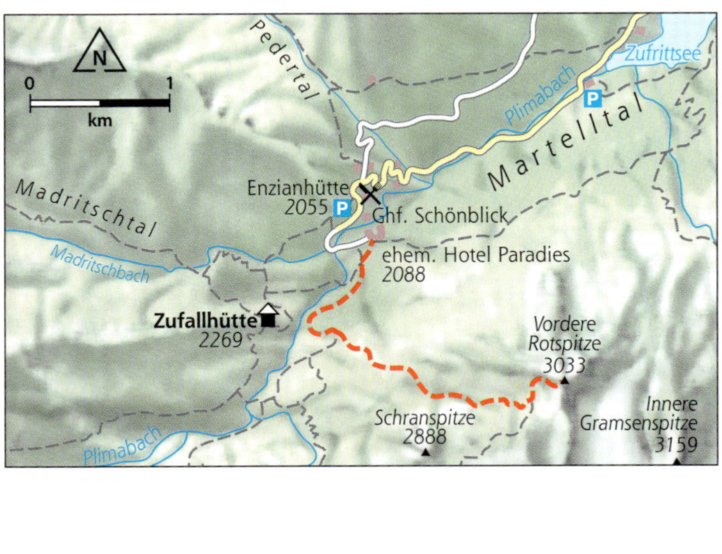

20 Vordere Rotspitze
3033 m

Zwischen Martelltal und Cima Venezia

In 40 Minuten könnte man von der Enzianhütte im obersten Martelltal zur Peder-Stieralm (2252 m) hinaufsteigen, um einmal in aller Ruhe den Bergkamm im Süden zu studieren. Selbst Kenner der Region werden Schwierigkeiten haben mit der Bestimmung der zahlreichen Gipfel gleich vis-à-vis, all den Weißbrunn-, Lorchen-, Nonnen-, Sällent-, Rot-, Schranspitzen usw., die immerhin bis zu 3438 m hoch aufragen und – für den Gebietsfremden wider Erwarten – zusammen mit den zahlreichen Gletschern einen imposanten Anblick bieten. Dazu kommt die Tatsache, dass die meisten Karten diese Region ungenau, teilweise sogar falsch darstellen. Einzig die Cima Venezia (3386 m), ein schöner, dreigipfeliger Kamm, ist relativ vielen Bergsteigern bekannt; sie lässt sich ja auch von der neu erbauten Marteller Hütte aus schnell und auf spannenden Routen erreichen. Wie ein Aussichtsbalkon in Dreiviertelhöhe ist unsere Vordere Rotspitze diesem Massiv im Norden vorgebaut. Man hat also auf der einen Seite unmittelbar vor sich die Gletscher – mit großem Eisbruch – und die erwähnten, hoch aufragenden Gipfel, nach Südwesten einen großartigen Blick auf den Talschluss mit dem dick vergletscherten Monte Cevedale (3769 m) und zudem ganz freie Sicht nach Norden auf eine lange Bergkette. Dazu kommt der Vogelschaublick ins Martelltal und zum Zufrittsee genau zu Füßen.

Charakter: Kleine, stille Bergwege mit steilen Stellen, die Trittsicherheit erfordern. 3 Std. vom Parkplatz.

Ausgangspunkt: Von Goldrain im Vinschgau nach Süden über Morter ins Martelltal und nach Gand (gut 10 km). Weiter aufwärts durch das nun fast unbesiedelte Tal am schönen Zufrittsee vorbei zum Straßenende in 2055 m Höhe (nochmals 13 km).

Aufstieg aus dem »Paradies«: Vom Straßenende über den Fluss Plima zum Hotel Paradiso. Hier rechts, im Wald mit dem schönen Namen Paradiso di Cevedale über eine Talstufe auf den folgenden Boden. In 2300 m Höhe Abzweigung nach links. In dem stark gegliederten, teilweise felsdurchsetzten Gelände über Stufen und durch kleine Einschnitte und Tälchen in das Kar westlich des Gipfels. Schräg links durch die Flanke (Rinne mit Sicherungen) und weiter auf den Gipfel.

21 Hasenöhrl
3257 m

Mächtiger Gipfel – lange, anspruchsvolle Anstiege

Vom Monte Cevedale zieht über fast fünfzig Kilometer ein Bergkamm nach Ostnordost, der auf einer längeren Strecke den Vinschgau im Süden begrenzt und dann unmittelbar nach Meran abfällt. Sicher denken die wenigsten daran, dass Vigiljoch und Larchbühl streng geografisch zur Ortlergruppe gehören. Etwa in der Mitte dieses Kammes ragt als eine Art Einzelgänger nochmals ein mächtiges, nordseitig auffallend mit Gletschern geschmücktes Massiv auf. Das ist das 3257 m hohe Hasenöhrl. Die Karten verzeichnen von nicht weniger als fünf Seiten Wege oder Pfade zu unserem Gipfel; diese Eintragungen sind jedoch mit äußerster Vorsicht zu genießen! Selbst auf der mit Abstand am meisten begangenen Route über den Nordostgrat findet man zum Teil nur Markierungen und Wegspuren, und das Turnen über das Blockwerk der Blauen Schneide erfordert auch bei trockenem Fels einige Geschicklichkeit. Das ist zudem ein Gang von ganz eigenem Reiz: Wie auf einem Steg ist man über den beiden Eismeeren, dem Hasenöhrl- und dem Kuppelwieser Ferner, unterwegs. Ein Zugang zum Hauptkamm beginnt bei Tarsch im Vinschgau; Lifte bringen die Gipfelaspiranten bis zur Tarscheralm in 1938 m Höhe, von dort sind dann noch etwa vier Stunden zu gehen. Fast die gleiche Zeit braucht man aus dem Kuppelwieser Tal. Man wird diese Route wählen, wenn man sich einmal in dem noch erstaunlich stillen und ursprünglichen Ultental umschauen möchte.

Charakter: Bergwege, teilweise auch nur Pfadspuren, im oberen Teil Grat mit mächtigem Blockwerk; Trittsicherheit und zuverlässiges Wetter wichtig. Etwa 4 Std. Aufstieg.

Ausgangspunkt: Von Meran westlich der Etsch ins nahe Tscherms und danach rechts abbiegend ins relativ stille Ultental. Etwa 25 km talein zum Zogglersee. Hier wieder rechts und durch das Kuppelwieser Tal und auf einer Werksstraße nochmals 10 km bis etwa 2000 m Höhe oberhalb der neuen Kuppelwieser Alm.

Auf das Hasenöhrl: Auf der Werksstraße oder teilweise auf dem alten Fußweg knapp eine Stunde aufwärts bis zu einem Wegweiser an einer scharfen Serpentine. Über die Weideflächen empor, dann am besten gleich links ins Latscherjöchl (2507 m, Einmündung der Route von der Tarscheralm). Nun im Großen und Ganzen dem Kamm folgend zum Punkt 2915, der wohl irrtümlich auf den Karten als Blaue Schneide verzeichnet ist. Kurz hinab in eine Lücke, dann spannend und abwechslungsreich über den Blockgrat zwischen den beiden Gletschern (Blaue Schneide) auf den auffallend breiten, abgerundeten Gipfel.

22 Suldenspitze
3376 m

Beherrschender Gipfel über drei Tälern

Rifugio Casati – das ist für die Bergbegeisterten aus Italien ein schon fast magischer Begriff, und so pilgern sie vor allem im Hochsommer in Scharen hinauf zur stattlichsten aller Hütten – mit 280 Schlafplätzen! Je mehr Südländer sich zusammenfinden, desto fröhlicher und lauter geht es dort oben zu. Trotzdem sollte niemand auf den Abstecher in das Cedectal und die Besteigung der Suldenspitze verzichten. Das oberste Tal um die Seen von Cedec wird von besonders imposanten Bergen beherrscht, von der auf dieser Seite ziemlich felsigen Königsspitze (3851 m), dem gegenüber liegenden Monte Cevedale (3769 m) und dessen Trabanten Monte Pasquale, zwei formschönen Eisbergen. Und sind wir über die steilen Schutt- und Blockhänge hinaufgestapft in das Joch mit der Hütte, stehen wir, von einem Schritt zum anderen, in einer völlig veränderten Landschaft, sehen uns in die Arktis versetzt. Eis und Schnee überziehen die ostseitigen Hänge, bilden doch Langen- und Zufallferner gewaltige Eisströme. Wir steigen von dort noch weiter empor, turnen über Blöcke und wandern durch Geröll, stets dem Südgrat folgend, auf die Suldenspitze. Es gibt keinen angelegten Weg, doch haben die Begeher im

Laufe vieler Jahre eine deutliche Trasse ausgetreten. Nur der Schnee könnte uns – bei einer Höhe von mehr als 3300 m – Kummer und Schwierigkeiten bereiten.

Die Suldenspitze nimmt geografisch eine Schlüsselstellung ein: Sie dominiert über der Valfurva, dem Sulden- und dem Martelltal. So wird das große Gipfelpanorama auch mit Tiefblicken ergänzt; selbst Sulden zeigt sich aus unserer Perspektive. Der Suldenferner im Norden unseres Gipfels ist das Idealbild eines Eisstroms, stark gegliedert, mit mächtigen Spalten und Eisbrüchen. Eindrucksvoll ist der Blick von unserer hohen Warte steil hinab über den Gletscher mit seinen gähnenden Spaltenmäulern – direkt auf das rote Dach der Schaubachhütte.

Charakter: Breite, sehr viel begangene Wege zur Casatihütte, dann ein Blockgrat mit Wegspuren, evtl. Schneepassagen, etwas Trittsicherheit nötig. Aufstieg zur Hütte 3 1/2 Std., zum Gipfel 40 Min.
Ausgangspunkt: Von Bormio im obersten Veltlin durch die Valfurva nach Sta. Caterina (13 km) und weiter bis zum privaten Albergo Forni (2176 m, 82 Schlafplätze).
Zur Casatihütte: Von der Fornihütte immer links oberhalb des Cedecbachs auf breitem Weg talein zum Rifugio Pizzini (2700 m, CAI, 80 Schlafplätze, Tel. 0342/93 55 13). Dann mehr nach Osten umbiegend über Böden zum Cedecsee mit besonders eindrucksvollem Blick auf Monte Cevedale und Monte Pasquale mit ihren Gletschern. In der gleichen Richtung weiter an das Massiv heran und schließlich in vielen Kehren über eine hohe, teilweise sehr steile Stufe zum Rifugio Gianni Casati (3270 m, CAI, 280 Schlafplätze, Tel. 0342/93 55 07) nahe am Gletscherrand.
Auf die Suldenspitze: Von der Hütte nach Norden auf Wegspuren über den Block- bzw. Schneegrat zum Gipfel. Abstieg wie Aufstieg.
Tipp: Für den Besucher von Santa Caterina gäbe es noch einen weiteren, besonderen Ausflug. Zahllose Serpentinen führen über 13 km hinauf zum Tonale, mit 2621 m einer der höchsten Alpenpässe mit großer Gletscherbergkulisse, zu der etwa der Pizzo Tresero (3602 m) gehört. Von dort lässt sich in 1 1/2 Std. über die Nordflanke der **Monte Gaviola** (3025 m) besteigen.

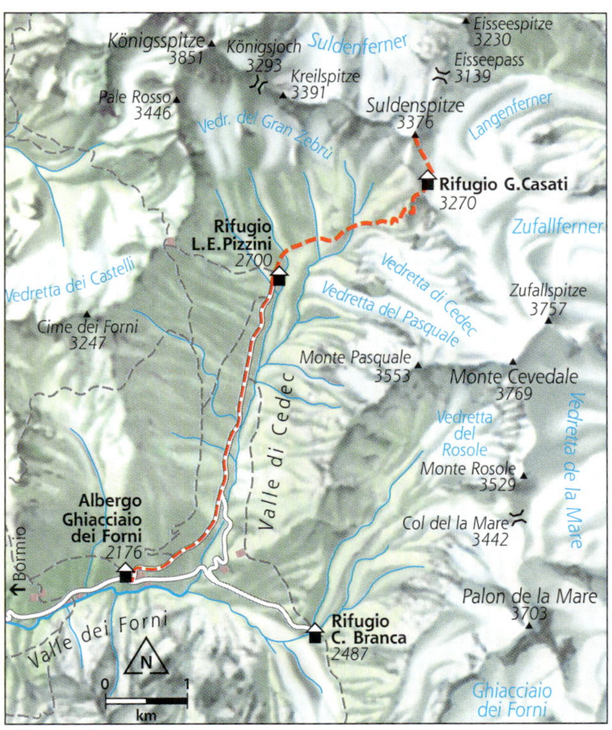

Beim Anstieg zur Suldenspitze kommt man als Zwischenziel zur Casatihütte; das Panorama beherrscht die Königsspitze.

23 Monte Vioz
3645 m

Der höchste Gipfel in unserem Buch

Je höher die Berge sind, desto häufiger verschwinden Wege, Steige oder Pfadspuren unter Schneefeldern, und dann kann nur allzu rasch aus einer hochalpinen Bergwanderung eine anspruchsvolle Hochtour werden, bei der man Pickel und Steigeisen braucht. Diese Tatsache muss einfach am Anfang des Berichtes über den Monte Vioz, diesen Ausnahmegipfel, stehen. Spannender kann ein Bergerlebnis kaum sein! In 3535 m Höhe thront die Viozhütte oder – wie sie in diesem rein italienischen Sprachraum heißt – das Rifugio Mantova al Vioz mit absolut freiem Blick nach Osten und Süden, etwa auf Brenta und Presanella. Von dort aus braucht man dann keine halbe Stunde, um auf einem der ganz großen Gipfel der Ortlergruppe zu stehen. Das ist zudem ein Berg der zwei Gesichter: Während nach Süden sehr hohe Fels-, Schrofen- und Trümmerflanken abfallen, reichen im Norden die Eisfelder des riesigen Fornogletschers bis zum Gipfel herauf. Der Weg zur Hütte über den weiträumigen Südgrat, eine urgewaltige, teilweise plattengepanzerte, teilweise mit wilden Zacken besetzte Schneide (Dente del Vioz), ist kunstvoll und aufwendig in das Gelände eingefügt, ein Werk aus dem Ersten Weltkrieg.

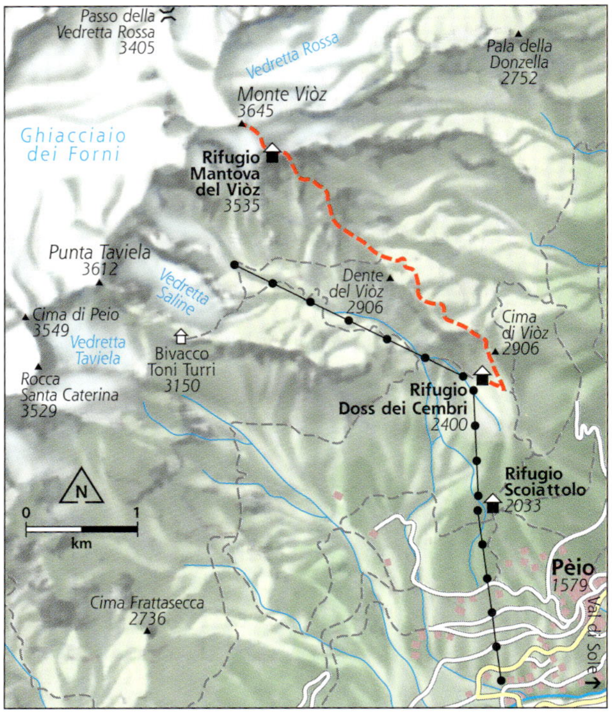

Val di Sole – Sonnental – heißt jene tiefe Talfurche, die vom fjordartigen Lago di Santa Giustina nach Westen zwischen die großen Gipfel von Presanella- und Ortlergruppe führt. Man ist hier weit entfernt von allem »Germanischen«, hier bestimmen ein südländischer Baustil und im Sommer eine ganze Flotte italienischer Autos aus vielen Teilen des Landes das Bild. Denn unsere südlichen Nachbarn lieben die Val di Sole als Urlaubsziel! Bei Cusiano zweigt die Val di Peio nach Norden ab. Wir sind kaum in dieses kurze, wiesenreiche Tal eingebogen, schon beherrscht »unser« Monte Vioz das Bild. Ein gewaltiges Massiv aus rostrotem Fels und ein wenig Eis ragen 2500 m über dem Tal in den Himmel. Das bei uns kaum bekannte Peio mit seinen Termalquellen, die man seit 1671 nützt, liegt weit verstreut (der Ortsteil Peio klebt förmlich in 1579 m Höhe an den Hängen) in diesem hochalpinen Tal mit seinen Gletscherbergen, zu denen auch der Monte Cevedale zählt.

Charakter: Bei idealen Bedingungen eine Bergwanderung, die Trittsicherheit und alpine Erfahrung voraussetzt, wegen der ungewöhnlich großen Höhe jedoch oft ungünstige Verhältnisse. Aufstiegszeit zur Hütte gut 3 ½ Std., von dort auf den Gipfel 20 Min.

Ausgangspunkt: Bei Cusiano aus der Val di Sole in die Val di Peio, 6 km weiter, in Cogolo, links ab nach Peio Fonti (1389 m) und zur Talstation der Telecabina.

Zur Viozhütte: Mit der Kabinenbahn zum Rifugio Scoiattolo und dem Lift zum Rifugio Doss dei Gembri (2300 m). Nach rechts durch den Hang auf einen größeren Weg. Auf ihm zum Südgrat, dann immer rechts daneben höher empor – am Dente del Vioz (von Süden gesehen ein wilder Turm) vorbei – und zwischen großen Trümmern in eine Gratlücke. Spannender Weiterweg mit einem kurzen, aber exponierten Quergang mit Drahtseil und der Querung eines Turms, dann ein auffallender Plattenschuss mit kunstvoll angelegtem Steig. Oberhalb weitere, nicht mehr ganz so steile Aufschwünge bis zum Rifugio Mantova al Vioz (3535 m, CAI, 60 Schlafplätze, Tel. 0463/75 13 86), das mit Drahtseilen verankert ist.

Auf den Monte Vioz: Hinter der Hütte über den Blockgrat (harmlos, wenn er schnee- und eisfrei ist), schließlich etwas steiler zum Kreuz und über Schnee zum nahen, breiten Gipfelplateau. Abstieg wie Aufstieg.

24 Cima Brenta
3150 m

Zentraler Gipfel dieses großartigen Felsenreichs

Gleich vorab: Die Cima Brenta liegt sozusagen im oberen Grenzbereich – und zwar für den durchschnittlichen Benutzer dieses Buches. Selbst der Spallone di Massodi, ein abgeplatteter Gipfel im Verlauf des Bocchettewegs und mit seinen 3004 m ebenfalls über unsere magische Grenze aufragend, eignet sich nur für erfahrene Klettersteig-Tiger. Doch wer sich die Schwierigkeit zutrauen kann, bekommt hier ungewöhnlich spannende Wege und ein wahrlich vornehmes Ziel geboten.

Auf dem vielleicht berühmtesten aller Eisenwege, dem Sentiero delle Bocchette, sind unzählige Begeisterte unterwegs, sie tasten sich – oft reichlich ängstlich – über die Felsbänder inmitten senkrechter, himmelhoher Wände, turnen über lange Leitern, bestaunen die allerwildesten Felsberge wie den Campanile Basso, auch Guglia di Brenta genannt, und schimpfen über die Verkehrsstauungen. Doch eines, gewissermaßen der letzte Pfiff, fehlt diesen Routen: die Besteigung eines großen Gipfels. Doch wir könnten hier beides kombinieren, einen Dreitausender, an dem es zumindest deutliche Trittspuren gibt, und die Begehung von einem oder mehreren Klettersteigen. Der Sentiero delle Bocchette Alte steigt

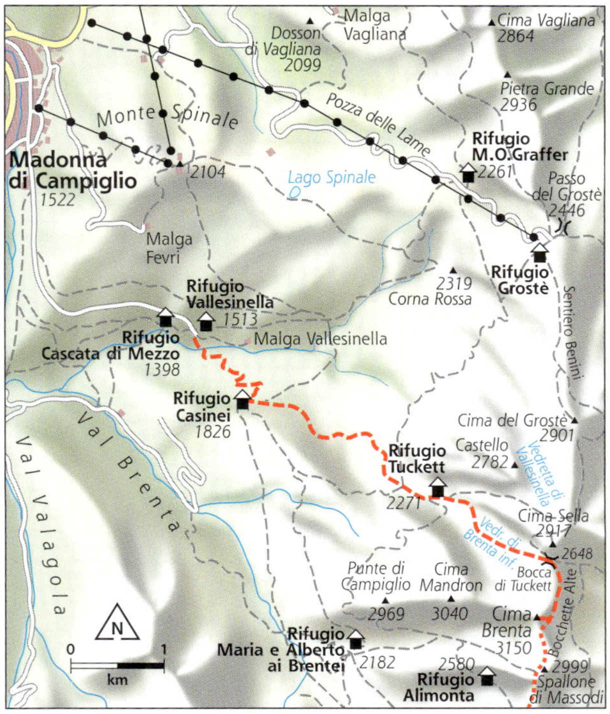

ja, von der Bocca di Tuckett heraufkommend, über das weiträumige Gelände am Nordgrat der Cima Brenta bis in knapp 3000 m Höhe an, um dann auf dem Garbariband durch deren Ostflanke weiterzuführen. So verringert sich der Abstecher zum Gipfel – nun sagen wir einmal – zu einem Löwensprung. Das Wort Katzensprung würde diese – nicht gesicherte! – Kletterei bis II- doch allzu sehr verniedlichen. Bis zu unserem Band bleibt der Bocchetteweg im Bereich mittlerer Schwierigkeiten, doch die Fortsetzung gehört in der Welt der Klettersteige zum Anspruchs- und Eindrucksvollsten. Nur wer schon reiche Erfahrungen zum Thema Via ferrata gesammelt hat, wer sich auch vor senkrechtem Fels nicht fürchtet und zudem beste Schnee- und Wetterverhältnisse abwartet, wird Spaß – statt Angst – auf diesem Weg zwischen Himmel und Erde haben.

Charakter: Firnfeld zur Bocca di Tuckett immer mit ausgetretener Spur, bei Vereisung jedoch entsprechende Ausrüstung notwendig. Dann mittelschwere Via ferrata, schließlich Schrofengelände mit Kletterei bis II-, evtl. kurzer, aber ausgesetzter Firngrat. Hochalpine Erfahrung unbedingt notwendig! Aufstieg zur Hütte 2 Std., von dort auf die Cima Brenta 4 Std.

Ausgangspunkt: Madonna di Campiglio (1522 m), berühmter Ferien- und Skiort zwischen Presanella- und Brentagruppe, Zufahrt von Dimaro in der Val di Sole über den Passo Campo Carlomagno (1682 m). Von Madonna di Campiglio noch knapp 4 km nach Vallesinella (1513 m, Gasthaus).

Zur Tucketthütte: In Vallesinella über den Bach und auf dem Weg Nr. 317 meist im Wald rasch aufwärts zum Rifugio Casinei (1826 m, privat, 64 Schlafplätze, Tel. 0465/44 27 08). Diagonal durch die Hänge hinüber ins Kar mit seinen Felsblöcken und hinauf zum Rifugio Tuckett e Quintino Sella (2271 m, CAI, 116 Schlafplätze, Tel. 0465/44 12 26) in herrlicher Lage.

Auf die Cima Brenta: Von der Hütte im Moränengelände zur Vedretta di Brenta inferiore. Auf stets ausgetretener Spur über das spaltenlose Eisfeld in die abschließende Bocca di Tuckett (2648 m). Nach rechts zum Beginn der Via ferrata delle Bocchette Alte. Gut mit Drahtseilen und Leitern gesichert in dem unregelmäßigen Gelände mit seinen Steilstufen etwa eine Stunde empor, dann auf dem breiten Garbariband – unterhalb stürzen allerdings die Wände 500 m senkrecht in die Tiefe – zu dessen Ende. Nun vom Klettersteig ab nach oben (Trittspuren und Steinmänner) über Felsstufen und Rinnen, dann links in einer Schlucht und über weitere Kletterstellen (II-) auf den Kamm bei einem Köpfl. Über den ausgesetzten Grat (evtl. kurze, anspruchsvolle Firnschneide) zur erstaunlich breiten Gipfelfläche.

Bocchetteweg: Über die weitere, sehr anspruchsvolle Route, die auch den **Spallone di Massodi** (3004 m) berührt, informieren Sie sich bitte in der einschlägigen Klettersteigliteratur.

Aufstieg in die Bocca di Tuckett,
die den Zustieg zur Cima Brenta vermittelt.

Ötztaler Alpen

Die Ötztaler Alpen sind ein Schlaraffenland für all jene, die Dreitausender mit Wegen suchen und lieben. Kein anderes Gebirge der Alpen bietet so viele und so hohe Ziele dieser Art. Neun Gipfel übersteigen die Grenze von 3200 m, drei davon ragen sogar über 3400 m auf; auf stolze 3480 m bringt es der Hauptgipfel der Hochwilde. Die meisten Ziele stellen keine besonderen Anforderungen an das Können. Das dokumentiert auch die Tatsache, dass auf diesen Routen nur selten Sicherungen nötig sind. Doch das sollte niemanden zum Leichtsinn verführen! In dieser Höhe können Eis und Schnee, Sturm und Kälte, Nebel und Nässe nur allzu rasch für ungünstige Verhältnisse sorgen.

Die Ötztaler sind ein recht »ordentliches« Gebirge. Der Nordteil besteht aus drei sauber von Süd nach Nord ausgerichteten Bergkämmen, die die mehr als 30 km langen Einschnitte von Ötztal, Pitztal und Kaunertal trennen. Hier liegen all die großen Felsberge, die Gletscher hingegen verstecken sich in den Karmulden und fallen kaum ins Auge, obwohl die Gipfel bis 3533 m Höhe aufsteigen. Im zentralen Teil hingegen sind die Eisfelder das alles beherrschende Element, sie bilden riesige, zusammenhängende Flächen, ja man könnte von der Wildspitze zur Weißkugel wandern, ohne ein einziges Mal die Gletscher zu verlassen. In diesem Bereich gruppieren sich die Gipfel um die Täler von Vent und Obergurgl. Alles, was Rang und Namen hat, lässt sich von diesen Bergsteigerorten aus besteigen.

Unsere Dreitausender mit Weg sind über das gesamte Gebiet verteilt. Nach ein paar Tagen im Bereich von Ötztal und Pitztal gewinnt man deshalb einen wirklich umfassenden Eindruck vom größten Gletschergebirge Tirols. Auch wer erste Erlebnisse bei Bergfahrten dieser Art sammeln will oder keine großen Touren mehr anpacken kann, findet hier ideale Möglichkeiten, »schnelle« Dreitausender wie Schwarzkogel, Mittagskogel, Wildes Mannle oder Wiesjagglskopf zu besteigen. Schließlich: Wer noch etwas ganz Besonderes erleben will, fährt – am besten gleich über das Timmelsjoch – hinüber nach Südtirol und besucht so elegante und edle Berge wie Seelenkogel, Hochwilde und Roteck.

Karten: Der größte Teil der Ötztaler Alpen ist auf vier Blättern der Alpenvereinskarten 1:25 000 dargestellt. Die Südtiroler Berge der Texelgruppe findet man bei Tabacco, Blatt 011.

25 Fundusfeiler 3079 m

Die große Rundtour

Um den nördlichsten Dreitausender in den Ötztaler Alpen zu besteigen, fährt man üblicherweise aus dem Gebiet von Umhausen im Ötztal hinauf in das so schön gelegene Dörfchen Köfels (1401 m), wandert von dort über das »Schartle« zur Frischmannhütte mit ihren 50 Schlafplätzen, um anschließend durch das Funduskar und über die Feilerscharte den Gipfel zu erreichen. Auf beiden Abschnitten ist man etwa zweieinhalb Stunden unterwegs. Diese Route gehört zum Reizvollen und ist typisch für die kleineren Dreitausender mit Weg. Wer jedoch mehr Zeit und Muße hat, sollte diesen Ausflug zu einer großen und besonders eindrucksvollen Rundtour ausweiten, die wir hier etwas verkürzt vorstellen wollen, denn der zweite große Gipfel dieser Bergfahrt hat einen »Makel«: Ihm fehlen 29 m zur magischen Grenze von 3000 m. Dabei gehört der Wildgrat (2971 m) und seine Überschreitung zum Reizvollsten in den Zentralalpen! Das Prädikat »wild« passt hier hervorragend; ein ganzer Wald fast schwarzer Türme, Zacken und Grate baut das Massiv auf. Auf beiden Seiten schmücken zudem große Bergseen die Hochkare.

Charakter: Gipfelgrat des Fundusfeiler leicht felsig, dort Trittsicherheit angebracht; dito bei der möglichen Überschreitung des Wildgrats; evtl. Schneefelder. Von der Bahn über den Wildgrat zur Erlanger Hütte 4 1/2 Std., von dort auf den Fundusfeiler 3 1/2 Std., Abstieg zur Ludwigsburger Hütte 2 1/4 Std.

Ausgangspunkt: Jerzens (1107 m) auf der Ostseite des äußeren Pitztals. Von dort zur Talstation der Gondelbahn (1468 m), Parkplatz.

Wildgrat und Erlanger Hütte: Mit der Gondelbahn und dem anschließenden Lift auf den Kamm (2368 m) am Sechszeiger. Auf dem Rücken kurz abwärts ins Niederjöchl (2302 m) und weiter stets auf dem Kamm nach Süden, auf Gras, später auch durch etwas Blockwerk und am Schluss durch eine gesicherte Felsrinne auf den Hochzeiger (2560 m). Nun schräg hinab durch die äußerst steilen, von Fels durchsetzten Hänge auf kleinem, spannendem Steig auf einen Absatz über dem mittleren Riegetal und kurz wieder empor zum 140 m langen, fast runden Großsee (2416 m). Wegverzweigung kurz danach bei einem zweiten See. In dem reizvollen, von Fels eingerahmten Hochtal empor, dann links steiler auf eine Schulter im Westgrat und an einer Rippe entlang, einfacher als erwartet, auf den Wildgrat (2971 m) mit freiem Rund- und Tiefblick. Abstieg nach Osten über Geröll und etwas Fels zur wunderbar gelegenen Erlanger Hütte (2541 m; DAV, 48 Schlafplätze, Tel. 0663/9255241) neben dem großflächigen Wettersee.

Fundusfeiler und Lehnerjoch: Von der Erlanger Hütte über einen nahen Sattel, dann quer durch Kare und über Rippen auf die Böden unter dem Lehnerjoch. Über weitere Böden auf den Gipfel zu, schließlich über Geröll (oder Schnee) steiler in die Feilerscharte (2926 m) und am ausgeprägten Grat entlang mit ein klein wenig einfacher Kletterei auf den Gipfel.

Über die Böden wieder hinab und das Lehnerjoch (2510 m) überquerend zur Ludwigsburger Hütte (ehemals Lehnerjochhaus, 1935 m, DAV, 43 Schlafplätze, Tel. 0664/420 45 36). Von dort entweder Abstieg nach Zaunhof im Pitztal oder ein weiterer, lohnender Übergang: Aufstieg zum Hohen Gemeindekopf (2771 m, 2 1/4 Std.), Abstieg ins seenreiche Riegetal und um den Hochzeiger herum zum gleichnamigen Haus an den Bahnen von Jerzens.

26 Hohe Geige 3393 m

Gewaltiger Hauptgipfel im Geigenkamm

Die Hohe Geige wird in jeder Beziehung ihrem Titel als »Königin des Geigenkammes« gerecht. Sie überragt ihre Nachbarn beträchtlich, freier Rundblick ist also selbstverständlich. Vor allem die Felszinnen drüben im benachbarten Kaunergrat präsentieren sich als elegante Felsgestalten. Als publikumsfreundlicher Berg hat die Hohe Geige zudem ihre gemütliche Seite, sofern man das Wort »gemütlich« bei einem Berg dieser Höhe überhaupt noch verwenden darf. Auf jeden Fall ziehen von Südwesten die Block- und Schrofenhänge nicht sonderlich schroff bis zum Gipfel empor. Diese Hänge verstecken zudem in ihrem einheitlich braunen Felsmantel eine Überraschung: In 3250 m Höhe trifft man auf ein verstecktes Firnbecken, eine Art Minigletscher. Doch Vorsicht! Es gibt an der Hohen Geige keinen richtigen Weg, sondern nur Spuren und Markierungen im manchmal steilen Schrofengelände. Die anderen Seiten unseres Berges sind mit gezackten Graten, steilem Fels und zerschrundeten Gletschern so wild-malerisch, dass die meisten Betrachter sie aus einem neuen Blickwinkel gar nicht wiedererkennen würden. So schmiegt sich zum Beispiel an den Nordostfuß der Gipfelflanke der teilweise stark zerklüftete Geigenkarleferner, der wohl so gut wie nie von Bergsteigern betreten wird.

Schon der Zugang ist ungewöhnlich, denn nur selten findet man Hüttenwege in einer so eindrucksvollen Bergwelt! Rasch steigt der gut angelegte Steig in dem teilweise reichlich steilen Gelände an. Langeweile kommt hier nicht auf, zu wild sind die Felsberge rundum, die Silberschneide, der Weißmaurachkogel und vor allem der Puitkogel (3343 m) mit seiner zwei Kilometer breiten und bis zu 600 m hohen Nordwand.

Charakter: Der Aufstieg führt durch eine 450 m hohe, teilweise schrofige Flanke, kein angelegter Weg, sondern Trittspuren und Markierungen; Trittsicherheit, gute Verhältnisse und nebelfreies Wetter sind deshalb Voraussetzung. Zur Hütte knapp 2 Std. Aufstieg, Weiterweg auf die Hohe Geige 3 Std.

Ausgangspunkt: Start am Hüttenparkplatz (1605 m) genau in der Mitte zwischen Weißwald und Plangeross (1612 m) im inneren Pitztal.

Aufstieg zur Hütte: Vom Parkplatz über den Schwemmkegel gerade nach Osten empor, dann immer links des scharf eingeschnittenen Baches in vielen Kehren in dem sehr steilen Gelände weiter aufwärts. In den Hängen, die bald völlig waldfrei sind, noch höher empor und schließlich schräg talein zur Chemnitzer Hütte (2328 m, DAV, 38 Schlafplätze, Tel. 0664/280 81 07). Während des Anstiegs Rückblick auf die gewaltige Watzespitze (3532 m).

Auf die Hohe Geige: Hinter der Hütte gut zehn Minuten über die Böden empor, dann bei der ersten Verzweigung links, bei der zweiten geradeaus und durch die geröllreiche Karmulde ein gutes Stück talein. Nun gerade nach Norden weit aufwärts über steiles, steiniges und felsdurchsetztes Gelände, wobei man den Pfadspuren (meist kein angelegter Steig) und den Steinmännern folgt. Dann Querung nach rechts in zerborstenem Felsgelände zu einem Firnfeld im oberen Teil der Flanke. Nun am besten nach rechts in einen Sattel und knapp links der Kante in feinem Blockwerk zum alles überragenden Gipfel.

Blick von Westen auf die Hohe Geige, eines der ganz großen Gipfelziele in diesem Buch; links der Hohe Kogel.

27 Südlicher Polleskogel 3035 m

Über dem Rettenbach-Sommerskigebiet

Oberhalb von Sölden wurden gleich zwei Gebiete für den Gletscherskilauf erschlossen. Im Sommer fahren jedoch mehr Ausflügler als Freunde des weißen Sports dort hinauf. Man lockt sie mit einigen Superlativen: Die so genannte Gletscherstraße (nicht gerade billige Maut) ist gut 15 km lang, zwei Parkplätze liegen in 2790 m Höhe, der »höchste Tunnel Europas« verbindet die beiden Gebiete miteinander ... Vom Parkplatz Tiefenbach genießt man einen Idealblick auf die großen Eisberge um den Ramolkogel (3549 m). Doch wir ziehen den obersten Parkplatz im Rettenbachtal vor, lassen sich von dort aus doch bis zu fünf Dreitausender besteigen, wohlbemerkt alle auf Wegen oder wenigstens Steigspuren. Die drei großen stellen wir im nächsten Kapitel vor. Bei den beiden Zielen direkt über unserem Ausgangspunkt handelt es sich mehr um spannende Spritztouren, die allerdings gar nicht so einfach sind. Da kann man ideal ausprobieren, ob man, wie am Polleskogel, mit steilem, aber gut gesichertem Fels zurechtkommt, oder ob man sich auch im Firn zuverlässig bewegen kann, um das Pitztalerjöchl und das Jochköpfl zu erreichen.

Charakter: Am Polleskogel sehr steiler Steig mit guten Sicherungen, entsprechende Erfahrung nötig, am Gipfel selbst brüchiger Fels ohne Weg, nur Steigspuren; Kletterei im Schwierigkeitsgrad I. Vom Parkplatz 50 Min. Aufstieg.
Ausgangspunkt: Sölden (1368 m) im oberen Ötztal, bekannter Ski- und Ferienort. Von der Ortsmitte an der Talstation der Gaislachkogel-Seilbahn vorbei etwa 1,5 km nach Süden, dann rechts empor auf guter, breiter Straße zur Mautstelle und weiter durch die sonnseitigen Hänge des Rettenbachtals zur Gabelung. Auf der rechten Straße noch über einige Kehren nach insgesamt 13 km zum Parkplatz in 2790 m Höhe.
Auf den Polleskogel: Vom obersten Parkplatz auf dem Weg über das Trümmerfeld aufwärts, bis sich der Steig Richtung Pitztalerjöchl nach links wendet. Jetzt auf den Pfadspuren im Schutt (evtl. Schnee) etwas mühsam empor zum Felsbeginn mit einer auffallenden Wegnummer als Markierung. Auf einer Rampe schräg links ein paar Meter hinauf, dann immer links an einer Rippe entlang mit guten Sicherungen in schöner Kletterei in das ganz schmale Südliche Pollesjoch. Drüben ein paar Meter hinab und wieder empor in eine Lücke im Nordwestgrat. Von dort über die zerfallene Fels- und Trümmerschneide rasch auf den schmalen Gipfel.
Pitztaler Jochköpfl (3023 m): Der kleine Gipfel, dessen Name auf manchen Karten fehlt, liegt gleich nördlich über dem Pitztalerjöchl. Dieses lässt sich von dem oben erwähnten Weg aus erreichen, wenn der mittelsteile Firn (Rand eines kleinen Gletschers), auf dem es stets eine ausgetretene Spur gibt, weich und gut begehbar ist.
Für Erfahrene und Trittsichere bietet sich sogar die Möglichkeit einer besonderen Rundtour: Vom Fuß des Rettenbachferners mit der Bahn hinauf ins Rettenbachjoch (2988 m). Drüben über eine felsdurchsetzte Stufe sehr steil hinab (links ganz eindrucksvolle Abbrüche des Gletschers und dahinter der auffallend zerklüftete Hangende Ferner), dann über Moränenfelder hinunter und fast eben zur Braunschweiger Hütte (2758 m, DAV, 125 Schlafplätze, Tel. 05413/86236). Von der Hütte nach Norden wieder empor und in den steilen Hängen des Karleskopfes in den Sattel rechts daneben. Auf und neben dem Kamm auf Gras und Schutt aufwärts, dann nach rechts über Geröll (oder Schnee) ins Pitztalerjöchl (2996 m). Von dort in wenigen Minuten über den Blockgrat nach links auf das Pitztaler Jochköpfl. Zurück ins Jöchl und schräg links hinab zum anfangs erwähnten Weg.

28 Wassertalkogel 3252 m

Mainzer Höhenweg mit drei Dreitausendern

Der Gipfel des mächtigen Wassertalkogels ist abgerundet und weiträumig. Auf ihm thront ein intensiv rotes Ufo, eine Art Alukiste auf Stahlstützen. Das ist das Rheinland-Pfalz-Biwak. Mit seinen neun Lagern soll es Bergsteigern, die den Mainzer Höhenweg begehen, bei einem Wettersturz Zuflucht bieten. Dieser Übergang aus dem Rettenbachgebiet bzw. von der Braunschweiger Hütte zur Chemnitzer Hütte zerfällt in zwei völlig unterschiedliche Teile. Im Nordabschnitt gibt es nicht weniger als fünf Schnee- und Gletscherbecken; dieser Teil des Übergangs ist deshalb selbst für den guten Bergwanderer tabu. In der Mitte ragt dann der Wassertalkogel mit der Biwakschachtel auf, der sich von Süden, sobald die Sommersonne die Schneefelder geschmolzen hat, ganz auf Wegen und Steigen erreichen lässt. Über dem Rettenbachgebiet verteidigt als felsiges Bollwerk der Südliche Polleskogel den Zugang. Er ist der Probierstein für das Kommende. Wer es ohne Probleme bis

Auf dem Gipfel des Wassertalkogels steht diese Biwakschachtel. Im Hintergrund Mittelbergferner und Wildspitze.

zur Gratlücke schafft, kann mit Ruhe das Weitere anpacken. Mit Ruhe allerdings nur dann, wenn absolut zuverlässiges, nebelfreies Wetter herrscht, denn dort oben auf dem langen, den Stürmen ausgesetzten Kamm wäre ein Wettersturz arg gefährlich, ja könnte zur Katastrophe werden!

Knapp zwei Kilometer wandert man an diesen Bergen ständig oberhalb der Dreitausend-Meter-Grenze und genießt dabei einen völlig freien Blick nach Osten und Westen und immer mehr auch nach Süden auf die großen Gletscherfelder und auf die Wildspitze, die mit ihren 3768 m der höchsten Gipfel des Gebirges und von ganz Tirol ist. Auch die Kaunergratberge gleich vis-à-vis der sehr, sehr tiefen Furche des Pitztals ziehen den Blick auf sich. Zwei Gipfel fallen besonders ins Auge: der Seekogel (3358 m), ein keckes Felshorn, und die alles überragende Watzespitze (3533 m) mit ihrem Steilgletscher.

Charakter: Sehr lange Grattour, da man auf der gleichen Route wieder zurückkehrt, mit allerschönsten Ausblicken. Hinweg etwa 3 1/2 Std., Rückweg 2 1/2 Std.

Ausgangspunkt: Sölden und Rettenbachtal (2790 m) siehe »Südlicher Polleskogel«, S. 48.

Zum Wassertalkogel: Wie dort beschrieben in die Lücke im Nordwestgrat des Südlichen Polleskogels. Hinab in einen Sattel, dann links um den Nördlichen Polleskogel herum und wieder abwärts in das breite Nördliche Pollesjoch (2925 m), die tiefste Scharte im Grat. Über die bzw. rechts neben der nun wenig markante Schneide, eher ein Trümmermeer mit Geröll und Blokkwerk, allmählich wieder aufwärts, an ein paar interessanten Felsen vorbei zum blockigen »Wilden Mannle« und auf den unbedeutenden **Wurmsitzkogel** (3079 m). Im nun wesentlich felsigeren Gelände auf und neben dem ausgeprägten Grat (Sicherungen) auf den **Gschrappkogel** (3197 m), der von dieser Seite recht markant ausschaut. Über eine kleine Scharte hinweg und nochmals ein gutes Stück über den Grat zum Wassertalkogel mit der roten Biwakschachtel.

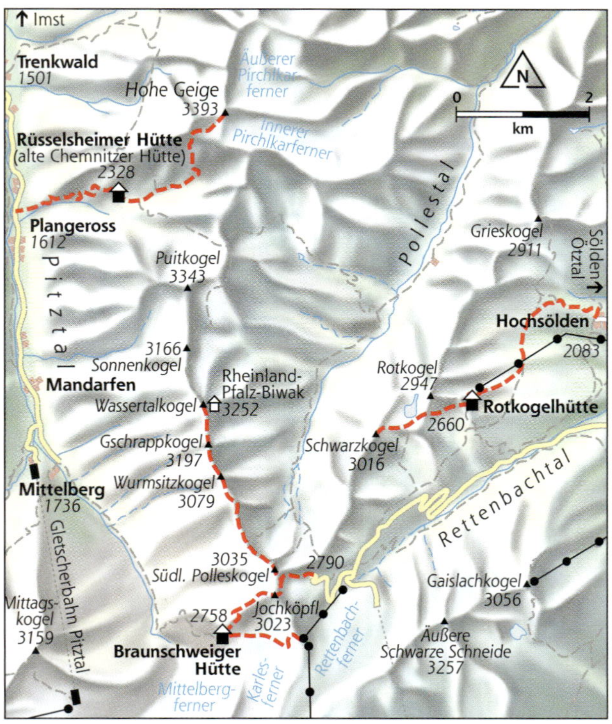

29 Schwarzkogel
3016 m

Der richtige Dreitausender für den Neuling

Wer das erste Mal im Leben seine Dreitausender-Eignung testen will, dem sei der Schwarzkogel hoch über Sölden empfohlen. Ist man hier bei ordentlichem Wetter und sommerlichen Verhältnissen unterwegs, dann müsste man es schon »geschickt« anfangen, um in echte Schwierigkeiten zu geraten. Denn die Kürze der Tour stellt kaum Anforderungen an die Kondition, man ist nie über gefährlichen Abbrüchen unterwegs, und den von zahllosen Menschen in hundert Jahren ausgetretenen Weg wird wohl auch niemand verfehlen.

Auf diesem Hausberg von Sölden darf allerdings niemand Einsamkeit erwarten. Aber davon sollte man sich nicht abhalten lassen. Eher könnten Empfindliche sich von den allzu sehr ins Auge fallenden Skiliften und den planierten Flächen für die Pisten gestört fühlen. Aber noch gehört der immerhin 380 m lange Schwarzsee zu den Kleinoden; er versteckt sich auf der Nordseite in 2790 m Höhe und trägt deshalb bis in den Sommer hinein seine Eisdecke. Auch der Blick vom breiten Gipfel ist reizvoll und bietet viele Motive; gleich jenseits des Pollestals ragen Puitkogel und Hohe Geige mächtig empor, der Rettenbachferner mit seinen Liften liegt direkt vor dem Betrachter, und auch die Wildspitze schaut als gewaltiger Eisberg über die vorgelagerten Grate.

Charakter: Breite, viel begangene Wege in manchmal schuttreichem Gelände, keine Probleme. Vom Lift auf den Gipfel 2 Std.
Ausgangspunkt: Sölden (1368 m) im oberen Ötztal, ein bekannter Ski- und Ferienort. Von der Ortsmitte etwa 1,5 km nach Süden, dann rechts empor auf breiter Straße und nochmals rechts nach Hochsölden; Parkplatz dort nach der ersten Serpentine.
Auf den Schwarzkogel: Vom Parkplatz zur Talstation der Rotkogel-Sesselbahn und Fahrt zur Bergstation (2320 m). Über die freien Böden ein Stück empor zu einem breiten Weg. Auf ihm nach links schräg aufwärts bis unter die Skilifte und in ihrem Bereich hinauf zur Rotkogelhütte (2660 m, privat, Tel. 05254/25 49, keine Übernachtung, oberhalb Kapelle), die auf einem Vorsprung mit sehr schönen Ausblicken etwa auf das Zukkerhütl liegt. Durch ein kleines Kar in die Schwarzseescharte (2799 m) und zwischen Blockwerk am erstaunlich großen Schwarzsee vorbei in einen weiteren Sattel mit Liftstation. Über Schutt auf einen Vorgipfel aus Blöcken und rasch hinüber zum höchsten Punkt.

Auf dem Weg zum Mittagskogel: Pitztaler Gletscherskigebiet und Blick auf die Wildspitze mit ihrer Nordwand.

Wer noch mehr unternehmen will, besteigt den **Rotkogel** (2940 m, 45 Min.) über seinen trümmerreichen Ostgrat. Abzweigung des Gipfelwegs bei der Kapelle nahe der Rotkogelhütte.

30 Mittagskogel 3159 m

Dreitausender nahe der Bergbahn

Eine Tunnelbahn mit dem klingenden Namen Pitz-Express bringt den Gast bis an den unmittelbaren Rand der großen Ötztaler Gletscherwelt. Ein paar Daten zu dieser ungewöhnlichen Bergbahn (Standseilbahn): Tunnellänge 3693 m, Höhenunterschied 1120 m, Fahrzeit 8 Min., Geschwindigkeit bis 43 km/h, Personen pro Fahrt bis 200. Für den erfahrenen und geschickten Wanderer gibt es dort oben ein reizvolles Ziel, einen Dreitausender mit Steig, und zwar den Mittagskogel. Über dem inneren Pitztal imponiert er als gewaltige Felspyramide. Der Weg dort hinauf eignet sich jedoch nicht für Turnschuhe oder gar Sandalen. Er ist steinig, bis in den Sommer hinein gibt es in dieser Höhe Schneefelder, und der Grat zum Gipfelkreuz erfordert ein »munteres Turnen« über große Felsblöcke. Noch beeindruckender aber ist die Abstiegsflanke unter der Scharte ohne Namen (Mittagskogelscharte würde bestens passen): Die Neigung in diesem Riesenhang mit seinen Felsen und dem teilweise sandigen Material ist gerade an der Grenze des Begehbaren, auch für einen erfahrenen Bergwanderer. Das lässt nur eine Schlussfolgerung zu: Hier steigt man nur bei schneefreiem und trockenem Gelände ab; man kann ja mühelos zur Bahn zurückkehren.

Pitztaler Gletschersteig – schon gehört? Von der erwähnten Bergstation fahren Vierer-Gondeln quer über die Gletscher hinauf bis auf den **Hinteren Brunnenkogel**, der die stolze Höhe von 3438 m hat. Dazu passend schuf man vor vier Jahren einen Steig, der den Graten bis vor den Brunnenkarkopf folgt, dann am Nordufer des wild zerrissenen Taschachferners entlang zieht, dessen Flachstelle quert (Stangen zeigen den sichersten Übergang), um schließlich das Taschachhaus zu erreichen. Gute Verhältnisse, stabiles Wetter und einige alpine Erfahrung vorausgesetzt, kann jeder diese grandiose Route begehen.

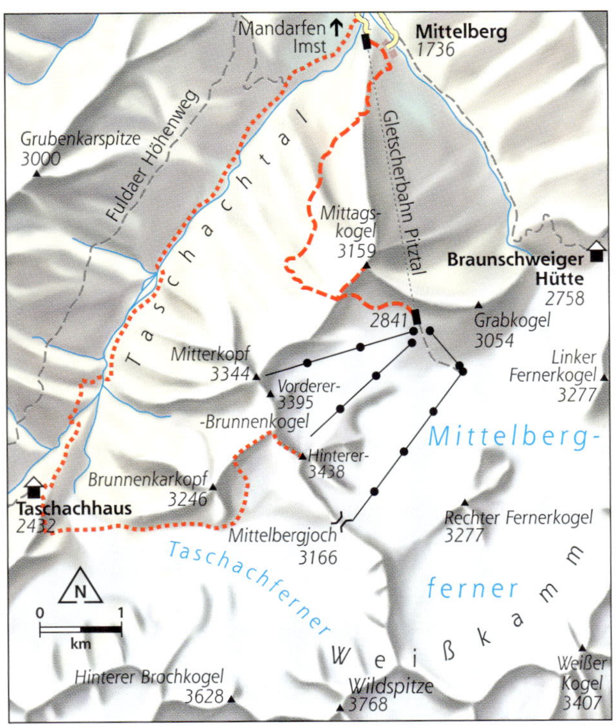

Charakter: Aufstieg nur bei aperem Fels verhältnismäßig einfach (an der Bahn erkundigen); am Gipfelgrat leichte Kletterei über Blöcke. Abstieg nach Mittelberg sehr steil, bei Schnee im oberen Abschnitt auch gefährlich. Aufstieg von der Bergstation zum Gipfel 1 Std., Abstieg nach Mittelberg etwa 2 ½ Std.

Ausgangspunkt: Mandarfen (1690 m), neu entstandene Hotelsiedlung im innersten Pitztal; von dort 0,8 km nach Süden, dann rechts zum Parkplatz der Bahn (1725 m).

Von der Bahn zum Gipfel: Mit der Standseilbahn Pitz-Express zur Bergstation (2841 m). Gleich von der Terrasse auf einem Fußsteig schräg durch die rostroten Trümmerfelder nördlich oberhalb des Gletscherrandes, dann um eine Geländeecke und nach kurzem, etwas steilerem Aufstieg in ein kleines Hochkar mit Schneefeldern. Flach nach Westen bis auf den Grat des Mittagskogels (Wegverzweigung), der mit breiter Flanke über dem Kar aufragt. In abwechslungsreichem Wandern meist über festes Blockwerk auf dem anfangs fast ebenen Kamm, dann an einem auffallenden Felsaufschwung rechts vorbei, ziemlich steil wieder auf den Grat empor und noch ein Stück bis zum Gipfelkreuz. – Rückweg auf der gleichen Route oder:

Abstieg nach Mittelberg: Zurück zur Wegverzweigung. Nochmals kurz empor, dann nach Westen über die äußerst steile Trümmer- und Felsflanke auf ebenfalls sehr steilem Steiglein hinab und anschließend über eine Halde zu einem kleinen Vorsprung. Von dort nach Norden schräg über die riesigen Steilhänge teilweise auf Gras, oft auch zwischen Blockwerk in interessanter Landschaft (stets freier Blick) weit abwärts, bis man oberhalb von Mittelberg ist. Schließlich über die immer stärker bewachsenen Hänge – erst Alpenrosen, Heidelbeeren etc., dann lockerer Wald mit Zirben – direkt nach Mittelberg (Gasthaus) hinab. In 3 Min. hinüber zur Talstation.

31 Parstleswand
3096 m

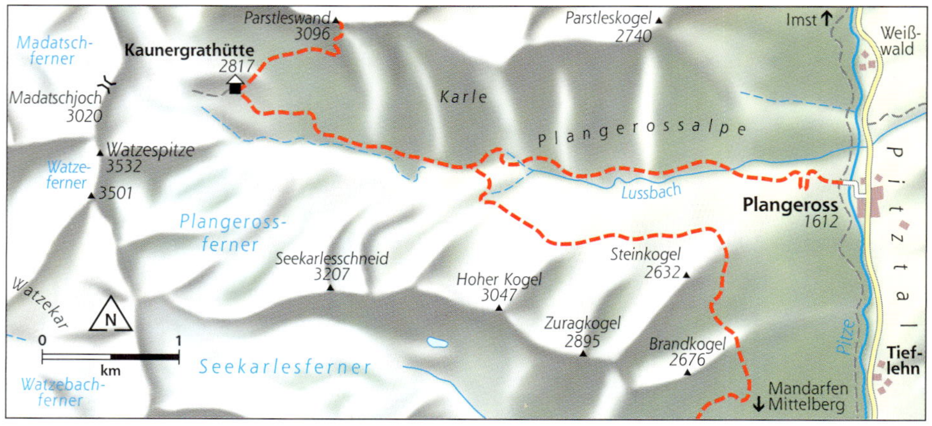

Cottbuser Höhenweg und kecker Felszacken

Kaunergrat heißt der mit Abstand beeindruckendste Kamm der Ötztaler Alpen; hier steht ein gewaltiger Felsgipfel neben dem anderen. Der höchste und markanteste Berg der Region ist die immerhin 3532 m hohe, mit einem Hängegletscher verzierte Watzespitze. Beim Zugang zur Kaunergrathütte hat man diesen Berg stets direkt vor Augen. Gewöhnlich wandert man von Plangeross durch das gleichnamige, auffallend gerade Tal empor. Man kann die Tour jedoch ungleich spannender gestalten, wenn man von der Riffelseebahn aus den Cottbuser Höhenweg begeht, der hoch über dem Pitztal Brand- und Steinkogel quert und zwischendurch recht eindrucksvolles Felsgelände überlistet. Da die meisten bei unserer Tour sowieso zwei Tage unterwegs sind, lässt sich dieser wirklich interessante Höhenweg ideal einbinden.

Bei dem Wort Parstleswand werden wohl nahezu alle erstaunt den Kopf schütteln. Nie gehört! Dieser Berg, ein Berg mit zwei Gesichtern, ragt als eigenständiger Gipfel im Südostkamm der Verpeilspitze auf. Über der Kaunergrathütte macht er mit seiner Schrofenflanke, die aus einem Riesenschuttfeld herauswächst, wenig Eindruck. Doch etwa von der Chemnitzer Hütte aus gesehen, die man bei der Tour zur Hohen Geige besucht, fällt dieser wahrlich kecke Zacken ins Auge; seine 300 m hohe Nordwand ist so steil, dass es dort Kletterrouten bis Schwierigkeitsgrad V gibt.

Charakter: Der Cottbuser Höhenweg erfordert wegen steiler Felsstellen unbedingt Trittsicherheit (direkter Aufstieg von Plangeross zur Hütte problemlos); Ähnliches gilt für den Gipfelgrat der Parstleswand. Vom Riffelsee zur Kaunergrathütte 3 ½ Std., von dort auf den Gipfel knapp 1 Std.
Ausgangspunkt: Mandarfen (1685 m) im inneren Pitztal, großer Parkplatz bei der Riffelseebahn.
Cottbuser Höhenweg: Von Mandarfen mit der Kleinkabinenbahn zur Bergstation ein Stückchen über dem Riffelsee. Hinab in den nahen Grassattel und auf dem Weg erst flach nach Norden, bald jedoch in steilem Gelände über zwei kurze Stufen empor, dann etwas nach rechts und schließlich zehn Meter hinab zu einer Verzweigung. Hinüber auf einen Rücken, unter der Ostflanke des Brandkogels in ein kleines Kar und an den Fuß der Steinkogel-Steilhänge. Um den Abbrüchen auszuweichen, ein Stück empor, quer über schrofiges Gelände und durch eine tief eingeschnittene Felsschlucht (Sicherungen), dann hinab auf eine kleine Schulter in einer Gratrippe, Muttler genannt. Nun lange Querung der Nordhänge, dann etwas aufwärts in den Boden des Plangerosstals. Schöner Blick auf die Watzespitze! Nach Westen in dem bald schuttreichen Kar aufwärts, nach rechts auf den Kamm einer ausgeprägten Moräne und nochmals etwas nach rechts zur Kaunergrathütte (2817 m, ÖAV, 60 Schlafplätze, Tel. 05413/8 62 42).
Auf die Parstleswand: Von der Hütte nach Nordosten durch den kurzen Hang, quer über einen Bacheinschnitt, dann schräg über die große Schutthalde und die anschließenden, leicht schrofigen Hänge zu einem scheinbaren Grat, der sich aber als Geländekante entpuppt. Über die Fläche dahinter empor zum obersten Ostgrat, schließlich auf und neben der Schrofenschneide auf den Westgipfel (Hauptgipfel).
Abstieg. Hier erübrigt sich eine detaillierte Beschreibung: Durch das gesamte Plangerosstal hinaus und schließlich im Wald über eine 300-m-Steilstufe hinab nach Plangeross. Busverbindung nach Mandarfen.

32 Hintere Karlesspitze
3160 m

Im Weißsee-Sommerskigebiet

Das Kaunertal, das westlichste und kleinste der Paralleltäler im Nordteil der Ötztaler Alpen, öffnet sich hinter einer Schlucht zu einem ganz schmalen, aber lang gestreckten Boden, der von Felsbergen eingefasst ist und der nur einen bescheidenen Lebensraum für die Men-

Einer der gewaltigsten Berge der Ötztaler Alpen ist die Watzespitze, das Schaustück bei unserer Tour auf die Parstleswand.

schen des einzigen Dorfes namens Feichten (1287 m) bietet. Einst gab es weiter talein noch dreizehn Höfe an verschiedenen Stellen, sie sind aber alle verschwunden; zu hart waren die Bedingungen, zu sehr mussten die Menschen sich mit Lawinen, Muren, Hochwasser usw. herumschlagen. In diesem zuvor sehr stillen Tal wurde es dann durch den Bau der 22 Kilometer langen »Kaunertaler Gletscher-Panoramastraße« bis in 2730 m Höhe deutlich lauter und lebhafter, und es brach ein heftiger Streit aus, ob ein Sommerskigebiet zuhinterst im Kaunertal die Rettung der Region oder ein nicht wiedergutzumachender Eingriff in eine bis dahin völlig unberührte, selbst von Bergsteigern nur wenig beachtete Gipfelwelt sei.

Der Parkplatz dort oben am Rand des Weißseeferners wird im Sommer erstaunlicherweise vor allem von Ausflugsbussen angefahren. Dieses Publikum, verstreut auf den von Planierraupen verschobenen Geröllflächen und schmutzigen Schneeflecken, gibt ein ganz eigenes Bild – hier im Reich der Dreitausender. Je nach Jahreszeit ist der untere Teil des großen Gletschers mit seinen Liften und Pisten ausgeapert, und das nackte Eis trägt noch zum Grau der Umgebung bei. Doch stets malerisch und eindrucksvoll ragt darüber die bis zu 500 m hohe, stark gegliederte Eiswand der Weißseespitze (3518 m) auf.

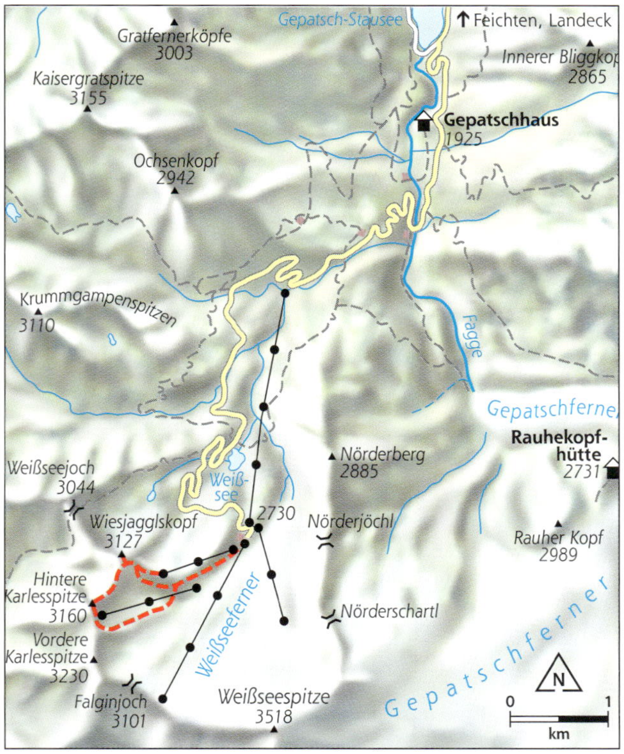

Der niedrigste Gipfel in der Umrahmung, mit dem netten Namen Wiesjagglskopf (3127 m), dürfte inzwischen der »schnellste« Dreitausender der Ostalpen sein, kann man doch vom Parkplatz noch mit einem Sessellift bis in 3000 m Höhe fahren. Gleich nebenan steht die Hintere Karlesspitze, auf deren reizvoll mit Blöcken und Zacken geschmückten Graten eine Weganlage mit entsprechenden Sicherungen geschaffen wurde, die sich mit dem etwas hoch gegriffenen Wort »Klettersteig« ankündigt.

Charakter: Zum Wiesjagglskopf Weg in sehr steilem, rutschigen Fels- und Blockgelände, Trittsicherheit nötig. An der Karlesspitze Sicherungen im Fels, einfacher Klettersteig, gefräste Wege im Schnee. Zu Fuß auf den Wiesjagglskopf gut 1 Std., auf die Karlesspitze 1 ½ Std.
Ausgangspunkt: In Prutz aus dem Oberinntal ins Kaunertal abzweigen und durch dieses stille, nur im unteren Teil besiedelte Tal (Gemeinde Feichten) auf einer teuren Mautstraße zum 5,8 km langen Gepatschsee und am Gepatschhaus (1925 m, DAV, 77 Schlafplätze, Tel. 05475/215) vorbei nach insgesamt 39 km ins Weißseegebiet; großer Parkplatz in 2730 m Höhe.
Wiesjagglskopf (3127 m): Vom Parkplatz an den Gebäuden vorbei auf die Böden dahinter und immer der rechten Möglichkeit folgend (links des Felsgrates) über weite Schuttflächen mit deutlichen Begeherspuren, das letzte Stück dann steiler zur Schulter im Ostgrat nahe der Sessellift-Bergstation (3000 m). Auf dem oberen Weg in die steile S-Flanke, wo sich bis in den Sommer Schneeflekken halten, und in der sandigen, stark von Fels und Blockwerk durchsetzten Flanke mit Hilfe des steilen

Im linken Teil des felsigen Grates das Hintergrasleck (am Felsfuß außerhalb des Bildes die Vernagthütte), dahinter der Fluchtkogel.

Steiges – einige Holzstufen an den felsigen Stellen – zum obersten Ostgrat und über Blockwerk auf den Gipfel.
Über die Karlesspitze: Wie oben zur Ostschulter des Wiesjagglskopfs. Von dort auf dem unteren Weg auf breit ausgefräster Trasse sanft ansteigend über das obere Firnfeld auf einen weiten Rücken im Gelände und in die Firnmulde dahinter. Über den Schnee in den abschließenden Sattel (3110 m) links des Gipfels. Über Blockwerk und kantigen Fels zum nahen Kreuz hinauf. Weiter über den Kamm mit mächtigen Blöcken und kleinen Felszacken sehr reizvoll und abwechslungsreich mit Hilfe von Sicherungen, dann steiler hinab in das Karlesjoch (3047 m) vor dem Wiesjagglskopf. Man muss rechts in der Flanke auf dem gebahnten Weg kurz absteigen, wenn man auch diesem Gipfel noch einen Besuch abstatten will.

33 Wildes Mannle
3023 m

Aussichtskanzel vor der Wildspitze

Die Überquerung dieses mit zwei Steigen erschlossenen Dreitausenders gehört zum wirklich Reizvollen! Von Anfang an genießt man bei dieser Tour hindernislose Fernblicke etwa auf die Eisgipfel des Ramolkammes (bis 3549 m hoch) oder auf die Kreuzspitze mit dem Eisferner, einem Gletscher, der wohl nie von Bergsteigern betreten wird. Im Gipfelbereich gibt es dann zwei ganz besondere Attraktionen: Gleich gegenüber ragt die Ostwand der Wildspitze (3768 m) in den Himmel, des höchsten Tiroler Gipfels. Sie wird auf der rechten Seite von schönen Firnschneiden begrenzt; das ist der Nordostgrat, der eine elegante Eistour bietet und über den trotzdem nur ganz selten die Alpinisten emporstapfen. Und bei der Überschreitung unseres Mannls mit ihrer kurzen, sehr reizvollen Felspassage mit guten Sicherungen kommt man dem Rofenkarferner fast auf Tuchfühlung nahe. Man steht dann unmittelbar vor dem blau schillernden, 150 m hohen Gletscherabbruch, einer Kaskade aus Eis. Ein Moränenseelein, das hier oben niemand erwarten würde, gibt es als attraktive Dreingabe. Zudem lässt sich diese ja nur kurze Tour mit einem Besuch der Breslauer Hütte und dem Abstieg über Rofen und die Hängebrücke abrunden.

Charakter: Bergwege auf der Südseite teilweise steil, doch ohne Probleme. Bei der Überschreitung eine Passage in schönem, festem Fels, Sicherungen. Aufstieg vom Lift knapp 2 Std.

Ausgangspunkt: Im Ötztal nach Zwieselstein und von dort noch 13 km auf guter Straße in den Bergsteigerort Vent (1895 m).
Direkter Aufstieg: Von Vent mit dem Lift zu den Weideflächen von Stablein (2356 m). Auf breitem Weg Richtung Breslauer Hütte über die Matten etwa 35 Min. aufwärts; dort Abzweigung nach oben. Über Hänge und einen weiten Rücken – stets freie Ausblicke – empor auf eine grüne Schulter (2820 m, Verzweigung, idealer Brotzeitplatz). Gerade über Gras, Geröll und etwas Blockwerk auf den weiträumigen Gipfel. Auf dem gleichen Weg zurück oder:
Überschreitung: Vom Gipfelkreuz über den flachen, blockreichen Kamm, den Steinmännern folgend, nach Norden, dann links abbiegen und über eine interessante Felsstufe hinab auf eine ausgeprägte Moräne (Sicherungen; Blick auf die Eisbrüche des Rofenkarferners, neben der Moräne tiefblauer Bergsee). Über die Moräne und die folgenden Abdachungen nach Süden zur erwähnten grünen Schulter. 30 Min. zusätzlich.
Zur Breslauer Hütte: Wie oben auf die »ausgeprägte Moräne« hinab. Von ihrem Ende noch ein Stück weiter hinunter zum Gletscherbach (2760 m) des Rofenkarferners und mit nur mäßigem Gegenanstieg zur nahen Hütte (2844 m).
Abstieg über Rofen und Hängebrücke: Von der Hütte auf dem üblichen Weg Richtung Vent bis vor den Rofenbach hinab; Verzweigung. Rechts neben dem tiefen Einschnitt über die steilen Grashänge des Kuhbergs weit abwärts zum Weiler Rofen (2011 m, Gasthaus). Nun entweder auf der Straße hinaus nach Vent oder (viel schöner!): Unterhalb von Rofen auf der schwankenden Hängebrücke über die Felsschlucht der Rofenache und drüben auf einem Fußweg über Matten talaus.

34 Hintergrasleck
3170 m

Steil über der Vernagthütte

Ein schmaler Felskamm trennt den Guslar- vom großflächigen Vernagtferner. Hintergraslspitzen heißen die eindrucksvollen Felsgipfel in diesem Kamm, die immerhin stolze 3325 m Höhe erreichen. Der Name stammt wohl von Hirten oder auch von Jägern, wer könnte sich sonst für die Grasflecken interessieren, die man noch hinter den üblichen, aus dem Tal sichtbaren Bergrücken findet und die sich über dem einst ja noch viel mächti-

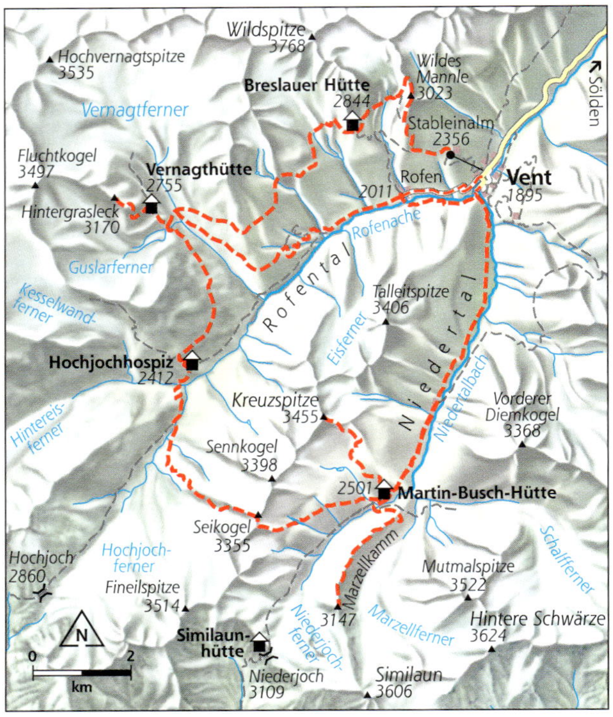

geren Gletscher verstecken. Diese grünen, weiter oben jedoch ziemlich schutt- und blockreichen Hänge ziehen gegen den beschriebenen Kamm empor. Ein Gratvorsprung am Ende des gut begehbaren Geländes wurde erst jüngst Hintergrasleck getauft. Man brauchte einen Namen, denn dorthin wurde, von der Vernagthütte ausgehend, ein Steiglein eingerichtet, um einen eigenen »Dreitausender mit Weg« zu haben. Dazu eine Anregung: Man sollte die Steiganlage wenigstens bis zur Östlichen Hintergraslspitze (3270 m) fortsetzen und dabei die entsprechenden Felsabschnitte mit ein paar Drahtseilen entschärfen. Dann wäre die Tour nicht nur spannender, sondern auch attraktiver, denn das Hintergrasleck ist eben nur ein Eck und bildet keinen selbstständigen Gipfel.

Vielleicht lohnt es sich nicht, den reichlich weiten Weg von Vent zur Vernagthütte nur wegen des Hintergraslecks auf sich zu nehmen. Deshalb sei an dieser Stelle eine mit Dreitausendern gespickte Rundtour empfohlen: Wildes Mannle – Vernagthütte – Hintergrasleck – Hochjochhospiz – Seikogel – Martin-Busch-Hütte – Vent. Da den Talzugang zur Vernagthütte jeder auch ohne unsere Hinweise finden kann, wird hier, gleich im Sinne dieser Runde, der ausgesprochen reizvolle und aussichtsreiche Übergang von der Breslauer Hütte beschrieben.

Charakter: Zugang von Vent bis zur Hütte auf Bergwegen ohne Probleme, dann kleiner, bescheidener Steig in teilweise steilem Gelände zum Eck. Von Vent zur Hütte 3 1/2 Std., Weiterweg auf das Eck reichlich 1 Std. Übergang von Hütte zu Hütte auf anspruchsvollen Steigen, etwa 2 1/2 Std.

Ausgangspunkt: Im Ötztal nach Zwieselstein und von dort noch 13 km auf guter Straße in den Bergsteigerort Vent (1895 m).

Von der Breslauer zur Vernagthütte: Wie beim Wilden Mannle beschrieben zur Breslauer Hütte (2844 m, DAV, 171 Schlafplätze, Tel. 05254/8156). Von dort auf dem unteren Steig nach Westen durch steile Hänge ins trümmergefüllte Mitterkar, über dem die Wildspitze (3768 m) noch fast 1000 m hoch aufragt. Quer über einen scharfen Moränenkamm, später auf Geröll und über Blockwerk auf die andere Karseite. Auf der Höhenroute, Seufertweg genannt, um eine Geländekante, dann in äußerst steiler Flanke (Drahtseile) durch die Hänge zum Abfluss aus dem Platteikar. In den nun wieder sanfteren Hängen zum weit vorspringenden Platteieck (2720 m, schöner Blick) mit kleinem See, hinein zu den Moränenfeldern von Vernagt und hinab zum Bach. Von dort in 30 Min. empor zur Vernagthütte (2755 m, DAV, 131 Schlafplätze, Tel. 0664/1 41 21 19).

Hintergrasleck: Hinter der Hütte über die Gletscherschliffhänge nach Westen empor, bis man zum Guslarferner schauen kann. Nun in anfangs weiträumigem Gelände gerade aufwärts, schließlich auf einer Gratkante zum Ziel.

Rückweg nach Vent: Von der Hütte zum Vernagtbach hinunter und weiter auf dem Hüttenweg meist über Moränenhänge hinaus zum Vernagteck. Über Mattenböden, dann steiler abwärts in zerfurchtem Gelände zu einem Absatz über der schluchtartig eingeschnittenen Rofenache. Auf breitem Weg zum Weiler Rofen (2011 m, Gasthaus). Nun entweder auf der Straße hinaus nach Vent oder (viel schöner) auf der schwankenden Hängebrücke über die Klamm der Ache und drüben auf einem Fußweg über Matten talaus.

Weiterweg zu Seikogel und Martin-Busch-Hütte siehe nächstes Kapitel.

35 Seikogel 3355m

Hochalpiner Übergang zwischen Rofen- und Niedertal

Jeden Tag ein Dreitausender mit Weg – dieses Motto wurde schon beim Kapitel mit dem Hintergrasleck angeschnitten, wo die ersten Teile unserer Runde um Vent beschrieben sind. Anschließend wandern wir nun relativ gemütlich von der Vernagthütte zum Hochjochhospiz und überschreiten anschließend, jetzt auf

Blick über das Niedertal auf den Niederjochferner mit dem Similaun. Links schaut die Westliche Marzellspitze über den Kamm.

hochalpinen Steigen, den immerhin 3355 m hohen Seikogel zur Martin-Busch-Hütte. Über diesem Stützpunkt warten zwei weitere Dreitausender auf unseren Besuch, bevor wir wieder nach Vent zurückkehren.

Der Seikogel ragt in dem mächtigen Kreuzspitzkamm mit seinen sechs Gipfeln über 3350 m Höhe auf. Er scheidet das Rofental vom Niedertal. Bei der Suche nach einem eisfreien Übergang traf man auf ein Kuriosum: Wegen der Gletscher eignete sich keine der Scharten für einen Wegebau, so musste man den Steig über einen Gipfel, den Seikogel, bauen, dessen nach Osten und Westen ziehende Grate aus den Eisfeldern herausragen. Ganz frei von Schnee ist dieser Übergang allerdings nur zu trockenen Zeiten. Firnfelder oder gar vereister Fels verwandeln natürlich auch diese Bergfahrt rasch in ein hochalpines Unternehmen. Der Aufstieg über den Westgrat wird für alle Bergwanderer zu einem Erlebnis: Wie auf einem hohen Steg wandert man über den Gletscherflächen bergauf; im Süden hat man das hier relativ sanfte, aber weiträumige Becken des Hochjochferners vor und unter sich, während man im Norden unmittelbar an den Eisbrüchen des Südlichen Kreuzferners vorbeikommt. Einen für die Ötztaler Alpen ungewöhnlichen Anblick bietet schließlich der Nordgrat des Seikogels, dessen schwarze Felszähne an das Montblancgebiet erinnern.

Charakter: Sehr reizvoller hochalpiner Übergang von Hütte zu Hütte, herrliche Ausblicke, bei guten Verhältnissen nicht zu anspruchsvoll, Trittsicherheit dennoch nötig, evtl. Schneefelder. Vernagthütte – Hochjochhospiz 2 Std., von dort auf den Seikogel knapp 3 1/2 Std.

Ausgangspunkt: Vernagthütte (2755 m), siehe Tour 34, »Hintergrasleck«.

Zum Hochjochhospiz: Von der Vernagthütte hinab zum ersten Moränenboden, Wegverzweigung. Über den Guslarbach, dann quer durch die Hänge, die am Rofenberg teilweise äußerst steil und ungegliedert sind, bis man weiter unten das Hochjochhospiz (2412 m, DAV, 70 Schlafplätze, Tel. 0663/975 98 01) sieht. In Kehren zu ihm hinab.

Über den Seikogel: Vom Hospiz über den Moränenhang hinab zum Hintereisbach (2292 m). Am Gegenhang wieder empor, links hinaus zur Gratkante und quer durch die Hänge ins Hochjochtal; Wegverzweigung. Links ab und in 2470 m Höhe über den Gletscherbach. Über den folgenden Hang auf eine Rippe, dort weiter empor, dann auf Geröllhängen – eindrucksvoller Blick auf den Hochjochferner – zum Beginn des Seikogel-Westgrates. Rechts parallel zum Gletscherrand über Schutt, Blockwerk und evtl. Schnee ein gutes Stück empor, schließlich auf der Schneide zum Gipfel mit hindernisfreiem Rundblick.

Im groben Blockwerk über den Südgrat kurz abwärts, bis nach Osten eine Rippe abzweigt. In ihrem Bereich über Felsen und Blöcke hinab zu den folgenden Hängen und Böden. Immer schräg nach links durch kleine Mulden, dann diagonal über teilweise steile Grashänge ins Niedertal und zur Martin-Busch-Hütte (2501 m, Näheres siehe folgendes Kapitel).

36 Kreuzspitze 3455 m

Höchster Wegeberg in den zentralen Ötztalern

Das ist das Ideal eines sehr hohen Wege-Dreitausenders für den »Normalbergwanderer«! Zwischen Hütte und Gipfel fügt sich alles zu einem runden, erfüllten Erlebnis zusammen – die Route ist abwechslungsreich, man gewinnt sehr rasch an Höhe, Malerisches wie der Samoarsee begeistern nicht nur den Fotografen, und der Gipfel bietet dann das Panorama der Ötztaler Alpen schlechthin. Alles von der Wildspitze über Ramolkögel, Hintere Schwärze, Similaun, Weißkugel und all die anderen Gipfel ist hier in einem weiten Kranz angeordnet. Man sollte deshalb auf jeden Fall für diese Tour auf schönes und klares Wetter warten! Apropos warten: Unter dem Grat hält sich bis in den Sommer ein steiles Firnfeld; hier braucht man entweder wirklich griffigen, weichen Schnee oder – noch viel besser – apere Verhältnisse.

Auf den Karten findet man hartnäckig die Bezeichnung Brizzihütte in der Nähe des Samoarsees, der manchmal auch Brizzisee genannt wird. Eine wahre Anekdote verbindet sich mit diesem Wort, das so völlig fremd in dieser Region klingt. Der Bergsteiger, Pionier, Gastwirt, vor allem aber Kurat in Vent, Franz Senn (1831–1884), war stets bemüht, für seinen Ort die Werbetrommel zu rühren. So beauftragte er auch den Münchner Maler Brizzi, ein Panorama dieser großartigen Gletscherwelt anzufertigen. Man stattete ihm zu diesem Zweck extra ein Hüttchen in 2900 m Höhe aus und versorgte ihn mit allem Notwendigen. Doch Auftraggeber Franz Senn erlebte mit dem Meister zwar manchen Ärger, doch brachte ihm das so aufwendig erstellte und später verschollene Panorama nicht den geringsten Nutzen.

Charakter: Bergwege, evtl. steile Schneepassage, Trittsicherheit notwendig. Zur Hütte 2 1/2 Std. Aufstieg, von dort auf den Gipfel knapp 3 Std.

Ausgangspunkt: Im Ötztal nach Zwieselstein und von dort noch 13 km auf guter Straße in den Bergsteigerort Vent (1895 m).

Zur Martin-Busch-Hütte: In Vent zur Brücke über die Ache und drüben über eine kurze Stufe empor. Dann rechts zwischen den Häusern hindurch und auf einer weiteren Brücke über die Spiegelache (Niedertalbach). Immer dem Jeepsträßchen folgend erst in einer Kehre über einen Hang empor, dann in stets freiem Gelände hoch über dem Bach sehr weit talein; unterwegs schöner Blick auf die Gipfel im Süden wie die Mutmalspitze (3522 m). Bei der großen Talverzweigung steht dann die stattliche Martin-Busch-Hütte (2501 m, DAV, 120 Schlafplätze, Tel. Tal 05254/81 30) auf einem von Wiesen überzogenen Vorsprung.

Auf die Kreuzspitze: Direkt von der Hütte über die steilen Hänge nach Nordwesten empor zu Wiesenböden; hier liegt ein Stück links des Weges der Samoarsee. Weiter über bald schuttbedeckte Böden, später wieder steiler auf dem immer ordentlichen, jedoch kleinen Steig in das oberste Kar. Über einen rutschigen Steilhang (evtl. Schnee) auf die Ostschulter. Nach einer kurze Schmalstelle des Grates stets rechts der Kante im Schieferschutt zu einem Vorgipfel und nach rechts zum höchsten Punkt.

37 Marzellkamm
3147 m

Vor der Similaun-Nordwand und über den Eisbrüchen

Der Name Marzell»kamm« passt bestens; hier handelt es sich um keinen mächtig hervorstechenden Gipfel, sondern um den kilometerlangen Nordkamm des Similaun. Trotzdem gibt es bei dieser Tour mehr zu schauen als beim manchem anderen, viel berühmteren Berg. Der Marzellkamm – den man nicht mit den Marzellspitzen (3555 m) verwechseln darf – begleitet einen der interessantesten Gletscher der Ötztaler Alpen, den Marzellferner. Man ist ständig etwa 300 m oberhalb des Eisstroms unterwegs, ihm also stets so nahe, dass man alle Details bewundern kann. Und gerade dieser Gletscher bietet zahllose sehenswerte Einzelheiten, angefangen von den riesigen Moränen, dem Toteisfeld, der lang gestreckten Gletscherzunge, über gewaltige Spaltenzonen und Gletscherbrüche bis hin zu den großen Eiswänden, die leider in den warmen Sommern auszuapern beginnen. Hier handelt es sich gewissermaßen um ein glaziologisches Lehr- und Schulbeispiel. Vom Gipfel aus hat man dann als letzte Steigerung noch den besonders eindrucksvollen Blick ins obere Eisbecken, das von formschönen Gipfeln wie der Hinteren Schwärze (3624 m) überragt wird.

Gleich hinter dem höchsten Punkt des Marzellkamms sinkt der Grat zu einem flachen Sattel ab und setzt sich dann als breiter, nach Osten jedoch senkrecht abbrechender Eisrücken fort, der zum bekannten Similaun (3606 m) hinauf zieht. Nahezu immer führt eine Spur zum Gipfel. Schaut der Schnee auch noch so sanft und harmlos aus, so sollte sich doch kein Unberufener zum Weitergehen verleiten lassen. Nur am Seil und mit dem entsprechenden Wissen darf man derartige Touren anpacken. Verschneite Gletscherspalten sind eine der tückischsten Gefahren im Hochgebirge. Deshalb gibt es auch für alle Marzellkamm-Besteiger nur den Rückweg über die Aufstiegsroute!

Blick von der Kreuzspitze auf Marzellferner und Similaun; direkt über der rechten Mütze der Marzellkamm.

Charakter: Zum Marzellkamm kleine Bergwege, Trittsicherheit notwendig, wegen der großen Höhe jedoch auf apere und trockene Verhältnisse warten. Aufstieg von der Hütte auf den höchsten Punkt des Marzellkamms 2 ¼ Std.
Ausgangspunkt: Martin-Busch-Hütte (2501 m, siehe »Kreuzspitze«).
Auf den Marzellkamm: Von der Hütte auf dem unteren Weg ein paar Minuten talein, dann links auf einer Brücke über den Niederjochbach und gegenüber auf den Hängen schräg empor. Über Gras und zwischen Gletscherschliff-Felsen um den steilen Geländerücken herum bis über den Marzellferner; Wegverzweigung. Auf dem oberen Steig über die Grashänge hinauf zum Kamm. Weiter über den erst breiten Rücken, dann auf einem Grat, schließlich in der linken Flanke – großartiger Blick auf die Eisbrüche des Marzellferners. Dann auf Blockwerk zu Punkt 3147, dem höchsten Gipfel des Marzellkamms, empor. – Bergwanderer müssen sich beim Rückweg unbedingt an die Aufstiegsroute halten.

38 Nederkogel
3163 m

Aussichtsloge hoch über Zwieselstein

Diese dunkle Pyramide mit dem charakteristischen Schneefleck auf der Nordseite bietet ein schönes Bild. Sie ist das Wahrzeichen von Sölden und Zwieselstein, der beherrschende Berg über diesem Abschnitt des Ötztals. Einen echten Bergsteiger wird dieses Ziel deshalb besonders locken, und trotzdem kann er sicher sein, hier keinen Massenandrang zu erleben. Dies liegt nicht nur an der Länge der Tour – 1500 Höhenmeter erfordern selbst bei einem so direkten Anstieg ihren Tribut –, sondern auch an der Abgeschiedenheit (z.B. keine Hütte zum Übernachten) und dem Charakter der Landschaft. Das ist keine Sensationstour mit dramatischen Nahblicken, eher ein Ausflug für Besinnliche, die auch das Herbe dieser Urgesteinslandschaft schätzen. Es hängt ja so viel von der eigenen Einstellung ab. Manche empfinden zum Beispiel die Blockfelder als starr und tot, andere hingegen freuen sich über die Formenvielfalt und das Turnen von Stein zu Stein. Das Blockgewirr gehört sowieso zu jeder größeren Tour in den Zentralalpen, ja ohne die Blöcke würde ein wichtiges Element fehlen. Noch stärker gilt dies für die Bergseen, jenen Gegenpol und Ausgleich zur Strenge der hochalpinen Landschaft. So lädt auch bei der heutigen Tour der Nedersee (2436 m) mit seinen Rasenpolstern dazu ein, nach der »Arbeit« mit der Gipfelbesteigung noch ein, zwei oder drei Stunden an seinem Ufer zu verträumen. Nach dem Gipfel wohlbemerkt, der 700 m höher in den Himmel ragt und sich mit einer Schrofenstufe und im Frühsommer mit großen Schneefeldern verteidigt. Über das erste Hindernis hilft der gut angelegte Steig, oben am Gipfelhang hängt das Vorwärtskommen ganz von den Verhältnissen ab; steil ist der letzte Hang allemal! Da könnte der Unsichere bei hartem Schnee schon in Bedrängnis kommen.

Charakter: Bis zum See Bergwege in teilweise steilem Gelände, zum Gipfel sehr viel Blockwerk, bei trockenem Fels relativ einfach, doch Schneefelder bis in den Sommer. Aufstieg von der Straße zum See 2 ½ Std., zum Gipfel 4 ½ Std.

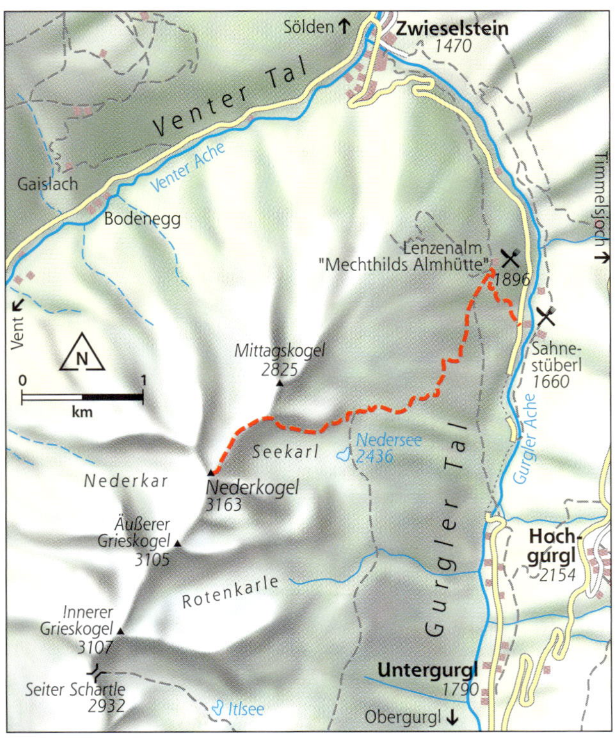

Ausgangspunkt: Von Zwieselstein Richtung Obergurgl etwa 4 km zu jener Stelle, wo auf der anderen Bachseite das Sahnestüberl liegt (1660 m).
Zum Nedersee: Von der Straße schräg über eine erste Stufe empor, dann teilweise auf Matten zu einem Geländeabsatz (1890 m), in dessen Nähe zwei Jausenstationen, Mechthilds Almhütte und die Lenzenalm, liegen. Von dort über Wiesen und durch Wald erst ziemlich flach nach Süden, dann in vielen Kehren über die recht steilen Hänge empor, anfangs zwischen Buschwerk und Alpenrosen, später im Grasgelände. Bei den Geißlehen erreicht man die Hang-

Vom Marzellkamm schaut man auf den Marzellferner, den Similaun mit seiner Nordwand und die Westliche Marzellspitze.

Von Westen zeigt sich der Nederkogel als breite Felsschneide, während er über Sölden als Dreikant ins Auge fällt.

stufe und eine Wegverzweigung. Auf dem linken Pfad in wenigen Minuten zum herrlich gelegenen Nedersee (2436 m).

Auf den Nederkogel: Bei der Verzweigung geradeaus und zwischen Blockfeldern zum Felsfuß. Nun in sehr steilem Gelände mit vielen kleinen Kehren an einer Rippe entlang zum Grat (2850 m) empor. Auf der linken Seite der großen Gipfelfläche fast ausschließlich über Blockwerk (oder Schnee), im oberen Teil ebenfalls steil, zum Gipfelkreuz.

39 Hangerer
3020 m

Wächter über Rotmoos und Obergurgl

Vom Hinteren Seelenkogel zieht ein mächtiger Seitenkamm nach Norden Richtung Obergurgl. Als Vorposten trägt er einen letzten, stattlichen Felsgipfel, der gerade noch über die Dreitausendmetermarke aufragt, den Hangerer. Nach Osten bricht er mit einer wilden Wand ab, während die Nordwestseite einen gleichmäßigen Steilhang bildet. Über die Flanke und den sie begrenzenden Gratrücken führt ein Steiglein zum Gipfel. Doch das Reizvollste bei dieser Tour ist der Blick auf die Berge rundum. Dabei gibt es zwei Elemente – die Überraschung und die Steigerung. Biegt man in den Talboden der Schönwies ein, so steht man von einem Schritt zum anderen vor einer eindrucksvollen Kulisse: Den Talgrund füllt der zerrissene Rotmoosferner, über dem mehrere scharf geschnittene und eisverzierte Felshörner aufragen. Weiter oben dann, beim Weg über den Nordwestrücken mit seinen Gletscherschliffen, den Grasmulden und der reichen Flora, erlebt man mit, wie gegenüber die Gipfel des Ramolkamms immer mächtiger emporwachsen, immer mehr Gestalt annehmen, immer charakteristischer werden. Diese wuchtigen Berge mit teilweise großen Gletschern ragen immerhin bis in 3550 m Höhe auf (Großer Ramolkogel). Der Hangerer liegt so zentral, dass man vom Gipfel alle Berge des weiten Tals von Obergurgl überblickt.

Diese nicht allzu lange Tour sollte man noch etwas bunter gestalten. Man könnte zum Beispiel mit den Liften auf die Hohe Mut fahren, um beim Abstieg zur

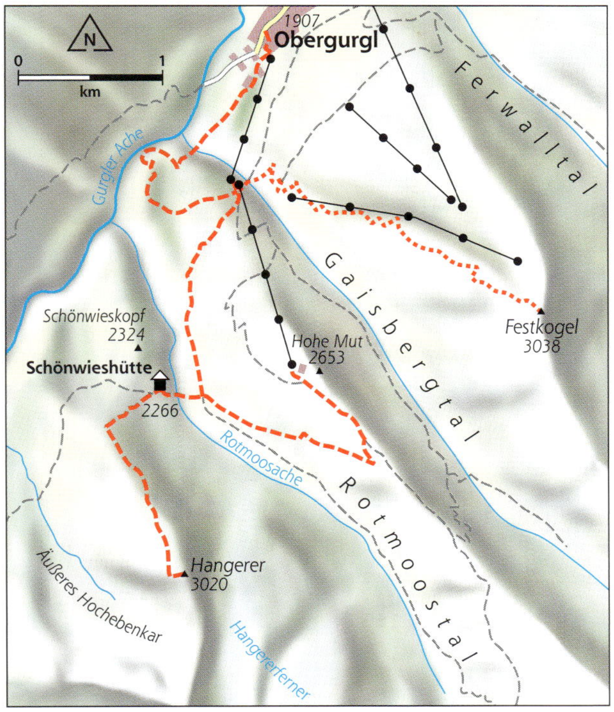

Schönwies die Umrahmung des Rotmoosferners noch direkter und näher kennen zu lernen. Der Interessierte verlässt zudem beim Abstieg schon bald unter der Schönwies den üblichen Weg nach links unten, um noch dem 40 m hohen Rotmoos-Wasserfall inmitten rostroter Schluchtfelsen, dem berühmten Zirbenwald und der Schlucht der so wasserreichen, wild schäumenden Gurgler Ache einen Besuch abzustatten.

Charakter: Bis Schönwies breite Wege, dann ganz kleiner, aber meist ordentlicher Pfad, am Gipfel dann sehr steil und etwas rutschig, Trittsicherheit nötig. Aufstieg vom Lift 3 Std.

Ausgangspunkt: Obergurgl (1907 m). Im Ort empor zum Platz bei der Kirche; hier rechts etwas unterhalb Parkplatz und -garage (oder kostenloses Parken vor dem Ortsanfang).

Direkt auf den Hangerer: Im Ort nach Süden und beim Hotel Edelweiß auf dem linken Weg zum Gaisberglift. Mit der Doppelsesselbahn zur Bergstation (2050 m), wobei man die schöne Schlucht des Gaisbergbachs überquert. Auf einem schmalen Fahrweg über die Wiesen nach Südwesten zu einem Geländevorsprung, dann talein – Blick auf den vergletscherten Vorderen Seelenkogel (3286 m) – zum Rotmoosbach und zur Schönwieshütte (2266 m, nur Jausenstation, keine Übernachtung) mit großer Sonnenterrasse. Eine Minute oberhalb zweigt dann nach links der Hangerer-Steig ab. Über eine Stufe auf den Nordwestrücken und über ihn in schönem Gelände und mit stets weiten Ausblicken bis in 2800 m Höhe empor. Dann rechts schräg durch die Schuttflanke (evtl. Schneerinnen) und schließlich steil über rutschigen Schiefer zum Gipfel mit Kreuz und Buch.

Über die Hohe Mut: Von der oben erwähnten Bergstation mit einem weiteren Lift bis unter die Hohe Mut. Abstecher auf den nahen Gipfel (2653 m), dann über den Rücken abwärts, bis nach rechts durch die steilen Grashänge der Weg zur Schönwies hinabführt.

Festkogel (3038 m): Von der Bergstation lässt sich ein weiterer Dreitausender besteigen. Man kehrt dabei bis hinter die nahe Geißbachbrücke zurück. Dort zweigt der Weg nach oben ab, der immer an der rechten Geländekante (links davon Lifte und Pisten) schnurgerade bis auf den Gipfel führt. 2 3/4 Std. Aufstieg.

Die kleine Schönwieshütte, ein beliebtes Ausflugsziel (keine Übernachtungen), liegt direkt am Weg zum Hangerer.

40 Im Hintern Eis 3270 m

Aussichtskanzel für Hintereisferner und Weißkugel

Wer nach dem Motto »der Weg ist das Ziel« auswählt, muss nicht unbedingt auf diesen Kopf mit dem ungewöhnlichen Namen steigen. Der Name Im Hintern Eis – auf manchen Karten auch Am Hinteren Eis – mag vor langer Zeit ein Montagsirrtum eines Kartographen gewesen sein, der nicht so genau aufgepasst hat; denn Derartiges kann ein Flurname sein, gehört jedoch nie zu einem Gipfel. Doch das ist unser heutiges Ziel durchaus, zumindest von Westen und Norden gesehen, gibt es dort doch eine 350 m hohe Fels- und Eisflanke, während Moränenfelder und Gletscherschliffe die Süd- und gleichzeitig Aufstiegsseite prägen. So wird der Gang dort hinauf mehr zu einem gemütlichen Bummeln auf steinigem Untergrund. Er beginnt bei der altehrwürdigen Hütte

mit dem Namen Bella Vista, Schöne Aussicht, eine Bezeichnung, die auch bestens zu unserem Gipfel passen würde und die der Tour die besondere Note gibt. Unser Ziel wurde vom Herrgott vielleicht extra als Vogelschau-Aussichtsloge für den Hintereisferner mit seiner langen Gletscherzunge, den vielen Spalten und wilden Eisbrüchen geschaffen. Es ist kein Zufall, dass die Innsbrucker Glaziologen ausgerechnet diesen Gletscher für ihre Beobachtungen und Forschungen ausgewählt haben. Im Westen krönt die Weißkugel (3738 m) mit ihrer 300 m hohen Gipfelflanke aus Fels und Eis das eindrucksvolle Bild.

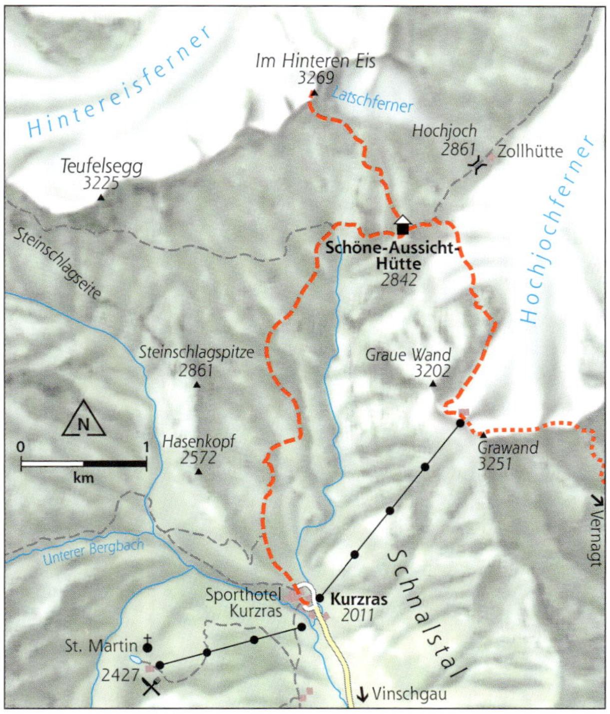

In reichlich zwei Stunden kann man auf gutem Saumweg von Kurzras zur Schönen Aussicht hinaufsteigen. Jedermann wird mühelos diesen Weg finden. Bequeme fahren jedoch mit der großen Seilbahn zur Grawand und turnen dann auf einem gesicherten Steig, etwas großspurig als Klettersteig deklariert, zur Bella Vista hinab und verwandeln damit die Besteigung unseres Dreitausenders in eine Spritztour.

Ein Tipp: Mit den Liften wieder hinauf, dann auf den nahen Gipfel der **Grawand** (3251 m), über deren interessanten, teilweise gesicherten Ostgrat ins Fineiljoch (3125 m), Abstieg am Fineilsee vorbei zu den Fineilhöfen und ins Tal bei Gerstgras.

Charakter: Bei einem Fußanstieg von Kurzras praktisch keine Probleme, evtl. Schneefelder auf den oberen Böden. Der nordseitige Abstieg von der Bergbahn kann hingegen vereist sein. Von der Bergstation der Bahn zum Gipfel 2 Std., direkt von Kurzras gut 3 ½ Std.

Ausgangspunkt: Aus dem Vinschgau durch das gesamte, teilweise noch recht ursprüngliche Schnalstal bis Kurzras (2011 m, 21 km) mit seinen futuristischen Hotelbauten; Großparkplatz und Seilbahn ins Gletscherskigebiet.

Zugang von der Grawand: Mit der großen Seilbahn in 6 Min. zur Bergstation (3212 m, Restaurant) und bei gutem Firn auf der Fußspur über den Gletscher hinab. Sonst auf dem Grat zur nahen **Grauen Wand** (3202 m) und über deren Nordgrat auf gut gesichertem Steig abwärts, dann hinüber zur Schönen-Aussichts-Hütte (2842 m, privat, 61 Schlafplätze, Tel. 0473/66 21 40). Von dort den Markierungen und Steinmännern folgend über die Geröllflächen und Gletscherschliffe der Jochköfel wieder aufwärts zu den Moränenfeldern ab 3100 m Höhe. Hier schräg nach links flach an den Südfuß des Gipfels und über Trümmer, evtl. auch Schnee zum höchsten Punkt.

Abstieg: Von der Hütte auf stets breiten Wegen erst nach Westen auf die andere Talseite, dann dort immer weit rechts oberhalb des Bacheinschnitts bleibend hinab ins Tal bei Kurzras.

41 Roteck
3337 m

Hauptgipfel der Texelgruppe

Der Besuch des Rotecks ist eine weite Tour; dieser Ausflug steckt aber voller Überraschungen und Kontraste, und so wird unterwegs niemand Langeweile empfinden. Das beginnt schon im Talort Partschins. So stellt man sich ein Südtiroler Dorf vor: Zwischen den Weingärten drängen sich die steinernen, teilweise alten Häuser eng und malerisch zusammen. Etwas weiter oben, in der Ausmündung des Zieltals, wartet der 100 m hohe und auffallend wasserreiche Partschinser Wasserfall auf unseren Besuch. Beim Aufstieg begeistert dann anfangs der Rückblick in den Vinschgau, später nimmt uns die immer strengere und hochalpine Landschaft gefangen. Schließlich beherbergt uns die gastliche, urwüchsig-gemütliche Lodnerhütte, der Ausgangspunkt für einen weiten und erstaunlich vielfältigen Bergkranz mit immerhin zehn Dreitausendern.

Das ganze weiträumige Massiv zwischen Vinschgau und Passeiertal, ein südöstliches Anhängsel der Ötztaler Alpen, trägt den Namen Texelgruppe. Warum ausgerechnet die etwas versteckt liegende Texelspitze

Die Schöne-Aussicht-Hütte liegt am Zugang zum »Hintern Eis«; über dem Hochjochferner sieht man die Schwarze Wand.

(3318 m) Pate für den Namen stand, ist nicht ersichtlich; vielleicht gefiel jemandem der so markante, fremd klingende und doch einprägsame Name. Der Hauptgipfel der Gruppe ist jedoch das Roteck, ein breites, etwas behäbiges Kastell aus dunklem Fels. Ein alpiner Steig führt bis zum Gipfelkreuz, und so wurde dieser mächtige Berg mit seinem freien Rundblick zum stärksten Magneten über der Lodnerhütte.

Charakter: Hochalpine Steige, stark von der Verhältnissen abhängig, etwas Trittsicherheit nötig. Aufstieg zur Hütte 2 ½ Std., Weiterweg auf den Gipfel knapp 3 ½ Std.

Ausgangspunkt: Von der Vinschgau-Staatsstraße in die Ortsmitte von Partschins (681 m) und auf dem Wasserfallweg hinauf zum Parkplatz beim Gasthof Birkenwald (930 m) nahe dem großen Wasserfall.

Zur Lodnerhütte: Vom Parkplatz mit der privaten Seilbahn zum Steinerhof (1442 m). Von dort mit nur wenig Steigung ins Zieltal hinein und zur Nassereithhütte (1523 m, privat, 26 Schlafplätze, Tel. 0473/96 82 22; dorthin auch zu Fuß, also ohne Seilbahn, und zwar auf dem breiten Weg Nr. 8 in 2 Std.). Dann weiter talein, wobei man in den linksseitigen Hängen hoch oben den Felsen des Tales ausweicht. Auch hinter der Ginglalm klimmt der Weg auf einem Vorsprung wieder weit empor, bevor er ins obere Tal führt und dann die Lodnerhütte (2262 m, CAI, 45 Schlafplätze, Tel. 0473/96 73 67) erreicht, die auf einer Kanzel über zwei Bächen thront.

Auf das Roteck: Von der Hütte zur nahen Kapelle, dahinter links abbiegen und 500 m erst flach, dann ansteigend zu nächsten Verzweigung. Auf dem oberen Pfad anfangs noch schräg durch die Hänge, später gerade über teilweise ziemlich steiles Gelände aufwärts und in ein schmales Kar. Dort weiter empor und über Felsen zum Ostrücken (3056 m). Auf dem zuerst plateauartigen, mit Felsplatten »gepflasterten«, später ausgeprägten Grat, schließlich mithilfe von Sicherungen und etwas ausgesetzt über Platten und Felstrümmer auf einen Vorgipfel und hinüber zum Kreuz auf dem höchsten Punkt.

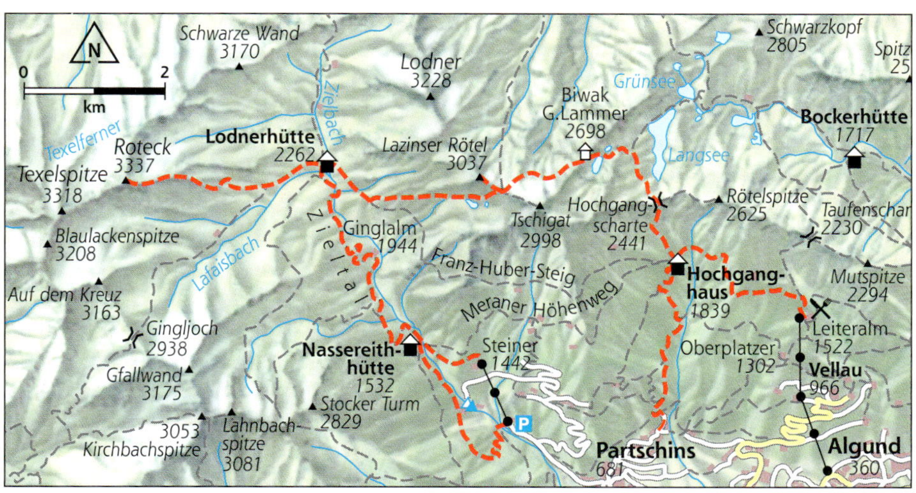

42 Lazinser Rötelspitze 3037 m

Anspruchsvolles Ziel der Texelgruppe

Zwischen dem Lodner (3228 m), dank der weißen Felsen und der ganz ungewöhnlichen, fast ebenen Gipfelfläche ein unverwechselbarer Berg, und dem relativ bekannten Tschigat, der imposant über dem Vinschgau bei Partschins thront, fällt die felsige Lazinser Rötelspitze wenig ins Auge – zu Unrecht, denn es handelt sich um einen schönen und durchaus eigenständigen Berg. Man kann ihn ohne allzu große Mühe von der Lodnerhütte aus besteigen und sich damit zufrieden geben oder aus dem Unternehmen noch etwas ganz Besonderes machen. Die schon beim Roteck vorgestellte Texelgruppe besteht zu einem guten Teil aus einem Naturpark. Es handelt sich um eine noch erstaunlich unberührte hochalpine Zentralalpenlandschaft mit mächtigen, teilweise steilen Gipfeln, ein paar leider immer mehr zusammenschmelzenden Gletschern und der einzigartigen Spronser Seenplatte. Ein Dutzend Bergseen belebt – gar nicht weit von der Rötelspitze entfernt – die von den einstigen Gletschern rundgeschliffenen Hochkare oberhalb des Spronsertals. Am höchsten liegt der Schwarzsee (2588 m), während der Langsee mit seinen 1050 m seinem Namen durchaus gerecht wird, er zeigt zudem mit Gletscherschliffen und Felsblöcken besonders malerische Ufer. Das wäre doch eine lockende Zwischenstation auf dem Abstieg zurück in den Vinschgau!

Noch ein Detail: Lazinser Rötelspitze, Partschinser Rötelspitze, Tablander Rötelspitze, Spronser Rötelspitze – niemand sollte sich verwirren lassen. Die drei ersten Namen sind Variationen bei unserem Gipfel, die Spronser Rötelspitze hingegen ragt neben der Hochgangscharte auf und ist nur 2625 m hoch. Der Name hat seinen Ursprung in der rostroten Farbe der Felsen, eine Folge der Eisenbeimengungen.

Beim Tschigat, dem Nachbarn unserer Rötelspitze, variiert die Höhenangabe zwischen 2998 und 3000 m. Gehört er damit in den illustren Kreis der

Dreitausender? Doch niemand sollte sich von der roten Linie, die auf manchen Karten vom Halsljoch über den Westgrat zu diesem mächtigen Gipfel eingetragen ist, täuschen lassen. Dort gibt es zwar einige Markierungen und Steigspuren, doch auch so manche Felsstelle und Kletterei bis hin zum Zweier. Also wirklich nur eine Sache für den Könner!

Charakter: Teilweise steile Steige ins Halsljoch, dann teils felsiger Grat mit Sicherungen, der einige Trittsicherheit erfordert. Von der Lodnerhütte auf den Gipfel 2 ¾ Std.
Ausgangspunkt: Lodnerhütte (2262 m), siehe Tour 41, Roteck.
Von der Hütte zum Gipfel: Gleich unter der Lodnerhütte über den reißenden Zielbach. Am Gegenhang nur mäßig ansteigend über zwei Bacheinschnitte, dann steiler empor, aber immer noch mit einer Tendenz nach rechts, bis man auf die Weide- und Karflächen beim Gamseck kommt. Am Felsfuß unseres Gipfels zur reizvollen Tablander Lacke (2649 m). In Kehren über steile Schutt- und Erdhänge in das Halsljoch (2808 m) zwischen Rötelspitze und Tschigat. Schöner Blick nach Nordosten! Über eine kleine Felsstufe (Drahtseil), dann auf Schutt und Blockwerk, später auf und neben dem ausgeprägten, aus vielen Felsblöcken aufgebauten Grat zum Gipfelkreuz.
Spronser Seen und Hochgang (in Stichpunkten): Von der Halslscharte nach Nordosten ins Halslkar (Schneefelder bis in den Sommer) und hinüber in die Milchseescharte mit dem gelb gestrichenen Guido-Lammer-Biwak (2707 m, neun Lager). Hinab zu den Milchseen und oberhalb des Langsees vorbei in die Hochgangscharte mit faszinierendem Blick nach Süden und hinab in den Vinschgau. Über die gut gesicherte Steilstufe, den Hochgang, zum gleichnamigen Berggasthaus (1839 m) in sehr schöner Lage und weiter zur bewirtschafteten Leiteralm (etwa 3 Std. vom Halsljoch). Liftfahrten nach Vellau und Plars und mit dem Bus zurück nach Partschins. Oder vom Hochganghaus zu Fuß in 2 Std. direkt nach Partschins hinab.

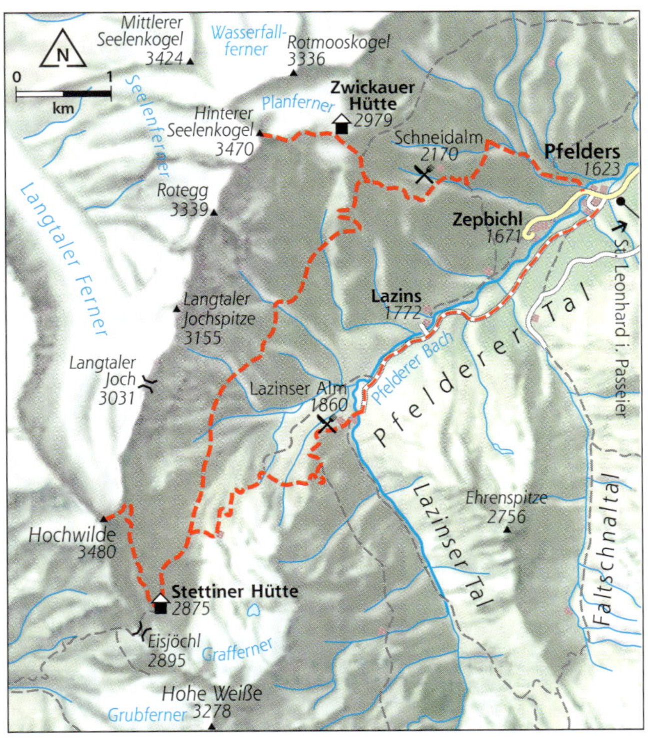

43 Hinterer Seelenkogel
3470 m

Kombination mit der Hochwilde

Den Hinteren Seelenkogel möchte man als bescheidenen Berg einstufen. Seine zentrale Lage und die überragende Höhe werden nur von anderen, hohen Bergen aus deutlich, während ihm von den Tälern aus andere die Schau stehlen. So dominieren über dem Rotmoostal (siehe Tour 39) mit seinen wildzerrissenen Gletschern eher Rotmoos- und Mittlerer Seelenkogel, und über dem Südtiroler Pfelderertal kennt jedermann die Hochwilde, aber nur wenige unseren Gipfel. Selbst die Tour dort hinauf ist stiller, weniger dramatisch – auch wenn der Gipfelgrat mit seinen äußerst steilen Flanken manchen schon beim Anschauen abschrecken könnte –, doch keineswegs weniger schön und anspruchsvoll. Ja, ich persönlich schätze den Aufstieg zur Zwickauer Hütte in diesem steilen, stets freien Gelände mehr als den langen Talmarsch zur Stettiner Hütte.

Der Talort Pfelders hat in neuerer Zeit eine echte Metamorphose durchgemacht. Bei meinem ersten Besuch dort war ich fasziniert von diesem urwüchsigen Bergbauerndorf. Die Häuser, Ställe, Misthaufen waren so eng verschachtelt, dass ich mitten im Dörfchen, auf der Suche nach einem weiterführenden Sträßchen, mit meinem kleinen Auto fast hoffnungslos stecken geblieben wäre. Dieses Alte verschwand inzwischen fast völlig, ist einer Art übersichtlichem Retortenort gewichen. »Schade«, lautet die erste, spontane Reaktion, »verständlich und letztendlich richtig« die Reaktion bei genauerem Nachdenken; niemand mag im 21. Jahrhundert noch unter den früher herrschenden Bedingungen hier oben in immerhin 1628 m Höhe leben, und es wäre auch keinem damit gedient, würden derartige Dörfer aussterben.

Ein von Hütte zu Hütte führender Steig lädt geradezu ein, zwei der höchsten und bedeutendsten mit Wegen erschlossenen Berge zu kombinieren. In drei Tagen lässt sich das ohne alle Hetze durchführen, ereignisreiche Tage auf spannenden Steigen und mit stets herrlichen Ausblicken. Man bewegt sich hier ja in Höhen, die alle Berge im Osten und Süden weit übertreffen. Aber auch an dieser Stelle sei ganz eindringlich auf die große Höhe hingewiesen: Bei Schnee, Eis, Kälte, Sturm, Nebel usw. steigen nicht nur die Schwierigkeiten, die Touren werden dann oft gefährlich!

Übrigens: Der Name hat nichts mit der Seele zu tun. Hier stand vielmehr ein kleiner Bergsee, eben ein Seele, Pate.

Charakter: Ordentliche Bergwege bis zur schon fast 3000 m hoch gelegenen Hütte, dann ein Trümmer- und Blockgrat mit leichter Kletterei; Trittsicherheit, Schwindelfreiheit und gute Verhältnisse unbedingt notwendig. Knapp 4 Std. Aufstieg zur Hütte, Weiterweg auf den Gipfel 1 ½ Std.

Ausgangspunkt: Über das Timmelsjoch, den Jaufenpass oder von Meran nach Moos im Passeiertal. Von dort ins Pfeldererertal und zum Parkplatz (1614 m, 8 km) unmittelbar vor Pfelders.

Zur Zwickauer Hütte: Vom Parkplatz in den unteren Ortsteil, hinter dem Gasthaus Edelweiß über die Brücke und dann auf erdigem Weg durch ein Wäldchen und über steile Wiesenflächen zur Schneidalm (2170 m, Jausenstation) in schönster Lage. Auf dem weiterhin guten Steig auf den Vorsprung der Schneid und in recht steilem, manchmal felsdurchsetztem Gelände weiter empor. Durch ein Trümmerkar, über ein Firnfeld und eine letzte Felsstufe zur Zwickauer Hütte (2979 m, CAI, 72 Schlafplätze, Tel. 0473/64 38 26), die auf einem Vorsprung mit weit reichender Aussicht thront.

Auf den Hinteren Seelenkogel: Von der Hütte an das Massiv heran und über eine steile, braunrote, teilweise ausgesetzt Felsstufe im Blockwerk empor, dann auf, manchmal links neben dem aus steilen Köpfen aufgebauten Ostgrat, der rechts jäh in die nordseitige Eiswand abfällt, stets den deutlichen Spuren folgend zum Gipfel mit seiner Überraschung: Die sanften Eisflächen des Planferners reichen von der anderen Seite bis fast zum höchsten Punkt herauf.

Übergang zur Stettiner Hütte: Von der Zwickauer Hütte wieder hinab ins Trümmerkar. Dort jedoch rechts und durch die Flanke hinüber ins Bockkar. Nochmals ein gutes Stück hinunter, dann quer durch die weiträumige Flanke, Schafberg genannt, auf Gras und Geröll weit nach Süden, wo man schließlich in 2600 m Höhe auf den Anstiegsweg zur Stettiner Hütte trifft. 3 ½ Std. von Hütte zu Hütte.

44 Hochwilde 3480 m

Aufstieg von Südtirol

Den fünf Kilometer langen Kamm zwischen Seelenkogel und Hochwilde begleiten auf der Gurgler Nordwestseite teilweise weiträumige Gletscherfelder, während das gleiche Massiv nach Südosten, gegen das Tal von Pfelders, mit einer völlig eisfreien Riesenfelsmauer abbricht. Unterschiedlicher kann der Charakter nicht sein! Doch gerade von dieser scheinbar unnahbaren Südtiroler Seite aus lassen sich beide Gipfel – apere Verhältnisse vorausgesetzt – auch vom hochalpin erfahrenen Bergwanderer ersteigen. Gerade oberhalb der Stettiner Hütte ist in der Riesenflanke eine Rampe eingelagert, die einen Aufstieg zur Hochwilde für jedermann ermöglicht. Ein entsprechender Weg macht's möglich! Er trägt den einprägsamen Namen Hans-Grützmacher-Steig; Grützmacher war um die Wende zum 20. Jahrhundert Mitglied der Alpenvereinssektion Stettin, ein spendenfreudiges Mitglied, und deshalb …

Am Südfuß unseres gewaltigen Berges ist das Eisjöchl (2895 m) eingeschnitten, ein historischer Name, haben sich in unseren Tagen hier die Gletscher doch weit zurückgezogen. Östlich etwas unterhalb steht auf einer Geländeripppe, nahe einem kleinen See, die schmucke Stettiner Hütte mit ihren hundert Schlafplätzen. Nein – kein Druckfehler! Es gibt dort oben einen Neubau, und damit ist wohl vorerst die so wechselvolle Geschichte der Hütte abgeschlossen. Ein paar Daten dazu: 1897 Fertigstellung der ersten, kleinen Hütte, Erweiterungen 1900 und 1913, 1922 Enteignung, Übernahme durch den CAI, 1931 von einer Lawine zerstört, wieder aufgebaut, 1965–71 vom italienischen Militär besetzt, in den letzten zwanzig Jahren oft drückend überfüllt.

Wir beschreiben hier den Zugang von Pfelders, das im vorangegangenen Kapitel (Hinterer Seelenkogel) vorgestellt wurde, da sich dieses Bergdorf leichter erreichen lässt und sich für unsere Dreitagestour anbietet. Etwa die gleiche – lange! – Gehzeit erfordert der Zugang aus der entgegengesetzten Richtung. Das Pfossental mit dem Eishof, ein Seitenast des Schnalstals, ist sogar landschaftlich noch interessanter. Man kann dort bis zum Vorderkaser (1693 m) mit dem Auto fahren.

Charakter: Steiganlage mit einigen Sicherungen in einer mächtigen Felsflanke und in großer Höhe, deshalb häufig verschneit und vereist. Unbedingt gute Verhältnisse

Auf dem Gipfelgrat der Hochwilde mit Blick auf Hohe Weiße und Lodner in der Texelgruppe, in der Tiefe der Vinschgau.

abwarten (beim Hüttenwirt erkundigen). Trittsicherheit und Erfahrung wichtig, ein Eispickel leistet oft gute Dienste. Aufstieg zur Hütte 4 Std., von dort auf den Gipfel 2 1/2 Std.

Ausgangspunkt: Parkplatz (1614 m) unmittelbar vor Pfelders; siehe vorangegangenes Kapitel, Hinterer Seelenkogel.

Zur Stettiner Hütte: Vom Parkplatz durch Pfelders zu den hinteren, oberen Häusern und auf breitem Almweg quer durch Wald zum Bach beim Berggasthaus Lazinserhof. Diesseits bleibend weiter talein in dem nun bald freien Gelände, über den Tschingelsbach und zur Lazinseralm (1860 m, Jausenstation). Über die Hänge empor, dann mehr nach rechts auf die weiten Böden unter der Grafspitze, schließlich über Gras- und Schutthänge zur längst sichtbaren Stettiner Hütte (2875 m, CAI, 100 Schlafplätze, Tel. 0473/64 35 45).

Auf die Hochwilde: Gleich von der Hütte über etwas Fels, Blockwerk und Schutt durch einen Einschnitt empor auf eine Rippe. Von dort auf teilweise etwas ausgesetzten Bändern durch die Riesenflanke schräg aufwärts zur Ostschulter des Gipfels, Hochwildescharte genannt, zu der von Norden der Langentaler Ferner heraufzieht. Hier kurz über Schnee, dann etwas links haltend durch die steile Flanke zum scharfen Südgrat und über Blockwerk auf den Südgipfel, den höchsten Punkt der langen Gipfelschneide.

Stubaier Alpen

Für die Stubaier Alpen gilt Ähnliches wie für die Ötztaler Alpen, es ist jedoch alles um eine Stufe kleiner und bescheidener. Nur in einem übertrumpfen die Stubaier ihren übermächtigen Nachbarn: Mit seiner Höhe von 3496 m bildet der Schrankogel den höchsten Wegeberg in ganz Österreich und steht zudem an fünfter Stelle in unserem Buch. Nord- und Südstubai, Letzteres auch als Hochstubai bekannt, zeigen recht unterschiedliche Gesichter. Im Nordteil herrschen dunkle Felsgipfel und kilometerlange, oft recht wilde Grate über hohen Wänden, von denen manche noch nie durchklettert wurden; das Eis ist hier nur eine Art Dekoration für die hintersten Karwinkel. Ganz anders im höchsten Teil des Gebirges! Dort dominieren die Gletscher, weite, leuchtende Flächen, von den Gipfeln oft nur mäßig überragt. So wäre die eine Hälfte eigentlich eine Region für die Kletterer, die sich jedoch kaum dorthin verirren; wer besucht schon ein Gebiet ohne berühmte Namen! So wird manches stolze Felshaupt oft lange Zeit von keinem Menschen betreten. Um so lebhafter geht es im Hochstubai zu. Das ist ein Dorado für die Gletscherwanderer, für all jene, die mit Seil und Pickel umgehen können und die Fähigkeit besitzen, einen in eine Gletscherspalte Eingebrochenen wieder zurück an die Sonne zu befördern. Über dieses ganze Gebiet verstreut sind unsere speziellen Ziele vom Klassiker, dem Habicht, bis hin zu völlig unbekannten, aber trotzdem spannend-reizvollen Gipfeln wie dem Hohen Wasserfall. Von der Regensburger Hütte bis Kühtai wartet fast jeder Stützpunkt, jedes Tal mit wenigstens einem Wegedreitausender auf. So lässt sich hier, idealer als in allen anderen Berggruppen der gesamten Alpen, eine Durchquerung von Hütte zu Hütte mit der Besteigung unserer Gipfel kombinieren. Aber auch hier lockt den Neugierigen die Südtiroler Seite. Er findet dort zwar nur drei Ziele, die jedoch in ihrer ganz eigenen Art und inmitten einer malerischen Landschaft, man findet zum Beispiel in diesem Bereich besonders viele Seen, bleibende Eindrücke hinterlassen.

Karten: Für die Touren 45 bis 50 Alpenvereinskarte 1:25 000, Blatt Sellrain; für die Touren 51, 53, 54, 55, 57, 58 Alpenvereinskarte 1:25 000, Blatt Hochstubai; für die Tour 52, Österreichische Karte 1:50 000, Blatt 147, und für Tour 56 Blatt 174.

45 Sulzkogel 3016 m

Der Hauptgipfel über Kühtai

Von beiden Seiten, von Oetz im gleichnamigen Tal und aus dem Gebiet von Innsbruck durchs Sellrain, kann man auf inzwischen gut ausgebauten Straßen weit, weit hinauffahren nach Kühtai, einer Hotelsiedlung in 2000 m Höhe, die vor allem die Skifahrer schätzen. Doch das weite Bergland rundum bietet auch dem Wanderer im Sommer ein ungewöhnlich reiches Betätigungsfeld. In den von dunklen Felsgipfeln umrahmten Hochkaren verstecken sich mehr als ein Dutzend großer Bergseen, und neun der Gipfel rundum sind mit Steigen erschlossen; dabei findet man alles, von der Spritztour über der Liftstation (keine 1 ½ Std. beansprucht die Tour auf den Geißkogel, 2820 m) bis zum Dreitausender mit Weg, um den es in diesem Kapitel geht.

Der wuchtige, aus dunklen Gneisen bestehende und mit einem wildgezackten Nordgrat geschmückte Sulzkogel wäre eine ideale Möglichkeit, um das Abenteuer »Dreitausender« auch einmal als Bergwanderer zu probieren. Ein Steig führt bis zum aussichtsreichen Gipfel; wegen der Höhe und der Nordlage muss man jedoch bis weit in den Sommer mit Schneefeldern rechnen. Unterwegs kommt man an vier Bergseen vorbei, den beiden (natürlichen) Plenderlesseen, dem aufgestauten, 1,7 km langen Finstertalsee, unter dessen Wassermassen zwei flachere Seen und schöne Almflächen verschwunden sind, und einem durch den Gletscherrückgang neu entstandenen Karsee.

Charakter: Beliebte Bergwanderung in dunkler Urgesteinslandschaft, bis in den Sommer Schneefelder, unter dem Grat steiler (bei hartem Schnee evtl. unangenehm), Blockhang zum Gipfel. Aufstieg vom Lift gut 3 Std.

Ausgangspunkt: Von Oetz nach Kühtai (17 km) oder dorthin durch das Sellrain. Etwa in Ortsmitte südich der Straße die Talstation des Liftes (1960 m, Parkplätze).

Aufstieg vom Lift: Von der Bergstation des Dreiseenliftes (2400 m) auf breitem Weg sanft abwärts an zwei der Plenderlesseen und der Dreiseenhütte vorbei, dann links über einen kleinen Sattel und schließlich quer durch die Steilhänge zum Staudamm des Finstertalsees (2300 m). Am Ostufer entlang mit etwas Auf und Ab zum Südende der Wasserfläche, dann auf dem nun kleineren Steig über Gras-, bald jedoch verstärkt über Blockhänge steil empor und über eine Steilstufe in das flache Becken des fast verschwundenen Gamskogelferners mit dem neu entstandenen See. Am nördlichen Rand der Mulde entlang in den hintersten Karwinkel und über einen hohen Geröll- bzw. Schneehang in die Scharte am Südfuß des Sulzkogels. Schließlich über Blockwerk rasch auf den überragenden Gipfel mit freiem Rundblick.

Abstieg: Auf der gleichen Route zurück bis zum Staudamm. Von hier wäre ein Rückweg zur Bergstation umständlich, deshalb: Ganz kurz auf der Werksstraße abwärts, dann stets auf breitem, aber teilweise steilem, steinigem Pfad über schöne Hänge ins Tal hinab. Nach links auf einen Fahrweg und zurück zur Talstation.

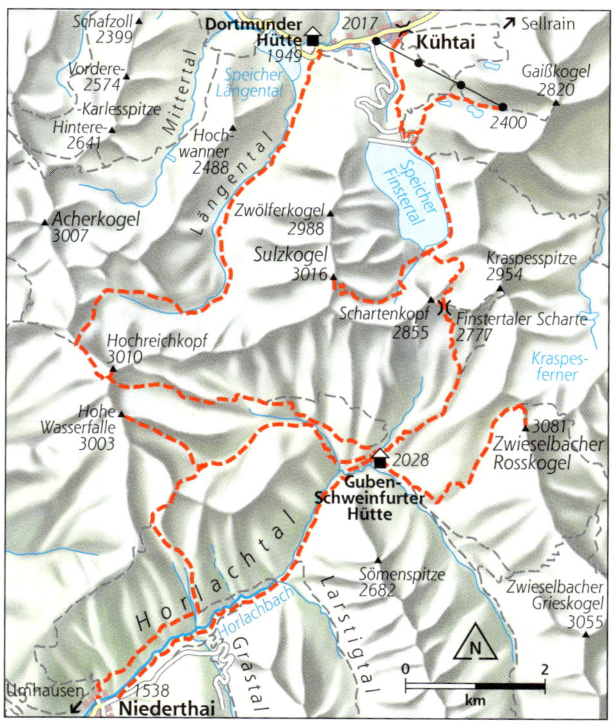

46 Hoher Wasserfall 3003 m

Felstürme wie am Montblanc

Wer kennt die Guben-Schweinfurter Hütte, ja wem sagt das Wort »Guben« etwas? So heißt eine Stadt in der Niederlausitz, die dies- und jenseits der Neiße liegt; sie gehört deshalb seit dem Zweiten Weltkrieg halb zu Polen, halb zur einstigen DDR bzw. nun zur Bundesrepublik Deutschland. Da war es hilfreich, dass sich die Sektion Schweinfurt der Hütte im Horlachtal angenommen hat. Sie liegt etwas abseits der bekannten Wege, trotzdem sollten sich gerade die Bergwanderer diesen Namen merken: Hier gibt es nämlich nicht weniger als drei Dreitausender mit mehr oder weniger anspruchsvollen Steigen. So lohnt sich der bequeme Weg vom Bergdorf Niederthai hinauf zu dieser Hütte allemal.

Wilde Türme aus Granit flankieren das Lange Wannenkar, durch das man zum Hohen Wasserfall ansteigt.

Hoher Wasserfall oder gar Hohe Wasserfalle heißt ein Berg im Bereich unserer Hütte, der durch seine wilden, rostroten, ein wenig an das Montblancgebiet erinnernden Felstürme auffällt. Der eigenartige Name dürfte auf einem historischen Irrtum beruhen; vielleicht wäre Hoher Wasserfallkogel richtig. Eine gut markierte Route führt auf diesen nahezu unbekannten Berg, die aber einige bergsteigerische Erfahrung erfordert, ist doch der Gipfelbereich recht steil!

Charakter: Kleiner Steig, manchmal auch nur Pfadspuren in einsamer Urlandschaft, Schnee bis in den Sommer, Steilrinne zum Grat; Trittsicherheit und Erfahrung nötig. Von der Hütte 3 Std.

Ausgangspunkt: Guben-Schweinfurter-Hütte (2028 m), siehe Kapitel 47, »Hochreichkopf«.

Aufstieg zum Hohen Wasserfall: Von der Hütte auf dem Fahrweg kurz hinab zur ersten Bachbrücke, dann auf einem Steig durch Zirbenbestände schräg aufwärts ins Finstertal. Bei der bescheidenen, kleinen Sennhütte auf einem Brett über den Bach und am Rand der sumpfigen Fläche talein. Dann mehr nach links, über Mattenhänge ins Wannenkar und über Grasböden zum Beginn recht chaotischer Moränenfelder. Zwischen teilweise gewaltigen Felsblöcken ins Lange Wannenkar, das von wilden, roten Granitfelsen begleitet wird. Flach im Karboden über Geröll und Schnee in den hintersten Winkel, über eine große Trümmerhalde und eine Steilrinne in eine Gratlücke und nach rechts auf den höchsten Punkt.

Möglicher Rückweg nach Niederthai: Aus dem inneren Wannenkar auf schmalem, steinigem Steig ins Gruejoch (2710 m, 40 Min. Aufstieg). Drüben am Gruesee vorbei ins folgende Kar hinab und erst auf Weideböden, dann auf einer Rippe steil und weit abwärts zum Bergmähderweg hoch über dem Horlachtal. Auf ihm nach rechts und schließlich hinunter nach Niederthai. Stille, kaum begangene Route; alpine Erfahrung wichtig.

Zwieselbacher Rosskogel (3081 m): Auf diesen gewaltigen Gipfel östlich über der Hütte wurde ein neuer Steig gebaut, der durch das Fidaskar führt, über sehr steiles Gelände den Kamm erreicht und auf einem Vorgipfel, etwa 3070 m, endet; 3 Std. Aufstieg, anspruchsvoll, evtl. sehr steile Schneefelder. Von dort oben gibt es auch einen Abstieg zur Neuen Pforzheimer Hütte.

47 Hochreichkopf
3010 m

Behäbig breiter Gipfel hoch über dem Ötztal

Ost- und Westseite des Hochreichkopfs, den wir bei unserer 4-Gipfel-Tour (siehe unten) überschreiten, bieten zwei ganz unterschiedliche Routen. Der Zugang von der Guben-Schweinfurter Hütte führt durch das relativ kurze Finstertal und verläuft über Almmatten und durch die typischen Karböden der Zentralalpen. Allenfalls die kurze Stufe unter der Hochreichscharte kann – bei Schnee – für etwas Aufregung sorgen. Ganz anders der zweite Gipfelweg! Er quert die felsige Westflanke des Hochreichkopfs und steckt voller Überraschungen. Immer wieder türmen sich scheinbar unüberwindliche Hindernisse auf, stehen zackengespickte Felsrippen im Weg oder öffnen sich tief eingeschnittene Schluchten. Doch der Steig windet sich mit etwas Auf und Ab geschickt durch dieses Labyrinth. Das Ganze ist nicht allzu gefährlich, wenn kein Altschnee in den Rinnen liegt. Man sollte sich darüber vorab in der Hütte informieren!

Jeden Tag einen Dreitausender mit Weg – so könnte das Motto in dieser Region heißen. Ideal wie selten lassen sich hier vier Ziele aneinander hängen. Man kommt dann sogar am Ende des vierten Tages wieder zum Ausgangspunkt Kühtai zurück. Das ist eine wenig bekannte, aber doch recht reizvolle Rundtour mit zwei längeren Etappen, die man allerdings nur bei nebelfreiem Wetter begehen sollte.

Charakter: Bergwege in teilweise recht blockreicher Landschaft, bis in den Sommer Schneeflecken. Aufstieg von der Hütte knapp 3 Std.
Ausgangspunkt: Von Umhausen im Ötztal auf guter Bergstraße hinauf nach Niederthai (1538 m, 5,5 km); Parken am Bach.
Zur Guben-Schweinfurter Hütte: Von Niederthai stets auf dem Talsträßchen in fast immer waldarmen oder gar freiem Gelände zum Larstighof und weiter talein bis unmittelbar vor die Brücke. Hier rechts bleibend über Mattenböden und einen sanften Hang zur Guben-Schweinfurter Hütte (2028 m, DAV, 50 Schlafplätze, Tel. 05255/57 02), die auf einem Vorsprung über dem Bach liegt.
Auf den Hochreichkopf: Von der Hütte auf dem Fahrweg kurz hinab zur ersten Bachbrücke, dann auf einem Steig durch Zirbenbestände schräg aufwärts ins Finstertal und zur bescheidenen, kleinen Sennhütte. Auf dem nordseitigen Hang hoch empor, dann schräg hinein auf einen ersten Boden des Steinkars. Stets auf der rechten

Herbstlicher Neuschnee bedeckt die Hänge an der Zischgelesspitze; man sieht die Nordostseite, links der Ostgrat.

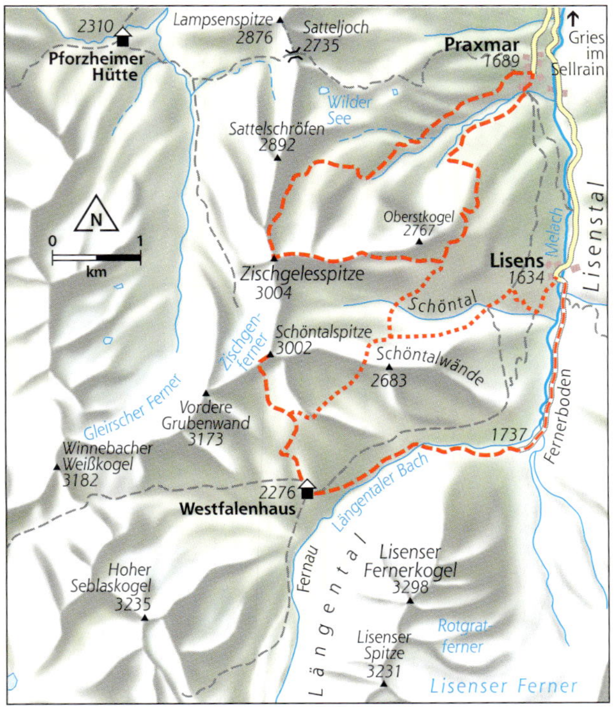

Seite durch Mulden und über Moränenböden in den hintersten Winkel, wo durch das Zurückgehen des Steinkarferners neue Seen entstanden sind. Durch einen steilen Einschnitt in die Hochreichscharte (2912 m) und rechts über den Trümmerhang auf den Gipfel.

4-Dreitausender-Tour (in Stichpunkten): Wie bei Tour 45 auf den Sulzkogel und auf der gleichen Route zurück bis zur Verzweigung über dem Finstertalsee. Nun wieder aufwärts in ein Hochkar und interessant über kleine, einfache Felsstufen in die Finstertaler Scharte (2777 m, 1 ¼ Std. Aufstieg). Abstecher auf den Schartenkopf (2855 m) in 20 Min. Dann Abstieg durchs Weite Kar und über Grashänge, schließlich steil zur Guben-Schweinfurter Hütte. Von dort auf den Hohen Wasserfall und auf den Zwieselbacher Rosskogel (siehe Tour 46). Am vierten Tag wie oben beschrieben auf den Hochreichkopf, dann Abstieg durch die anfangs beschriebene Felsflanke (Sicherungen) von der Hochreich- zur Niederreichscharte (2728 m), nach Norden durch zwei Kare hinab und dann Wanderung talaus durch das Längental, das seinem Namen alle Ehre macht, zur Dortmunder Hütte (1948 m, DAV) im Kühtai.

48 Zischgelesspitze
3004 m

Lieblingsberg der Tiroler – und anderer

Der Untertitel gilt jedoch nur für die Skitourenzeit. Dann überziehen unzählige Spuren die Nordostseite dieses Dreitausenders, bei den Tourengehern kurz Zischgeles genannt, im Sellrain über dem so hoch gelegenen Weiler Praxmar. Im Sommer wirkt unser Berg mit seinen zwar steilen, doch auf der »Schauseite« weitgehend aus Gras, Schutt und Schrofen bestehenden Hängen und den wenig markanten Graten eher behäbig und unauffällig. So geht es dort in der warmen Jahreszeit relativ ruhig zu. Seien wir froh, denn der Berg hat viel zu bieten! Der Weg dort hinauf, ein kleines, teilweise steiles und steiniges Steiglein, führt von Anfang an durch ganz freies Gelände mit ungehinderten Ausblicken. Vor allem der gewaltige Lisenser Fernerkogel (3298 m) zeigt sich von der schönsten Seite. Am Gipfel dann die besondere Überraschung: Im Südwesten ragt ganz nahe die Vordere Grubenwand (3173 m) als eleganter Dreikant in den Himmel. Ein Stoßseufzer zu diesem Berg: Hoffentlich fällt die so malerisch-reizvolle Eiswand nicht der globalen Klimaerwärmung zum Opfer. Ein zweiter Weg, über den obersten Nordgrat und durch das Sattelloch, schafft die Möglichkeit einer Überschreitung unseres Berges.

Eine Kombination mit der südlich benachbarten Schöntalspitze (Tour 49) wird dort beschrieben. Der Wanderer auf diesen noch viel stilleren Wegen bekommt eine wesentlich eindrucksvollere Zischgelesspitze zu sehen, denn Südgrat und Südostwand bestehen aus kantigem, dunklem Fels.

Charakter: Kleine Bergwege in teilweise sehr steilem Gelände, am Gipfelgrat einige Schrofen, Trittsicherheit wichtig, trockene Verhältnisse empfehlenswert. Von Praxmar knapp 4 Std. Aufstieg.

Ausgangspunkt: Von Gries im Sellrain auf guter Straße nach Praxmar (1689 m), ein vom Bergbauernnest zum Skidorf »aufgestiegener« Weiler am Hang hoch über dem Boden des Lisenstals; schöne Ausblicke.

Nordostanstieg: Hinter dem letzten Haus von Praxmar über den Bach und zur Talstation eines Skilifts. Rechts neben dem Lift über die Hänge gut eine Stunde weit empor, dann nach links auf einen Vorsprung im Gelände, den Köllenzeiger. Immer schräg aufwärts durch die teilweise sehr steilen Osthänge des Oberstkogels – die Ausblicke werden immer schöner –, schließlich hoch über dem Schöntal in den weiten Sattel westlich dieses Berges. Über Gras, Geröll und ein paar Felsen noch weit hinauf zum Gipfel der Zischgelesspitze.

Abstieg durchs Sattelloch: Gut 10 Min. über den Nordgrat hinab, dann nach rechts in die steile Flanke und über ebenfalls teilweise steile, steinige Hänge weit hinab in den Boden des kleinen Kares »Sattelloch«. Am Bach entlang hinunter, dann rechts über eine kurze Stufe und rechts des Marlerbachs über Gras talaus nach Praxmar.

49 Schöntalspitze 3002 m

Aussichtsberg mit Kletterstelle

Schon beim Zugang zur Hütte beherrscht der Berg der Region das Blickfeld: der Lisenser Fernerkogel (3298 m). Bis zu 1300 m sind seine Flanken und Wände hoch! Beim Westfalenhaus selbst sorgt dann die Sicht auf den zerschründeten Längentaler Ferner für ein weiteres Highlight, wie es auf gut Tirolerisch heißt. Auch der Blick nach Norden ist imposant: Über dem Kar der Hohen Gruben sind die Wände teilweise rostrot, aus schönem, kantigem Fels aufgebaut und bis zu 500 m hoch. Grubenwand (3173 m) heißt der dominierende Gipfel dort, Schöntalspitze das rechte Eck, das etwas zurück liegt und deshalb unscheinbar wirkt. Links neben diesem Gipfel zieht eine schmale Gasse durch die Wände zu einer Scharte empor. Das ist unser Weg! Hat die Sonne im Laufe des Jahres den Schnee aus dem Steilgelände geputzt, dann kommt ein Steiglein im Geröll zum Vorschein, und die Sache ist nicht weiter problematisch. Bei Firn jedoch oder gar bei hartem Schnee ...

Noch ein Tipp für Liebhaber stiller, ausgefallener Routen: Ein ganz bescheidenes, aber markiertes Steig-

Vor Erreichen des Westfalenhauses, dem Stützpunkt für die Schöntalspitze, öffnet sich der Blick auf den Hohen Seeblaskogel.

lein führt über die beiden Schwärzjöchl hinüber ins Schöntal und somit in den Bereich der Zischgelesspitze. Das öffnet neue Perspektiven!

Charakter: Bergwege in die Zischgenscharte (bei Schnee evtl. anspruchsvoll), dann Blockwerk und über eine richtige Kletterstelle (II-) ohne Sicherungen zum Gipfel. Reichlich 2 Std. Aufstieg von der Hütte; dorthin von Lisens 2 1/4 Std.

Ausgangspunkt: Von Gries im Sellrain auf guter Straße nach Süden talein zum Gasthaus Lisens (1634 m, Parkplatz).

Zum Westfalenhaus: In Lisens zwischen den Gebäuden hindurch zum Bergfuß und immer schräg empor über die Hänge mit schönen Zirben und viel Buschwerk zu einer Geländekante, der Oberen Achsel, mit beeindruckendem Blick auf den gewaltigen Lisenser Fernerkogel. Auch weiterhin sehr hoch über dem Bach talein, anfangs über kleine Böden, dann wieder schräg durch die steilen Hänge zum Westfalenhaus (2276 m, DAV, 60 Schlafplätze, Tel. 05236/267).

Auf die Schöntalspitze: Vom Westfalenhaus über Wiesenböden nach Norden zur nahen Wegverzweigung. In der gleichen Richtung weiter auf die Münsterhöhe (2508 m). Dort nach rechts und in das Gras- und Geröllkar der »Gruben«. Über einen steilen Hang zu den Felsen hinauf und in der rechten Rinne in die Östliche Zischgenscharte (2917 m). Nach rechts über den Trümmergrat zu einem ganz schmalen, aber durchgehenden Felsstreifen. Über diese Stelle (II-, nicht ausgesetzt) und über einen letzten Hang auf den kleinen Gipfel.

Schöntal und Zischgeles: Auf dem Anstiegsweg wieder hinab in den obersten Karboden (2700 m); Wegverzweigung. Links auf eine nahe Schulter, das Innere Schwärzjöchl, und auf bescheidenem Steiglein mit etwas Höhenverlust die Schwärzgrube querend hinüber ins Äußere Schwärzjöchl (2705 m). Über eine kurze Stufe auf die Mattenflächen des Schöntals hinab. Nun entweder (pfadlos!) etwa in der Mitte über die Hänge hinab, dann unmittelbar am Schöntalbach entlang zur Waldgrenze, wo man bei der Bachfassung wieder auf einen Weg trifft. Auf ihm nach links und hinab nach Lisens. Oder weiter auf dem Steig quer über das Tal und durch die Hänge unter den Oberstkogel, wo man auf die Zischgeles-Route trifft. Von dort aus auf die Zischgelesspitze, 1 1/2 Std.

50 Rinnenspitze
3000 m

Aussichtsberg über dem Lisenser Ferner

Weitere Neuvermessungen könnten für die Rinnenspitze »gefährlich« werden, ist sie doch bei der letzten Vermessung schon von 3003 auf 3000 m zurückgestuft worden. Diesen durchaus selbstständigen, aber doch recht unauffälligen Berg würde niemand beachten, gäbe es nicht das Steiglein zum Gipfel. Das typische Ziel nach dem Motto »verhältnismäßig kleiner Gipfel mit besonderen Ausblicken«: Unmittelbar zu Füßen – 150 m tiefer – liegt das kilometerweite Gletscherbecken des Lisenser Ferners, dahinter ragen mit hellem, auffallend kantigem Fels die Brunnenkögel (3325 m) und der Lisenser Fernerkogel (3298 m) mächtig auf. Auch das Panorama um diesen Geradenoch-Dreitausender ist erstaunlich weit und vielseitig.

Ein Kleinod ist der immerhin 280 m lange, teils von Matten, teils von Blockwerk eingefasste Rinnensee, in dessen Wasser sich die Steilgletscher der Östlichen See- und der Ruderhofspitze (3473 m) spiegeln. So recht ein Platz zum Faulenzen nach gelungener Gipfeltour! Noch ein Wort zu unserer Zwischenstation, der Franz-Senn-Hütte: Dieser Stützpunkt mit seinen 260 Schlafplätzen erschließt ein ungewöhnlich reichhaltiges Tourengebiet mit acht Gletschern und zwanzig großen Gipfeln, von denen allerdings manche nur äußerst selten Besuch erhalten. Mit dem Namen wird an Franz Senn (1831 bis 1884) erinnert, den Kuraten aus Vent, den erfolgreichen Bergsteiger, ersten Tourismusinitiator, Mitbegründer des Deutschen Alpenvereins ...

Charakter: Bergwege in teilweise steilem Grasgelände in die Rinnengrube; felsdurchsetzter Gipfelaufbau mit Steilstellen (Sicherungen), bei Neuschnee etc. an-

spruchsvoll. Aufstieg zur Hütte 1 1/4 Std., Weiterweg auf den Gipfel knapp 3 Std.

Ausgangspunkt: Im Stubaital nach Milders gleich hinter Neustift. Abzweigung eines Sträßchens, das durch das gesamte, meist sehr scharf eingeschnittene Oberbergtal bis zur bewirtschafteten Oberisshütte (1742 m, 10 km, größerer Parkplatz) führt.

Zur Franz-Senn-Hütte: Von der Oberisshütte auf breitem, viel begangenem Weg über die Matten an den Bergfuß, hier über die mit Buschwerk bestandenen, steilen Hänge, dann nach links ins Tal und neben dem rauschenden Alpeinerbach zur stattlichen Franz-Senn-Hütte (2149 m, ÖAV, 260 Schlafplätze, Tel. 05226/2218).

Auf die Rinnenspitze: Gleich bei der Hütte über den Alpeinerbach und nach rechts etwas aufwärts zur Wegverzweigung. Hier links und in dem sehr steilen, meist von Gras überzogenen Gelände rasch aufwärts. Dann durch die ebenfalls jähen, nach unten in Felsfluhen abbrechenden Steilhänge hinüber in die Untere Rinnengrube. Gut 100 Hm empor zu einer Wegverzweigung (links ganz in der Nähe der Rinnensee, 2646 m). Zwischen Blöcken, über Geröll und erdige Stellen ziemlich gerade auf den steilen Gipfelaufbau zu. In der blockreichen Flanke nun steiler aufwärts, mit Hilfe guter Sicherungen über eine plattige Stufe zum Nordostgrat und auf den nahen Gipfel.

51 Östliche Knotenspitze 3084 m

Kleinerer Berg vor großer Kulisse

Dieser Gipfel über der Regensburger Hütte findet relativ wenig Beachtung, obwohl die Tour durchaus ihren Reiz hat. Unser Felsberg ist der letzte Vorposten einer ganzen Schar von Kräul-, Knoten- und Plattenspitzen, einem verzweigten Massiv recht schroffer Zacken und winkeliger Grate, aus denen kein Gipfel besonders hervorragt. Kleine Gletscher schmücken die Hochgebirgslandschaft. Unser Ziel verteidigt sich mit einem steilen Gipfelaufbau, der bei manchen für willkommene Abwechslung sorgt, bei anderen vielleicht auch für einige Aufregung, falls sie dem Gelände nicht so ganz gewachsen sind oder Schnee den Aufstieg erschwert. Die Östliche Knotenspitze (3084 m) präsentiert sich als Doppelzacken, wobei der Bergpfad auf dem etwas niedrigeren Südgipfel endet, den manche auch als Kreuzspitze bezeichnen. Der Übergang zum höchsten Zacken erfordert einige Kletterei.

Bei dieser langen Tour dient die Neue Regensburger Hütte als Zwischenstation. Sie thront malerisch auf der äußersten Schwelle des Falbesonbodens mit dem Hochmoos. Jenseits des sehr tief eingeschnittenen Stubaitals ragt mächtig der Habicht (3277 m) auf, während talein die Ruderhofspitze (3476 m) mit ihren felsigen Graten das Bild beherrscht. Wer mit einem Dreitausender pro Tour nicht zufrieden ist, sollte den reizvoll-urwüchsigen Höhenweg über die Schrimmennieder und durch das Kar mit dem netten Namen Kuhgschwez zur Franz-Senn-Hütte begehen, um noch der Rinnenspitze einen Besuch abzustatten.

Charakter: Typische Bergwege im kristallinen Gestein, steiler Gipfelaufbau, dort Trittsicherheit nötig, südseitig, deshalb rasch schneefrei. 2 3/4 Std. Aufstieg zur Hütte, von dort 2 1/2 Std. auf den Gipfel.

Ausgangspunkt: Von Neustift im Stubaital talein nach Volderau und noch 3 km weiter zum Hüttenparkplatz an der Ruetzbachbrücke (1215 m, Waldcafé) kurz vor Falbeson.

Zur Regensburger Hütte: Wegbeginn kurz vor der Brücke. In vielen kleinen Serpentinen durch den teilweise sehr steilen Falbesonerwald zu einer Forststraße. Nun entweder auf dieser oder weiter auf dem Fußweg empor und an eine Geländekante mit erstem Blick ins Falbesonertal. Hinein in den schmalen Talboden mit der Falbesoneralm. Immer auf der rechten Seite bleibend noch über eine hohe Steilstufe zur längst sichtbaren Neuen Regensburger Hütte (2287 m, DAV, 96 Schlafplätze, Tel. 05226/25 20).

Auf die Knotenspitze: Auf dem mittleren von drei Wegen, die bei der Hütte beginnen, über die anfangs begrünten, mittelsteilen Hänge in ein kleines Kar, steiler über eine Stufe und auf die Moränenfelder unter dem kleinen Jedlasgrüblferner. Quer über das Kar, dann durch die recht steile Flanke aus Fels und Geröll (Sicherungen) ziemlich direkt auf den Gipfel.

52 Habicht 3277 m

Der klassische Dreitausender mit Weg

Vor dem Aufkommen des Alpinismus betrachtete man die Berge allenfalls aus halber Höhe, aus dem Bereich der Almen und Weideflächen. So wird es verständlich, dass der Habicht einst als höchster Berg im Lande Tyrol galt. Er ragt eben besonders gewaltig und steil über den Tälern auf. Bis zu 700 m hohe Flanken und kilometerlange Felsgrate verleihen ihm eine imposante Erscheinung, kleine Steilgletscher bilden einen auffallenden Kontrast zum dunklen Fels. Es war kein Zufall, dass bereits 1884 die Innsbrucker Hütte am Fuß des Habichts nahe dem Pinnisjoch errichtet und noch vor der Wende zum 20. Jahrhundert der Steig zum Gipfel angelegt wurde. Zu dieser Zeit machte ein Wegweiser an der Triumphpforte mitten in Innsbruck (!) auf die Hütte aufmerksam.

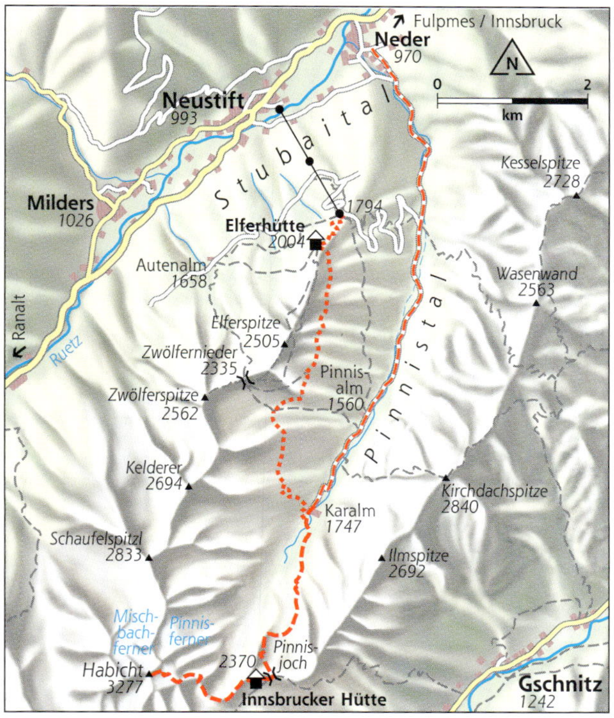

Der Aufstieg von der sehr schön gelegenen Innsbrucker Hütte gehört zum Reizvollsten und Spannendsten im Bereich »Dreitausender mit Weg«. Es gibt Platten, eine blockreiche Steilflanke, einen Hochfirn und einen schärferen Gipfelgrat. Bei trockenem Fels lässt sich die Route von allen Trittsicheren gut begehen; man muss jedoch peinlich jeden Steinschlag vermeiden, um Nachkommende nicht zu gefährden. Bei Neuschnee oder gar bei Eis wird diese Route durchaus anspruchsvoll oder gar gefährlich. Einsamkeit wird man dort oben, zumindest bei schönem Wetter, vergeblich suchen. Schließlich übernachten in der Hütte mit ihren 160 Schlafplätzen die meisten, um den Habicht zu besteigen. Ein Tipp: Der Elferlift ermöglicht einen landschaftlich sehr eindrucksvollen Zugang zu unserem Stützpunkt.

Charakter: Meist alpiner Steig, teilweise jedoch felsiges Gelände (Sicherungen), Schneefelder; alpine Erfahrung und beste Verhältnisse nötig. Aufstieg aus dem Pinnistal 2 1/2 Std. (zu Fuß aus dem Stubaital reichlich 4 Std.), von der Hütte zum Gipfel 2 3/4 Std.
Ausgangspunkt: Auf der Brenner-Autobahn zur Ausfahrt Schönberg, ins Stubaital und nach Neder (970 m) bei Neustift.
Zur Innsbrucker Hütte: Von Neder zu Fuß auf dem Talsträßchen oder mit dem Taxi-Bus zur Pinnisalm (1560 m). Auf breitem Weg in dem von wilden Kalkbergen überragten Tal zur Karalm. Bald danach auf die andere Talseite und über einen Hang auf die Mattenböden der Alfagrube. Über eine letzte, steinige Stufe ins Pinnisjoch und zur Innsbrucker Hütte (2370 m, OeAV, 160 Schlafplätze, Tel. 05276/295) knapp hinter dem Joch.
Vom Elferlift (schönster Zugang): Von Neustift mit dem Lift zur Bergstation (1794 m) und hinauf zum Gasthaus Elferhütte. Nun auf dem so genannten Panoramaweg himmelhoch über dem Pinnistal – oberhalb das zerklüftete Elfermassiv, gegenüber die wilden Felsberge um die Kirchdachspitze – quer durch steile Hänge ins Gratzengrübl und noch ein Stück weiter nach Süden, erst dann hinab ins Pinnistal bei der Karalm. Weiterweg siehe oben. Vom Lift zur Innsbrucker Hütte knapp 4 Std.
Auf den Habicht: Von der Hütte auf und neben dem Grat nach Westen an den Fuß der 500 m hohen Felsflanke. Zwischen Blöcken, durch schiefrige Rinnen und über schöne Platten weit empor. Dann nach rechts und anschließend über eine steile Blockflanke und eine Rippe, bis sich das Gelände zurücklegt. Ein Firnfeld überqueren, zum Grat und auf der interessanten Schneide (Sicherungen) zum erstaunlich geräumigen Gipfel mit freiem Rundblick.

Kurz unter dem Gipfel des Habichts; Blick nach Südosten auf den Pflerscher Tribulaun und die Dolomiten über den Nebeln.

53 Schaufelspitze 3332 m

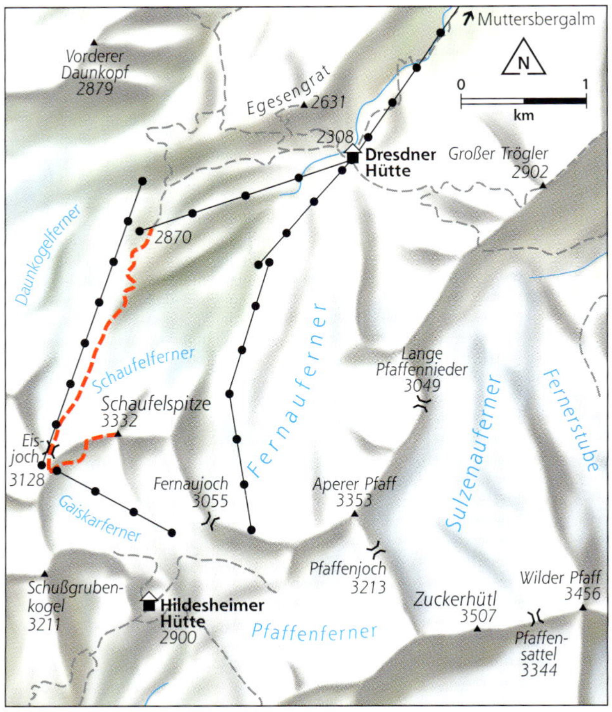

Die Trasse auf dem Gletscher

Dieser Stubaiberg mit der Höhe, die man sich so gut merken kann, zählt zu den klassischen Zielen; einst war die Schaufelspitze für viele der erste Dreitausender ihrer »Karriere«. Inzwischen schließen Pisten und Lifte diesen Berg auf allen Seiten ein; wie eine Felsenfestung steht er in der Mitte. Die breite Nordwand, der Blickfang über der Bergstation der Seilbahn, ist steil und immerhin bis zu 300 m hoch. Bei diesem Anblick rechnet wohl keiner mit einem verhältnismäßig einfachen Anstieg. Doch Achtung! Eigentlich passt die Schaufelspitze nicht in dieses Buch. Hier handelt es sich weniger um einen »Dreitausender mit Weg«, eher könnte man sie als einen »Dreitausender mit fester Trasse« einstufen. Die Seilbahn bringt alle Neugierigen bis an den Rand des Gletschers, über den dann eine fixe Trasse weiter bergauf führt. Gibt es hier gut begehbaren Schnee, dann kann jeder – feste Stiefel vorausgesetzt – weiter in die Höhe stapfen. Ähnliches gilt für den Gipfelaufbau, der immerhin noch 180 m hoch ist: Bei aperem und trockenem Zustand bereitet dieses Gelände aus Fels, Geröll und Sand, durch das deutliche Steigspuren führen, nahezu keine Schwierigkeiten. Ganz anders schaut es aber bei Eis, Schnee, Kälte, Sturm usw. aus!

Natürlich bietet ein Berg dieser Höhe ein weites Panorama. Den besonderen Blickfang bildet das Zuckerhütl (3507 m), der Hauptgipfel der Stubaier Alpen und einer der berühmtesten Berge ganz Österreichs.

Charakter: Wanderung auf »offizieller«, nahezu immer gut ausgetretener Trasse über niemals steilen Gletscherfirn, bei gutem Schnee ohne Probleme, bei hartgefrorenem Zustand evtl. Eisausrüstung notwendig. Hoher Gipfelaufbau mit Schrofengelände, doch nur wenige Stellen I (nur bei schneefreiem Zustand begehen). Gut 1 ½ Std. Aufstieg.
Ausgangspunkt: Von Neustift im Stubaital durch das gesamte innere Tal zur Mutterbergalm und zur Talstation (1748 m) der Stubaier Gletscherbahnen.

Auf die Schaufelspitze: Mit der Seilbahn über die Mittelstation zur Bergstation in 2870 m Höhe. Von dort auf den ganz nahen Gletscher, den Schaufelferner, und knapp links neben den Liften auf der offiziellen Trasse in gleichmäßiger Steigung über Schnee ins Eisjöchl (3128 m) mit freiem Blick nach Südwesten. Mit wenig Steigung nach Süden in einen nahen zweiten Sattel mit Liftstation und Hütte (3150 m). Auf der Ostseite sobald wie möglich nach links und fast eben in den Isidornieder (3158 m). Kurz auf dem Grat, dann meist in der südseitigen Flanke auf deutlichen Steigspuren fast ohne Zuhilfenahme der Hände auf den Gipfel.

54 Hoher Nebelkogel 3211 m

Hochstubaihütte – 1800 m über dem Ötztal

Wildkarspitze heißt ein Gipfel der – scheinbaren – Widersprüche: ein eindrucksvoll klingender Name, eine beachtliche Höhe von 3173 m, jedoch nur ein ganz unbedeutender Vorkopf des Hohen Nebelkogels; trotzdem wird die Wildkarspitze ungleich häufiger erstiegen als der höhere Kogel. Des Rätsels Lösung: Auf der Wildkarspitze thront die Hochstubaihütte, einer der höchsten Stützpunkte des Alpenvereins in ganz Österreich. Gleich hinter dem Haus fließt der Wütenkarferner vorbei, der mit malerischen Eisbrüchen in der Tiefe verschwindet. Nach Westen ist der Blick völlig frei, und so gibt es keine bessere Warte, um bei einem Dämmerschoppen dem Sonnenuntergang zuzuschauen. Und wen dort oben ein Unwetter überfällt, lernt – hinter sicheren Mauern – einmal die Gewalt der Stürme in gut 3000 m Höhe kennen.

Der Zugang aus dem Tal zieht sich in die Länge; man muss immerhin 1800 Höhenmeter Schritt für Schritt hinter sich bringen. Aber wenigstens ist unterwegs für manche Abwechslung gesorgt, von der bewirtschafteten Kleblealm über den 230 m breiten, schon recht hochalpinen Laubkarsee (2681 m) bis hin zu den herrlichen Aus-

Bei der Tour zur Schaufelspitze bildet das Zuckerhütl (links hinten) mit seinem Zwilling, der Pfaffenschneide, den Blickfang; rechts die Sonklarspitze.

blicken, die immer noch weiter und eindrucksvoller werden, je höher man steigt.

Charakter: Bergwege, im oberen Teil bis weit in den Sommer hinein Schneefelder, Orientierung bei Nebel dann schwierig. 5 ½ Std. Aufstieg.
Ausgangspunkt: Im bekannten Ski- und Ferienort Sölden im Ötztal zum Ortsteil Granbichl (1405 m).
Zur Hochstubaihütte: Von Granbichl auf dem ins Windachtal führenden Fahrweg gut 15 Min. aufwärts zur Abzweigung des Fußwegs. Auf ihm meist durch Wald rasch aufwärts zur Waldgrenze und zur bewirtschafteten Kleblealm (1983 m). Beim Haus rechts und stets schräg über die begrünten Hänge ein gutes Stück empor ins Laubkar. In Bachnähe weiter aufwärts, rechts über eine Steilstufe zum Laubkarsee und in die gleichnamige Scharte (2760 m) knapp darüber. Von dort dann über weiträumige Schuttböden, Gletscherschliffe und oft auch über Schneefelder (bei Nebel Gefahr des Verirrens), schließlich wieder steiler zum Kamm und nach rechts zur Hochstubaihütte (3174 m, DAV, 45 Schlafplätze, Tel. 05254/32 40), einem stattlichen Steinbau. Von dort in einem Bogen in gut 10 Min. auf den nach Süden vorspringenden Hohen Nebelkogel mit entsprechendem Panoramablick, etwa auf die Ötztaler Wildspitze (3768 m) und das Zuckerhütl.

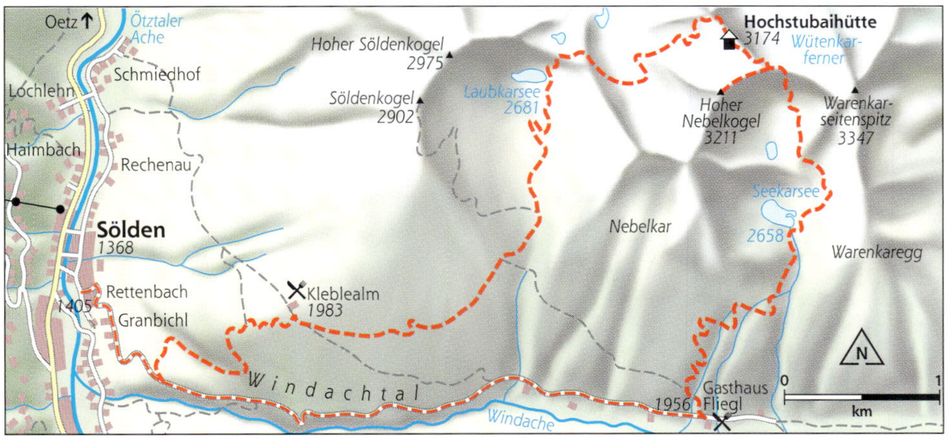

Seekar-Abstieg: Von der Hochstubaihütte hinüber zur nahen Geländekante, über eine steile Stufe mit Sicherungen hinab ins Obere Seekar mit einem ersten See. Links über ihm vorbei zur nächsten Geländekante und Steilstufe. Hinab zum schönen, großen Unteren Seekarsee (2658 m). Dann in vielen Kehren über die begrünten Mattenhänge, später über eine Steilstufe mit Buschwerk hinunter ins Windachtal mit dem Gasthaus Fiegl (1956 m). Auf dem Talsträßchen zurück nach Sölden.

55 Schrankogel
3497 m

Der höchste Wegeberg Österreichs

Für diesen Ausnahmeberg passt eine Reihe von Superlativen: zweithöchster Gipfel der Stubaier Alpen und zugleich der mächtigste und höchste mit einem Steig erschlossene Berg Österreichs, mit 1200 m die höchste Felsflanke der Region, attraktive Eiswand nach Nordosten ... Natur und der Alpenverein haben hier eine Möglichkeit geschaffen, dass auch der »Mittelstandsbergsteiger« einen Gipfel dieser Höhe – fast 3500 m! – erreichen kann. Aber jedem sollte bewusst sein: Diese Tour ist niemals ein gemütlicher Bergspaziergang, sie bleibt auch bei guten Bedingungen eine ernste Angelegenheit. Es braucht bloß ein kräftiger Wind zu blasen, und schon ist's bitterkalt in diesen Höhen, um nur ein Beispiel zu nennen. Drei Bedingungen müssen erfüllt sein: ausreichende Kondition und Bergerfahrung, ein klarer, sturmfreier Tag und ein aperer Gipfelgrat. Liegt nämlich auf dem obersten, ausgesetzten Südwestgrat noch Altschnee, dann wachsen die Schwierigkeiten enorm, oft hat dann nur noch der erfahrene, mit Pickel und Steigeisen ausgerüstete Alpinist eine Chance.

Eigenartiges menschliches Verhalten: Nur um neun Meter differieren die Höhen von Schrankogel und Zuckerhütl. Und doch ist das Letztere eine Berühmtheit und der Star schlechthin unter den Stubaibergen, der die Gipfelhungrigen in Scharen anlockt. Unser Schrankogel hingegen gehört eher zu den Stillen in der Region, zum Glück, sonst würde es dort oben auf dem schmalen Gipfel eng werden. Die gemütliche Amberger Hütte liegt unmittelbar unter dem Westfuß der riesigen Schrankogelflanke, der allerdings der Anstiegsweg in einem weiten, nach Süden ausholenden Bogen ausweichen muss. »Ewige« Hänge ziehen dann aus dem Schwarzenbergtal gegen den Gipfelgrat empor, die nur durch das Hohe Egg unterbrochen werden. Auf der neuen Alpenvereinskarte wird man allerdings diese Bezeichnung vergebens suchen. Da heißt es nun »Hoaches Egga«; solche phonetischen Schreibweisen sind schon wissenschaftlich zweifelhaft, auf einer Karte für Bergsteiger aber völlig deplatziert!

Charakter: Bei aperen und trockenen Gipfelfelsen relativ einfach, trotzdem Trittsicherheit und Schwindelfreiheit unbedingt notwendig, bei Schnee (sehr große Höhe!) gefährlich! Reichlich 2 Std. Aufstieg von Gries zur Hütte, Weiterweg auf den Gipfel 4 1/2 Std.

Ausgangspunkt: Gries (1569 m), das man von Längenfeld im Ötztal auf 5 km langer, kurvenreicher, aber doch guter Bergstraße erreicht. Parkplatz am Ortsende (1590 m).

Zugang zur Hütte: Vom Parkplatz bei Gries auf dem Sträßchen über fast ebene Wiesen zum Beginn des nun deutlich eingeschnittenen Sulztals. Kurz auf einem Fußweg, dann auf dem Fahrweg talein und unmittelbar vor der Vorderen Sulztalalm (1898 m, Jausenstation) auf die andere Bachseite; eindrucksvoll der Blick auf die über 1000 m hohen Abstürze des Schrankogels. In dem nun waldfreien Gelände über Böden und Hänge zu einem Engpass des Tales und in den kleinen Kessel der Hinteren Sulztalalm. Durch eine weitere Engstelle zur Amberger Hütte (2136 m, DAV, 81 Schlafplätze, Tel. 05352/5605) auf dem Südhang des kleinen Sulzbichls mit Blick auf die Eisfelder des mächtigen Sulztalferners.

Auf den Schrankogel: Gleich unterhalb der Amberger Hütte über den Bach, gut 500 m eben nach Süden, dann diagonal über die Hänge empor und hinein ins Schwarzenbergtal. Auf der Moräne (hinter ihr der kleine Schwarzenbergsee) zur Wegverzweigung. Hier nach links und über die meist noch begrünten Hänge auf das Hohe Egg (2820 m). Nun weitgehend auf Geröll über das charakteristische, 400 m hohe, sich nach oben verjüngende Dach zum Südwestgrat. Noch weit auf und neben dem Trümmer-, Block- und Felsgrat, teilweise ausgesetzt, auf den Gipfel.

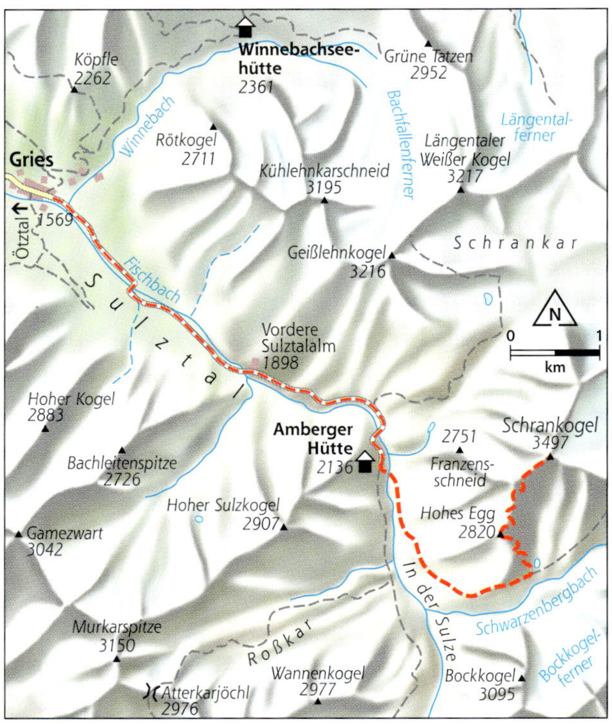

Beim Aufstieg zum 3497 m hohen Schrankogel; Blick auf den Bockkogelferner und die Mutterberger Seespitze.

56 Weißwand
3017 m

Ein hochalpiner Übergang

Bei Gossensass, dem ersten Dorf knapp südlich des Brennerpasses, zweigt nach Westen das Pflerschtal mit dem weit verstreuten Ort Pflersch ab. Obwohl das Tal zum Schönsten in den Ostalpen gehört, herrschen dort noch erstaunliche Ruhe und Ursprünglichkeit. Vor allem der Pflerscher Tribulaun (3097 m), ein Felsriese wie in den Dolomiten, schafft eine beeindruckende Kulisse hoch über dem Tal. Da kann unser Ziel, die Weißwand, nicht konkurrieren, mag sie auch als scharf zugespitzter Dreikant noch so sehr ins Auge fallen. Bei diesem Anblick rechnet wohl niemand damit, dass man den Gipfel auf einem Steiglein erreichen kann, ja durch die dem Betrachter zugekehrte Wand quert sogar der Weg von Hütte zu Hütte. Dort oben sitzt auf den dunklen Schiefern eine Kappe aus ganz hellem Kalk, die dem Berg zum

Tribulaunhütte heißt dieser eigenwillige Bau über dem Pflerschtal; Blick auf das Goldkappel, einen berühmten Kletterberg.

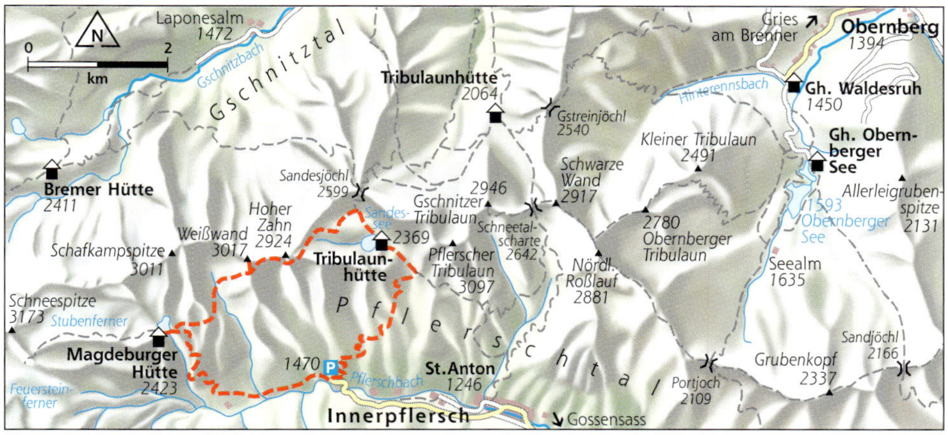

Namen und dem einzigartigen Aussehen verhalf. Noch ein Merkmal dieser schon etwas anspruchsvolleren Tour: Fast ständig begleiten den Wanderer sehr schöne Ausblicke; auch die Dolomiten gehören zum Panorama.

Charakter: Bis zur Hütte gute Bergwege in teilweise steilem Gelände. Beim Übergang dann ausgesetzte Querung an der Weißwand, letzter Anstieg über den Südgrat nur Steigspuren, ein wenig Schrofenkletterei, doch dort nicht exponiert. Trittsicherheit notwendig. Aufstieg zur Hütte 2 ¾ Std., Weiterweg auf den Gipfel 2 ½ Std.
Ausgangspunkt: Von Gossensass an der Südtiroler Brennerstraße 8 km nach Westen bis vor St. Anton im Pflersch. Diesseits des Baches bleibend noch weiter talein zum Hüttenparkplatz (1470 m).
Zur Tribulaunhütte: Unterhalb des Parkplatzes über den Bach, bei der nahen Verzweigung rechts und rasch über die üppig bewachsenen Hänge mit Gras, Buschwerk und Bäumen aufwärts. In dem bald ganz freien Gelände dann mehr nach rechts, zwischen rundgeschliffenen Felsen hindurch, über einen hohen Steilhang zu auffallender Geländekante und flach zur Tribulaunhütte (Calciati al Tribulaun, 2369 m, CAI, 50 Schlafplätze, Tel. 0472/63 24 70) am Fuß sehr wilder Felswände (Goldkappel) und neben dem großflächigen Sandessee mit seiner Insel.
Auf die Weißwand: Von der Hütte auf breitem Weg Richtung Sandesjöchl über Gras und Gletscherschliffe in den Karboden, Wegverzweigung. Links ab, über eine Stufe, dann flach in den hintersten Winkel des Kares, anschließend steiler gegen den Grat empor, südlich unter dem Hohen Zahn hindurch und etwas abwärts in die folgende Scharte. Über den Grat bis an das wild zerrissene Massiv der Weißwand mit eindrucksvoller Nordflanke. Querung auf gutem Steig über das ausgesetzte Band (bei Schnee gefährlich) zum Südgrat. Direkt neben der Kante auf Steigspuren im hellen Kalkschutt und über feste Schrofen zum Gipfel.

Abstieg über die Magdeburger Hütte: Zurück zum querenden Weg, rechts auf erst ordentlichem Pfad durch die sehr steilen Hänge, dann etwas rutschig über die auffallend bunte Trümmerhalde hinab ins Kar. Auf die andere Karseite, dann – nun im kristallinen Gestein – quer durch die meist begrünten Hänge mit ihren Gletscherschliffen zur Wegverzweigung. Nun entweder direkter Abstieg über schöne, fast durchgehend freie Hänge mit steil herabstürzendem Wildbach, schließlich über Almen und durch Wald zum Parkplatz. Oder noch zum nahen, reizvoll gelegenen Stubensee und der Magdeburger Hütte (2423 m, CAI, 40 Schlafplätze, Tel. 0472/63 24 72) in schönster Aussichtslage.

57 Becher
3191 m

Berg mit Hütte mitten im Gletscher

Es ist schon ein überraschender Anblick, wenn man etwa auf den Gipfel unserer Tour 58, auf die Hofmannspitze, kommt und über die weiten Böden des Übeltalferners nach Norden schaut: Dort wächst aus den Eisflächen eine Felspyramide heraus, die ein auffallender, weißer Würfel krönt. Becher heißt dieser Dreitausender, der wohl den Namen seiner Form verdankt. Genau auf seinem Gipfel thront die gleichnamige Hütte, ein Haus mit immerhin 100 Schlafplätzen! Das ist wahrlich ein Stützpunkt der Superlative, und zwar die höchstgelegene Hütte in den Stubaiern, zu der einer der längsten ostalpinen Aufstiege gehört und die mit ihrem Panorama begeistert. Man wird ans Meer erinnert bei dem Blick über die kilometerweiten Flächen des Gletschers, dem die großen Eisbrüche zu einem besonderen Profil verhelfen. Berühmte Gipfel wie das Zuckerhütl (3505 m) überragen die Gletscherfläche, ja der Wilde Freiger (3418 m) ist eine Art Frühstücksgipfel für die Besucher des Becherhauses, der sich allerdings nicht mehr für den reinen Bergwanderer eignet.

1800 Höhenmeter liegen zwischen dem Ausgangspunkt im Ridnaun und dem Becher. Diese gewaltige Höhendifferenz wird noch eindrucksvoller beim Studieren der Hüttengeschichte. 34 Tonnen Material schaffte man zum Bau aus dem Tal dort hinauf, nicht etwa mit dem Hubschrauber, von dem man 1894 noch nicht einmal träumte, sondern auf Lasttieren, mit dem Aufzug und mit viel, viel menschlicher Arbeit. Welcher Fleiß, wie viel Arbeit, Aufwand und Idealismus steckten im Bau dieser Gipfelhütte, dem Kaiserin-Elisabeth-Haus, benannt nach der aus Bayern stammenden österreichischen Kaiserin Sisi. Dann sorgte die menschliche Dummheit mit zwei Weltkriegen und dem entsprechenden Völkerhass, dass dieses Ausnahmewerk – noch dazu einer so alpenfernen Sektion wie Hannover – allmählich verfiel. Erst 1977 begann man mit der Rettung und dem Ausbau der Ruine und schuf das heute wieder recht wohnliche Haus.

Charakter: Bergwege, teilweise gesichert, wegen der großen Höhe ebenso anspruchsvoll wie ein reiner Gipfelanstieg. 6 Std. Aufstieg.
Ausgangspunkt: Von Sterzing auf guter Straße durch das gesamte Ridnauntal nach Maiern und noch 1 km in den Talschluss mit dem Schaubergwerk (1426 m).
Zum Becherhaus: Gleich hinter der Brücke über den Moarerbach Beginn des Fußwegs. Auf ihm über eine erste Stufe, dann über dem tief eingeschnittenen Bachtal in malerischem Wald talein. Immer südlich des Baches bleibend auf den weiten Agglsboden (1700 m). Gleich an dessen Beginn dann aber über den Bach und stets rechts oberhalb ein gutes Stück aufwärts zur kleinen, unbewirtschafteten Grohmannhütte (2254 m) und in Serpentinen über eine Steilstufe weiter zur 1992 umgebauten und sehr schön gelegenen **Teplitzer Hütte** (2586 m, CAI, 60 Schlafplätze, Tel. 0472/66 25 69). Von dort teilweise flach über Blockböden und -hänge weit nach Westen, oberhalb des großen Vogelhüttensees entlang, in steilerem Gelände um zwei Felssporne herum und zu dem Moränenfeld und der abschmelzenden Gletscherzunge unter dem Becher. Quer über die Halde, dann im Fels – mit Sicherungen – nach links ums Eck und auf der Südseite über die Trümmerhänge zum Becherhaus (CAI, 100 Schlafplätze, Tel. 0473/65 63 77) auf dem höchsten Gipfel.

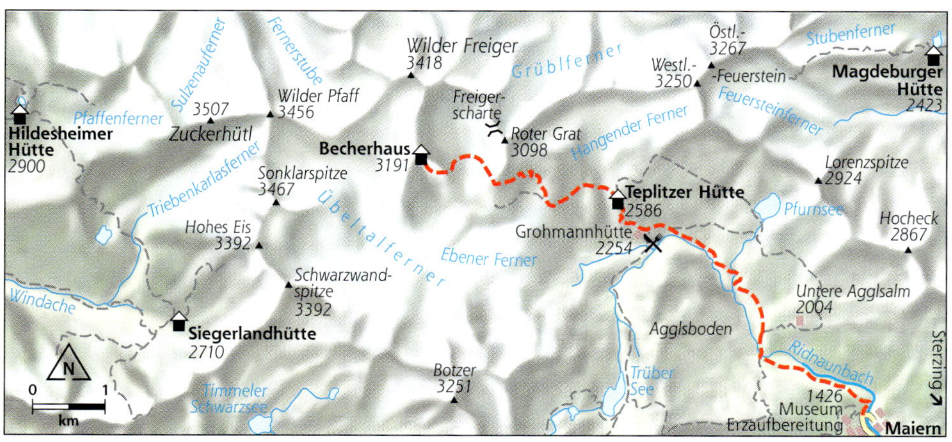

58 Hofmannspitze 3113 m

Durch das malerische Timmelstal

Dieser unauffällige und völlig unbekannte Berg am Rand des größten Stubaier Gletschers, des Übeltalferners, passt nicht perfekt in die Sammlung unserer »Dreitausender mit Weg«. Denn noch hält sich ein Firnfeld unter der Schwarzwandscharte, das aber wohl in absehbarer Zeit dem Gletscherschwund zum Opfer fallen wird. Es lässt sich bei gutem Firn mühelos begehen, kann allerdings bei hartgefrorenem Schnee einige Probleme bereiten, wenn man nicht wenigstens einen Eispickel bei sich hat. Außerdem muss man die letzten zehn Minuten pfadlos über Trümmerfelder und Schrofen zum Gipfel emporsteigen. Die Hofmannspitze, benannt nach Karl Hofmann, einem erfolgreichen Erschließer vor allem der Glocknergruppe, Mitbegründer des Deutschen Alpenvereins im Jahr 1869 und einer der unzähligen Gefallenen 1870 in der Schlacht von Sedan, erscheint hier dennoch aus gutem Grund. Die Tour durchs Timmelstal bietet eine Fülle schönster Eindrücke. An der Stufe zwischen der Timmelsalm und den Krummwasserböden hat sich der sehr wasserreiche Bach ein malerisches Bett geschaffen mit »polierten Bobbahnen«, großen Strudellöchern, Wasserfällen, einer tiefen Klamm ... Es macht viel Spaß, den Weg zu verlassen, um diese Wasserspiele gründlich zu erforschen. Und weiter oben: Unter einem Dutzend hochalpiner Seen ist der fast runde, 300 m breite Schwarzsee (2514 m) der König. Welch ein Motiv: eine tiefblaue Wasserfläche, Ufer mit mächtigem Blockwerk, aber auch mit grünen Flächen und so mancher markante Gipfel im Hintergrund. Ein Unikum sind die – trefflich benannten – Schneeberger Weißen, ein hell leuchtendes Kalkmassiv mitten im dunklen Urgestein. Der Gipfel der Hofmannspitze bietet dann noch ein besonderes Schauspiel: Hier steht man an einem Ufer anderer Art, und zwar unmittelbar über der Eisfläche des Übeltalferners, der sich über Kilometer nach Norden und Osten hinzieht und gewaltig von der Sonklarspitze (3467 m) überragt wird.

Charakter: Bergwege ohne felsige Stellen, die jedoch etwas Aufmerksamkeit bei der Orientierung (auch im

Bei der Tour durch das Timmelstal bildet der großflächige Schwarzsee, in dem sich die Schneeberger Weißen spiegeln, ein reizvolles Ziel.

Abstieg) erfordern, dann ein Firnfeld zum weiten Sattel und ein kurzer Trümmergrat ohne Weg. Zuverlässiges Wetter wichtig. Aufstieg zum Schwarzsee 2 ½ Std., Weiterweg auf den Gipfel 1 ¾ Std.

Ausgangspunkt: Aus dem Ötztal über das Timmelsjoch (2473 m, teure Maut im Verhältnis zur Streckenlänge) oder im Passeiertal einwärts zur Schönaubrücke (1759 m), auf der die Straße das Timmelstal überquert; kleiner Parkplatz auf der rechten Seite.

Aufstieg: Rechts des Timmelsbachs auf dem Fahrweg zwischen alten Lärchen, Blöcken und Gletscherschliffen bequem talein zur Timmelsalm (1973 m). Danach über den Bach und auf den Grashängen der anderen Seite über eine hohe Talstufe – rechts der in der Einleitung beschriebene Bach – zum Beginn des weiten Hochkars mit den Krummwasserböden. An dessen Rand entlang, dann durch einen kleinen Einschnitt auf die nächsthöhere Stufe, an einem Hüttchen vorbei und steiler zum Schwarzsee (2514 m). Bei der Verzweigung kurz dahinter rechts auf eine Höhe und sanft abwärts zum flachen Schwarzwandsee (2595 m). Fast eben talein, dann auf gutem Steig im Moränenschutt in den hintersten Karwinkel. Über Schnee mittelsteil in die Schwarzwandscharte (3062 m) und rechts in weiträumigem Trümmergelände ohne Weg rasch auf den Gipfel mit Kreuz und Buch.

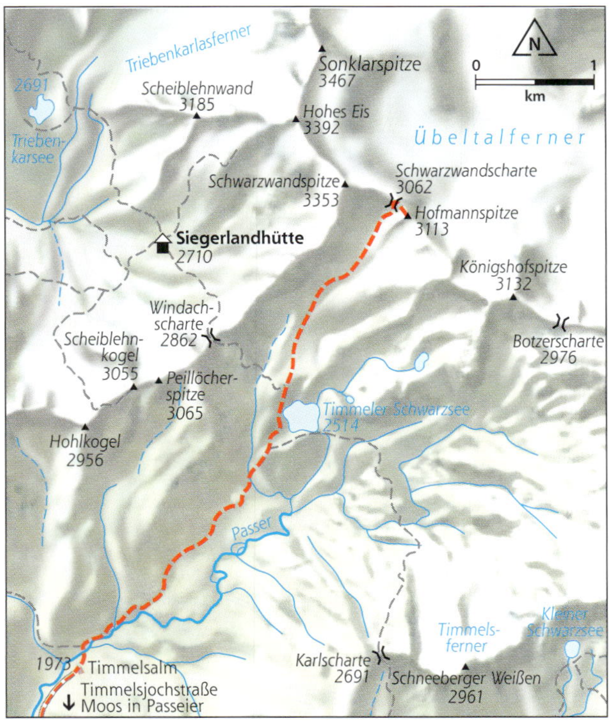

Zillertaler Alpen und Hohe Tauern

Betrachtet man die Landkarte, so bieten diese beiden Gebirge eine auffallende Einheit, ja die Grenze zwischen beiden Gruppen weiß allenfalls ein Gebietskenner. Im Sinne unseres Buches aber gibt es einen großen Unterschied. In dem weiten Gebiet der Zillertaler Alpen sind es nur sechs Ziele, die so richtig zum Thema passen, und, was noch viel mehr erstaunt: Lediglich zwei dieser Gipfel werden von der Tiroler Nordseite aus bestiegen. Nur sie liegen im Bereich des so malerischen, stark vergletscherten Teiles des Gebirges mit seinen oft sehr markanten Felsgipfeln. Drei unserer Ziele drüben in Südtirol bleiben eher den Außenseitern vorbehalten. Und dann haben wir noch, sozusagen still und leise, den Hauptgipfel, den Hochfeiler (3509 m), in diese Aufstellung gemogelt, der nur bei allerbesten Verhältnissen auch von einem Bergwanderer erreicht werden kann.

Reich gesegnet mit Wege-Dreitausendern sind hingegen die Hohen Tauern. Diese Ziele verteilen sich recht gleichmäßig über das gesamte, ausgedehnte Gebiet mit seinen vielen Untergruppen. Wer all diese Gipfel besteigt, kann sich anschließend wirklich als Tauernkenner fühlen. Außerdem ist hier alles von einfach bis sehr anspruchsvoll – wie etwa ein Hoher Tenn oder die Hochalmspitze – vertreten. Auch bei der Zahl der Besucher gibt es auffallende Kontraste. Die Größe einiger Stützpunkte mag das dokumentieren: Die Kürsingerhütte (Keeskogel) bietet 150, die Kattowitzer Hütte (Großer Hafner) 46 und die Schwarzenberghütte (Hohe Dock) 28 Schlafplätze. Auch hier ist erstaunlicherweise die Zahl der erschlossenen Gipfel, die südlich des Hauptkammes liegen, größer als jene der Nordseite. Leider wirkt der Tauernhauptkamm mit seinen teuren Mautgebühren für Felbertauern, Glocknerstraße usw. wie eine Schranke; einen Ostbayern oder einen Salzburger kann dies durchaus davon abhalten, etwa den Großen Muntanitz oder das Petzeck als Wochenendtour zu planen.

Karten: Zu folgenden Gruppen gibt es Alpenvereinskarten: Zillertaler Alpen (3 Blätter), Venediger, Granatspitze, Großglockner, Schober, Sonnblick, Ankogel. Bei Freytag & Berndt 1:50 000 decken die Blätter 121, 122, 123, 191 die Hohen Tauern weitgehend ab. Für die Touren 59 bis 61 empfiehlt sich Blatt 037 von Tabacco, Maßstab 1:25 000.

59 Wurmaulspitze
3022 m

Im Südwesten der Zillertaler Alpen

Im Südtiroler Pustertal zwischen Franzensfeste und Bruneck zweigen nach Norden zwei größere Täler ab. Die Mündungen der Täler sind so unauffällig, dass die meisten Vorbeifahrenden sie nicht bemerken. Im ersten liegt das weit verstreute Bergdorf Vals (1345 m), im anderen das etwas größere Pfunders (1159 m), das der gesamten Region zu dem Namen Pfunderer Berge verhalf. Wer im Urlaub auf Rummel verzichten möchte, hat bestimmt viel Freude an dieser stillen und ursprünglichen Bergwelt. Der Herbst ist hier die schönste Jahreszeit.

Über dem innersten Valsertal stehen auch zwei mit Steigen erschlossene Dreitausender. Vom Dörfchen Vals führt eine schmale Straße weiter talein, klettert in engen Kehren über eine stark felsige Stufe und endet dann für den Gast auf einem Parkplatz in 1720 m Höhe kurz vor der Fanealm mit ihren malerischen Blockhäuschen. Um dem Bergwanderer den Ausflug noch bequemer zu machen, wurde 1973 hier ein neuer Stützpunkt des Alpenvereins Südtirol eröffnet, die schmucke, mit Schindeln verkleidete Brixner Hütte (2307 m). Ja, Service und Kundendienst gehen noch weiter: Der rührige Hüttenwirt legte ein bescheidenes Steiglein durch die manchmal steilen Gras- und Schieferhänge an zu unserem Gipfel mit dem witzigen Namen, der wohl weder mit einem Wurm noch mit einem Maul etwas zu tun hat. Wer Freude an Ausgefallenem, an einer reichen Flora, an weiten Ausblicken hat, wird dieses unbekannte Ziel in bester Erinnerung behalten. Zudem kann man sich nach einer Übernachtung auf den nächsten Dreitausender, die Wilde Kreuzspitze, freuen.

Charakter: Ganz kleiner, oft recht steiler Steig in Gras- und Schiefergelände, teilweise erdig, deshalb nur für trockene Verhältnisse geeignet, ein paar Felsen am Gipfel. Zur Hütte 1 ¾ Std. Aufstieg, zum Gipfel nochmals gut 2 Std.
Ausgangspunkt: Von Mühlbach im untersten Pustertal nach Vals und auf nun kleiner Straße noch bis vor die Fanealm (1739 m).
Zur Brixner Hütte: An den zahlreichen Almhütten vorbei und auf breitem Weg durch eine malerische Schlucht aus dunklen, »marmorierten« Schiefern, Schramme genannt, in das obere Tal mit seinen erstaunlich weiten, wel-

Beim Aufstieg von der Brixner Hütte zur Wurmaulspitze hat man die Rotwand mit ihren zahllosen Felszacken stets vor Augen.

ligen Mattenböden. Immer genau nach Norden über Gras weit aufwärts, dann über den Bach nach rechts und in einer Schleife zur längst sichtbaren Brixner Hütte (2307 m, AV Südtirol, 43 Schlafplätze, Tel. 0472/54 71 31).

Auf die Wurmaulspitze: Von der Hütte durch die Steilhänge schräg aufwärts nach Süden um die Geländekante herum und empor auf eine kleine Schulter mit besonders schönen Graspolstern. Über zwei Gräben und steil über einen Hang in flacheres Gelände. Dann über kleine, reizvolle Böden und kurze Stufen zum sehr breiten Südrücken. Meist über Schieferschutt (mit vielen Blumen) zum letzten Aufschwung. Auf dem Gipfelgrat mit seinen schmalen Schieferrippen zum höchsten Punkt mit Kreuz und Buch; nach Osten bricht das Massiv in mächtiger, zerklüfteter Flanke 700 m tief ab.

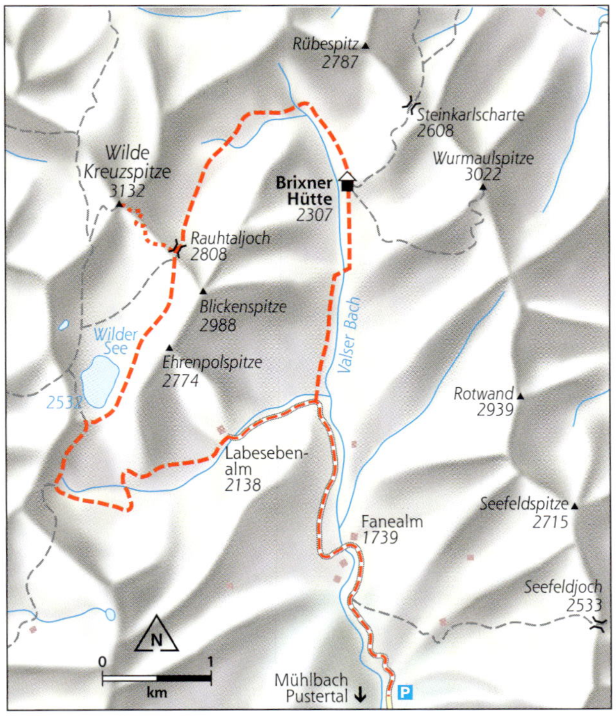

60 Wilde Kreuzspitze 3132 m

Hauptgipfel der Pfunderer Berge

Manches Eigenschaftswort passt zu diesem Gipfel, nur der »Vorname« Wilde ist wahrlich fehl am Platz. Die Kreuzspitze präsentiert sich als behäbig breite Pyramide, an der Fels selten, der Schieferschutt umso häufiger verkommt. Worte wie hoch, mächtig oder zentral gelegen treffen den Charakter ungleich besser. Ganz gewaltig ragt dieser Gipfel über seine Umgebung auf, der absolute Herrscher und Mittelpunkt im höchsten Teil der Pfunderer Berge und zudem eine Aussichtsloge mit einem schier endlosen Panorama berühmter Gipfel. So präsentieren sich zum Beispiel die Dolomiten, etwa das Langkofelmassiv oder der Rosengarten, als lange Zackenkrone.

Mag auch dieser hohe Gipfel in Deutschland und Österreich unbekannt sein, so war doch der an seinem Südfuß eingelagerte Wilde See für frühere Generationen von großem Interesse. Diese immerhin 500 m breite Wasserfläche liegt in der stolzen Höhe von 2532 m. Sagen ranken sich um den manchmal düster wirkenden, von steilen Grasflanken eingerahmten weltabgeschiedenen See. Er beschäftigte auch die Fantasie des Kuraten aus Vals, der vor allem die Tiefe des Sees erkunden wollte. Wie konnte man das am einfachsten bewerkstelligen? Ein Boot gab es da oben ja nicht. Er stieg in Begleitung von Einheimischen an einem Dezembertag im Jahr 1834 zu dem nun zugefrorenen See empor. Man hackte Löcher ins Eis und konnte so die Tiefe ausloten.

Die Wanderung von der Brixner Hütte zur Kreuzspitze ist gemütlich, falls nicht beinhart gefrorener Schnee das Gehen schwierig macht. Wer nicht unbedingt zur Hütte zurückkehren muss, wird nach Süden absteigen, um den Wilden See, die mit Abstand größte Wasserfläche der gesamten Pfunderer Berge, zu besuchen.

Charakter: Bergtour ohne Felsstellen, unter dem Rauhtaljoch jedoch häufig ein mäßig steiles Firnfeld, am Gipfel steilerer Schutt. Aufstieg von der Brixner Hütte knapp 3 Std.
Ausgangspunkt: Brixner Hütte (2307 m), Näheres siehe Tour 59, Wurmaulspitze.
Aufstieg durchs Rauhtal: Über flache, jedoch stark zergliederte Grasböden in den hinteren Talwinkel, die Pfannealm, die von auffallenden, teilweise bunten Felszacken wie der Sandspitze (2755 m) aus Dolomit und Kalk überragt wird. Bei der Wegverzweigung links, durch einen kurzen Bacheinschnitt auf weitere Böden und ins Rauhtal. Durch das schüsselartige, relativ sanfte Hochkar (evtl. Schnee) ins breite Rauhtaljoch (2808 m) zwischen Blicken- und Kreuzspitze. In den südseitigen Hängen auf Schieferschutt nun wesentlich steiler zu einer Schulter im Ostgrat und weiter zum Gipfelkreuz.
Abstieg am Wilden See vorbei: Zurück ins Rauhtaljoch, über Geröll abwärts, links am Hang entlang tiefer zu sandigen Böden und weiter bis über den erstaunlich großen, sehr reizvollen Wilden See. Ein gutes Stück oberhalb des Sees nach Süden, kurz in einen Geländesattel empor und auf der anderen Seite hinab zu den Almflächen. Jetzt ostwärts in dem unregelmäßigen Gelände hinunter zur Labesebenalm und auf dem Fahrweg zurück zur Fanealm.

61 Hochfeiler
3509 m

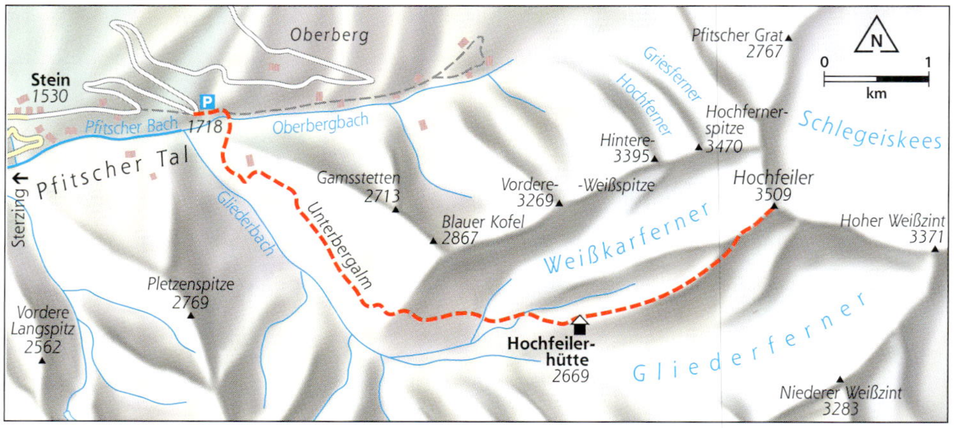

Hauptgipfel der Zillertaler Alpen

Vorsicht! Das ist keine Bergwanderung auf gut angelegten Wegen wie etwa aufs Schönbichlerhorn oder auf die Wilde Kreuzspitze. Den Hauptgipfel der Zillertaler Alpen umgeben auf allen Seiten teilweise große Gletscher, es gibt steile Wände und einen messerscharfen Grat nach Osten Richtung Hohem Weißzint. Doch selbst ein König hat so seine schwache Seite. An unserem Berg sind es der Südwestgrat und die Südwestflanke. In warmen, trokkenen Sommern schmilzt die Firndecke dort immer weiter ab, das Geröll tritt zutage, in dem man dann auf deutliche Steigspuren trifft. So kann auch ein erfahrener »Normalbergsteiger« ohne Steigeisen und Pickel (den man bei Bergen dieser Höhe trotzdem mitnehmen sollte) bei entsprechenden Bedingungen diesen 3509 m hohen Gipfel aufs Programm setzen. Wer sicher gehen will, ruft in der Hochfeilerhütte an, um Gewissheit über die herrschenden Verhältnisse zu bekommen. Vielleicht wissen Sie gar nicht, dass es dort oben seit 1986 eine schmucke neue Hütte gibt, die mitten in den Hängen hoch über der Zunge des Gliederferners liegt.

Das ungewöhnliche Wort Hoch»feiler« entspringt wohl nur dem ungenauen Hinhören eines einstigen Kartografen. Man braucht lediglich einen Buchstaben einzufügen; ein Hochpfeiler klingt dann schon viel sinnvoller. Wer den Gipfel je etwa vom Breitnock oder vom Grat zwischen dem Nöfessattel und dem Möselekopf bewundert hat, wird diesen ungemein steilen und alles überragenden Dreikant nie wieder vergessen und die Bezeichnung Pfeiler als sehr passend empfinden. Es ist vor allem die gut 500 m hohe, äußerst steile Nordwand, die für den wilden Anblick sorgt. Man kann nur hoffen, dass trotz der warmen Sommer sich das Eis in dieser Flanke noch lange hält. Der Blick vom Gipfel über die Wand hinab auf das stark zerrissene Schlegeiskees ist noch beeindruckender als der freie Rundblick von dieser alles überragenden Warte. Die Aussicht bietet noch besondere Kontraste, denn neben den Eisgipfeln der Zillertaler gehört auch ein ganzes Meer von Dolomiten-Felszacken zum Panorama.

Nur in ganz warmen Sommern apert der letzte Gipfelgrat zum Hochfeiler, dem Hauptgipfel der Zillertaler Alpen, aus.

Charakter: Ausgesprochen hochalpine Tour, die nur dann in unser Programm passt, wenn die Gipfelzone ohne steilen Schnee und ohne Eis ist. Dann keine Probleme, außer wenn Nebel den Berg einhüllt. Aufstieg zur Hütte 3 Std., von dort auf den Gipfel 2 1/2 Std.
Ausgangspunkt: Von Sterzing 23 km durch das stille, noch ziemlich unberührte Pfitschertal bis in den Talschluss bei Stein und auf der holperigen Passstraße zur dritten Kehre (1718 m).
Zur Hochfeilerhütte: Direkt von der Straßenkehre hinein ins Oberbergtal, über den Bach, jenseits über steile

Hänge mit Buschwerk empor und hinüber zum Bichl knapp über dem Unterbergtal. Weiter über gegliederte Steilhänge aufwärts und schräg durch die Flanke zu einer Geländekante, hinter der sich erstmals der Blick auf die Gletscherberge um den Gliederferner öffnet. Quer über sehr steile Bachrunsen ins Weißkar mit seiner Moränenlandschaft, schließlich über Matten nach rechts zur stattlichen Hochfeilerhütte (2669 m, AV Südtirol, 95 Schlafplätze, Tel. 0472/64 60 71).

Auf den Hochfeiler: Oberhalb der Hütte schräg links empor auf einen Geländeabsatz, der weiter östlich mit senkrechter Wand abbricht. Dann auf dieser Abdachung über Sand, Geröll, Platten und zwischen Blöcken auf stets deutlicher Spur (evtl. auch Schneeflecken) weit hinauf und schließlich nach links auf den Grat. Auf oder rechts knapp unter der aus Schiefern bestehenden Schneide an den letzten Aufschwung heran. Nun je nach den Verhältnissen sehr ausgesetzte Firnschneide oder eine gut begehbare Rampe.

Auf dem Weg vom Furtschaglhaus zum Schönbichlerhorn imponiert der Große Möseler mit seinen Eisflanken.

62 Schönbichlerhorn 3134 m

Die Gletscher-Aussichtsloge

Zu dieser Kombination von Dreitausendertour und grandioser Landschaft gibt es keine Steigerung! Beim Aufstieg kommen wir durch das Schlegeis- und Furtschaglgebiet, ein von großen Gipfeln eingerahmtes Hochtal. Den südlichen Teil des Beckens füllt das Schlegeiskees mit seinen Spalten und Gletscherbrüchen wie ein wogendes Meer. Darüber ragt die 500 m hohe Nordwand des Hochfeiler (3509 m) auf mit steilstem Eis und ganz auffallend von zwei diagonalen Felsstreifen gebändert. Man mag es nicht glauben, dass sich schon 1887 die ersten Alpinisten in diese Wand wagten, und zwar mit einer Ausrüstung, mit der man heute nicht einmal zur kleinsten Gletscherwanderung aufbrechen würde.

Beim Weiterweg zum Schönbichlerhorn kommen wir dann dem Großen Möseler (3480 m), einem eisverzierten Felsriesen, ganz nahe, bevor wir beim Abstieg auf der anderen Seite unsere Aufmerksamkeit teilen müssen: Abwechselnd werden wir uns ganz auf den Steig, der längere Zeit einem Grat folgt, mit seinen Steilstellen und Sicherungen konzentrieren, dann aber werden wir mit dem Waxeggkees die nächste Gletscher-Wunderwelt bestaunen. Bei diesem Eisstrom fällt vor allem die starke Zerklüftung ins Auge, und über seinem südöstlichen Winkel erhebt sich ein besonders markanter Felsberg, der Turnerkamp (3420 m).

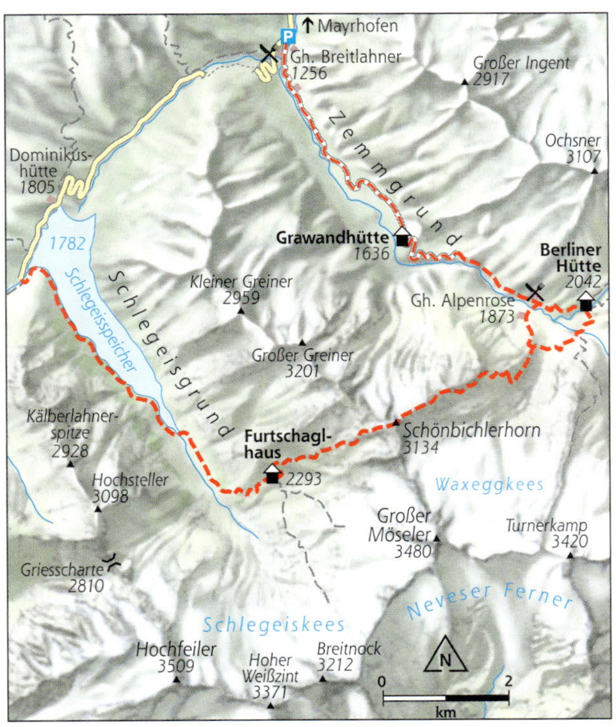

Charakter: Zum Furtschaglhaus führt der übliche Zentralalpen-Hüttenweg ohne Probleme, dann kleinere Steige und eine Steilstufe zum Gipfel. Beim Abstieg nach Osten wird der Gipfel deutlich anspruchsvoller (felsiges Gelände mit einigen Sicherungen), Trittsicherheit und gute Verhältnisse wichtig. Aufstieg zur Hütte und von dort auf den Gipfel jeweils 2 ½ Std.; recht langer Abstieg nach Breitlahner.

Ausgangspunkt: Im innersten Zillertal zuerst nach Breitlahner und von dort je nach Ausrichtung der Tour mit dem Bus oder dem eigenen Auto (Maut) zum Nordufer des mit einer 131 m hohen Mauer aufgestauten Schlegeissees (1782 m). Dort großer Parkplatz.

Zum Furtschaglhaus: Um den Westzipfel des Sees herum und auf einem Fahrweg dem Westufer der insgesamt 4,1 km langen Wasserfläche folgend nach Süden. Noch etwa 20 Min. im flachen, nun schuttreichen Talboden, dann links in vielen Serpentinen über die grünen Steilhänge zum Beginn des Hochkars, wo man bald auf das Furtschaglhaus (2295 m, DAV, 120 Schlafplätze) in herrlicher Aussichtslage trifft.

Auf das Schönbichlerhorn: Von der Hütte über eine steilere Stufe, dann immer schräg aufwärts über die Grashänge des Furtschaglkars. Von rechts auf eine Geländerippe, über sie und den anschließenden, steilen Hang auf Schutt und Blockwerk (evtl. Schnee) in die Schönbichler Scharte (3081 m) und über den Grat auf den nahen Gipfel. – Rückweg auf der gleichen Route (einfacher, kürzer) oder:

Abstieg in den Zemmgrund: Vom Gipfel kurz zurück, dann nach Osten durch die recht steile Flanke über Fels und Blockwerk (Sicherungen) hinab auf den Nordostgrat und auf ihm tiefer. In etwa 2950 m Höhe evtl. eine kurze Firnschneide, dann bequemer über den Rücken, den man später nach rechts verlässt. Über eine gesicherte Felsstufe ins Garbenkar, auf Geröll, dann mehr und mehr auf Gras weiter abwärts, schließlich auf der Moräne zur Wegverzweigung. Hier weiterhin gerade hinab zum Gasthaus Alpenrose (1875 m, privat, 90 Schlafplätze, Tel. 05286/52 22). Von dort auf viel begangenem Wege noch weit durch den Zemmgrund talaus nach Breitlahner mit Gasthaus. Abstieg mindestens 4 Std.

63 Rauchkofel 3251 m

Stiller Wächter über drei Tälern

Der Rauchkofel und die benachbarte Kleinspitze sind sinnfällige Beweise für die Unsinnigkeit mancher Schlagworte. Wer den Spruch vom »Ausverkauf der Berge« geprägt hat, kennt sich entweder in den Alpen nicht aus oder er ist ausschließlich – und zwar mit Scheuklappen – auf den Modebergen unterwegs. Da steht in den östlichen Zillertaler Alpen ein Gipfel namens Kleinspitze, immerhin 3170 m hoch, mit mächtigen Wänden und von auffallend eleganter, fein zugespitzter Form. Trotzdem steigt nahezu nie ein Mensch zu diesem reizvollen Ziel empor. Selbst der benachbarte Rauchkofel erhält selten Besuch, obwohl ein Steig oder zumindest Markierungen den Aufstieg erleichtern. Auch er ist ein schöner, dreikantiger Gipfel mit eindrucksvoller Nordwand, und er ragt zudem mächtig über seine Umgebung auf. Dieser Wächter über dem Ahrntal, dem Hundskehlgrund und dem Zillergründl bietet ein Panorama der Extraklasse; Reichenspitze, Dreiherrenspitze, Rötspitze und Hochgall, um nur ein paar Gipfel zu nennen, lassen sich vom Rauchkofel aus besonders gut bewundern und eingehend studieren.

Auch das innere, noch ziemlich ursprüngliche Ahrntal, der Südtiroler Zugang zu den östlichen Zillertaler Alpen, kennen – zumindest bei uns – nur wenige Bergfreunde. Dabei wartet hier ein sehr eindrucksvoller Gipfelkranz mit Höhen bis 3499 m auf die Unternehmungslustigen; auch zwei noch ziemlich urige Hütten verlocken zu einem Besuch. Doch am Rauchkofel fehlt jeglicher Stützpunkt, obwohl in 2620 m Höhe, am so genannten Sauwipfel, einst ein Hüttchen des Alpenvereins stand. Nach dem Ersten Weltkrieg fiel es an den Club Alpino Italiano (CAI) und erlitt damit das Schicksal mancher anderer Hütte – es verfiel. So muss man heute von Prettau oder Kasern in einem Schwung etwa 1800 Höhenmeter emporsteigen, will man den Rauchkofel besuchen. Aber der Lohn ist reich: So werden die Ausblicke rasch immer freier und großartiger, in 2338 m Höhe begeistert der immerhin 480 m breite Waldnersee, und im oberen Teil machen Schrofen, mächtiges Blockwerk und ein paar Felsen das Steigen durchaus abwechslungsreich.

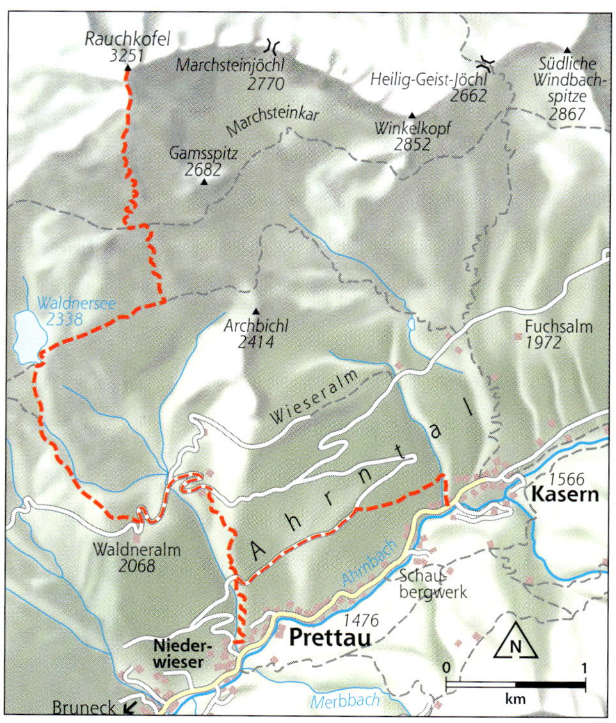

Charakter: Im oberen Abschnitt teilweise kein richtiger Steig, dann nur Steigspuren und Markierungen oder Steinmänner; etwas Trittsicherheit erforderlich, doch keine anspruchsvollen Stellen. Aufstieg zum Waldnersee knapp 3 Std., insgesamt ab Prettau 5 1/2 Std.

Ausgangspunkt: Von Bruneck über Sand ins Ahrntal und weit empor bis Prettau (1476 m) oder Kasern (1566 m).

Zum Rauchkofel: Start in Prettau nahe der Kirche, am Wieserbach (mit Wasserfällen) entlang zur Forst- und Almstraße. Auf ihr oder die große Kehre auf dem Fußweg abschneidend durch den hohen Waldgürtel und nach links zur Waldneralm (2068 m, bewirtschaftet). Man kann auch von Kasern auf dem Weg Nr. 16 A die Forststraße erreichen. Von der Alm auf Fußwegen über Matten auf einem weiten Rücken, den Waldner Eggen, aufwärts und zum schönen Waldnersee (2338 m). Von dort etwa 1 km nach rechts, dann wieder gerade empor zum querenden Lausitzer Weg. Kurz nach links zu dem Absatz am Sauwipfel, dann wieder nach oben abbiegen, über Geröll zum Südgrat und dem Steig folgend auf den Absatz in 3000 m Höhe. Links über ein Firnfeld empor, dann in der Flanke steil über Geröll, Blöcke und Schrofen auf den Gipfel.

Die Heiliggeistkirche im Hinteren Ahrntal bei Kaser. Im Hintergrund die Pförraspitze.

64 Richterspitze 3052 m

Felszackenwelt Reichenspitzgruppe

Den östlichen Abschluss der Zillertaler Alpen bildet die Reichenspitzgruppe, eine Region mit ganz eigenem Charakter und von auffallender Wildheit. Ungewöhnlich sind schon die geografischen Gegebenheiten, ist die Tatsache, dass hier der Kamm senkrecht zur üblichen Richtung steht, dass sein stark vergletschertes Zentrum weit nach Norden gerückt ist und der Grat gegen den Hauptkamm hin sogar kontinuierlich niedriger wird. Diese überschaubare, immerhin von drei Hütten erschlossene Region bietet herrliche Zentralalpenlandschaft. Viele Felstürme, wild gezackte, oft messerscharfe Grate, erstaunlich glatte, kompakte Wände beherrschen das Bild um die im Zentrum aufragende Reichenspitze (3303 m). Das mächtige, stark zerklüftete Wildgerloskees, kleinere Gletscher, eisgefüllte Rinnen usw. verstärken noch den hochalpinen Eindruck. Reizvolle Kontraste und einen fotogenen Vordergrund liefern dazu in halber Berghöhe die grünen Matten, großflächige Gletscherschliffe, zahlreiche Bergseen und die wasserreichen Wildbäche.

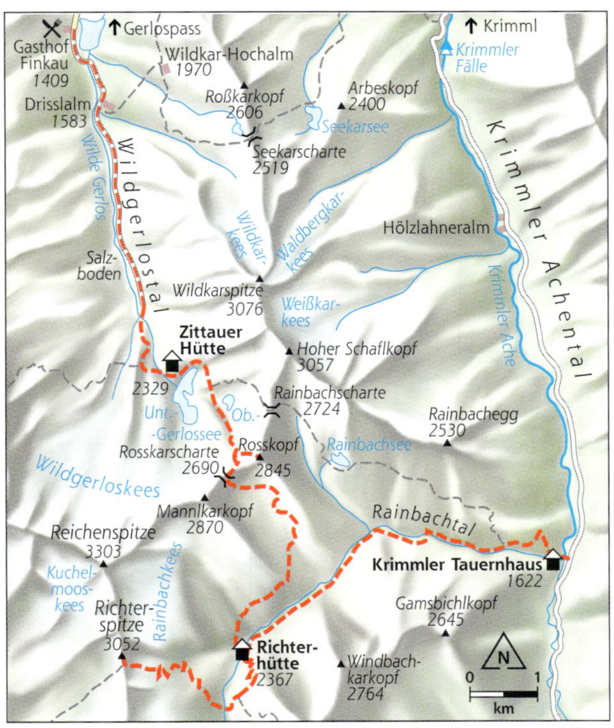

Fahrt zum Krimmler Tauernhaus, Tour zu Richterhütte und Richterspitze und Rückkehr auf der gleichen Route – es wäre wahrlich schade, die Reichenspitzgruppe mit diesem Kurzprogramm »abzuhaken«. Da gibt es zum Beispiel die Krimmler Wasserfälle, die trotz allem Touristentrubel ein großartiges Schauspiel bieten: In drei Kaskaden von insgesamt 395 m Höhe stürzt hier die Krimmler Ache in die Tiefe; das Grandiose ist dabei die Menge des Wassers, wird der Fluss doch von nicht weniger als zwölf Gletschern gespeist! Und kein Naturfreund wird den Zusatztag bereuen, an dem er die Roßkarscharte überquert; er kann dabei den Roßkopf (2845 m), die beste Aussichtsloge der Reichenspitzgruppe, besteigen, in der Zittauer Hütte einkehren, die am Unteren Gerlossee liegt, und dann durch das Wildgerlostal mit seinen Gletscherschliffen, Wasserfällen, den Blockwäldern usw. wandern. Ja, um dieses einzigartige Tal in seiner Schönheit voll zu genießen, die Landschaft so richtig zu erleben, sollte man in der Finkau mit der Tour beginnen, durch die Wildgerlos emporsteigen ...

Charakter: Aus dem Achental erst breiter Weg, dann Bergwege zur Hütte. Von dort die üblichen hochalpinen Steige in teilweise steilem Gelände in die Gamsscharte, schließlich über etwas Fels (Sicherungen) und große Blöcke auf den Gipfel. Vom Tauernhaus zur Hütte knapp 2 ½ Std., von dort auf den Gipfel gut 2 Std.

Ausgangspunkt: Von Krimml, dem letzten Ort im Pinzgau, mit Linientaxi zum Krimmler Tauernhaus (1622 m, Tel. 06564/8327); zu Fuß dorthin mindestens 3 Std.

Zur Richterhütte: Gleich beim Tauernhaus über den Rainbach, auf breitem Weg im Wald über eine hohe Stufe, dann immer in Bachnähe durch das Rainbachtal taleinwärts. Nach dem auffallenden Talknick sehr schöner Blick auf die Gipfel. Im Talschluss dann auf der linken Seite über die zwischenzeitlich steilen Hänge zur Richterhütte (2367 m, DAV, 54 Schlafplätze, Tel. Tal 06564/7328), die inmitten eines wilden Bergkranzes liegt.

Auf die Richterspitze: Von der Hütte in einem Bogen durch das Kar nach Norden, dann in vielen kleinen Serpentinen weit aufwärts bis in die Gamsscharte (2976 m, evtl. noch Schneeflecken). Direkt aus der Lücke nach Norden erst über gesicherten Fels, dann im Blockwerk auf den Gipfel.

Wildgerlos: Ein paar Stichworte zu dieser Route: Vom Gerlospass auf der Straße am Stausee vorbei in die Finkau (1409 m, bis hier mit Pkw). Dann durch das romantische Wildgerlostal zur Zittauer Hütte (2329 m, 3 Std.), weiter in die Roßkarscharte (2687 m, gut 1 Std., evtl. vorher Abstecher auf den Roßkopf, 2845 m), Abstieg ins hinterste Rainbachtal und wieder empor zur Richterhütte (2 ½ Std. ab Scharte).

Die Kürsingerhütte am Großvenediger mit Blick auf die Schlieferspitze (rechts) und die Schliefertürme über dem Sonntagskees.

65 Keeskogel 3291 m

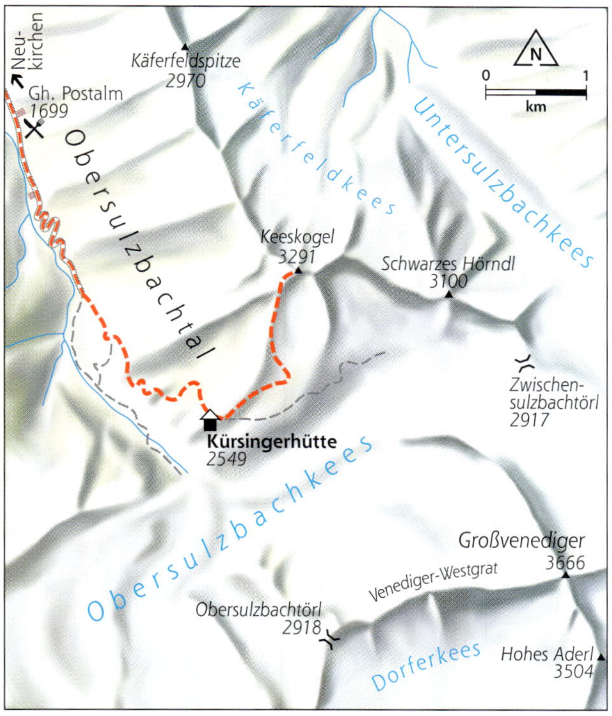

Mächtige Aussichtskanzel vor dem Venediger

Der Keeskogel – man könnte das Wort etwa mit Gletscherkopf übersetzen – ist zwar selbst ein etwas unscheinbarer Geselle, ein Dreikant aus Blockwerk und Schiefermaterial mit einem charakteristischen Eisfeld, dafür aber eine Aussichtskanzel, die es mit mancher Berühmtheit aufnehmen kann. Natürlich ist der Großvenediger (3666 m), gleich der nächste Gipfel im Südosten, das Prunkstück im Panorama, zumal er seine schroffste Seite zeigt. Und unter seiner Nordwestwand fließt ein Arm des Obersulzbachkeeses in die Tiefe, der besonders wilde Spaltenzonen und Eisabbrüche zeigt. Ja, man könnte von Keeskogel ausgiebige Gletscherstudien treiben, umgeben ihn doch rundum eine ganze Schar kleinerer und größerer Keese, wie die Gletscher in den Hohen Tauern benannt werden. Lassen Sie sich außerdem nicht täuschen! Nur im Verhältnis zum übermächtigen Großvenediger ist der Keeskogel ein kleiner Berg. Mit seinen 3291 m gehört er aber schon zu den höheren in diesem Buch. Da können etwa Schnee und Kälte rasch zu echten Prüfungen werden.

Wussten Sie außerdem, dass sich Gehstunden auch in österreichischen Schillingen oder demnächst in Euro berechnen lassen? Sie können nämlich wählen: Entweder wandern Sie zu Fuß in gut vier Stunden vom Hopffeldboden zum Materiallift der Kürsingerhütte, oder Sie fahren dorthin stolz wie ein Fürst mit dem Zubringertaxi für den – ebenfalls stolzen – Preis von 130 Schilling und haben dann nur noch einen »Katzensprung« vor sich, um die Hütte zu erreichen. Auch sie liegt bereits in einer wahrlich eindrucksvollen Landschaft, einer Eisarena mit dem Großen Geiger (3360 m) als Blickfang unmittelbar gegenüber.

Charakter: Nur kleine Steige, bei guten Verhältnissen bis zum Gipfelaufbau einfach, dann relativ steil, etwas Trittsicherheit nötig. Aufstieg zur Kürsingerhütte 5 Std., bei Taxibenutzung 1 Std., Weiterweg auf den Gipfel reichlich 2 Std.

Ausgangspunkt: Im Pinzgau nach Neukirchen am Großvenediger (857 m), hier nach Süden abbiegen und im Obersulzbachtal bis zum Hopffeldboden (1040 m).
Zur Kürsingerhütte: Vom Hopffeldboden entweder mit dem Linientaxi (Anmeldung nötig; Tel. 06565/65 20 oder 06565/65 66) ganz bequem bis zum Materiallift. Oder zu Fuß durch das gesamte, sehr lang gestreckte Tal mit etwa 1000 m Höhenunterschied dorthin. Unterwegs kommt man an der bewirtschafteten Postalm (1699 m, 30 Schlafplätze) vorbei. Von der Lift-Talstation noch etwas talein mit Blick auf die Gletscherzunge, dann links über eine Stufe und über die Hänge zur Kürsingerhütte (2549 m, OeAV, 150 Schlafplätze, Tel. 04877/64 50), die mehrfach an- und umgebaut wurde und eine herrliche Aussicht bietet.
Auf den Keeskogel: Von der Hütte über Böden und Hänge mit Gras, Geröll und Gletscherschliffen etwa eine halbe Stunde Richtung Großvenediger bis zur Abzweigung des Gipfelweges. Über die Hänge auf nun schmalerem Steig empor auf einen Absatz im Gelände und neben einem Firnfeld in mittlerer Steigung auf eine Schulter im Südwestgrat. Auf der stumpfen Gratkante ziemlich steil über Blockwerk und schiefrige Platten noch 150 Hm zum Gipfel.

66 Larmkogel 3017 m

Abgelegener Gipfel, stille Wege

Haben Sie schon einmal den Namen Larmkogel gehört? Würden Sie für diesen Dreitausenders die ungewöhnlich lang gestreckten, unbekannten und noch erstaunlich unberührten Tauerntäler im Nordostteil der Venedigergruppe besuchen? Der ursprüngliche Charakter von Habach- und Hollersbachtal hat seine guten Gründe: Diese auffallend schmalen Einschnitte werden von so riesigen Steilhängen flankiert, dass im Winter dort die Lawinen uneingeschränkte Herrscher sind. So fällt zum Beispiel unser Larmkogel mit einem 1500 m hohen,

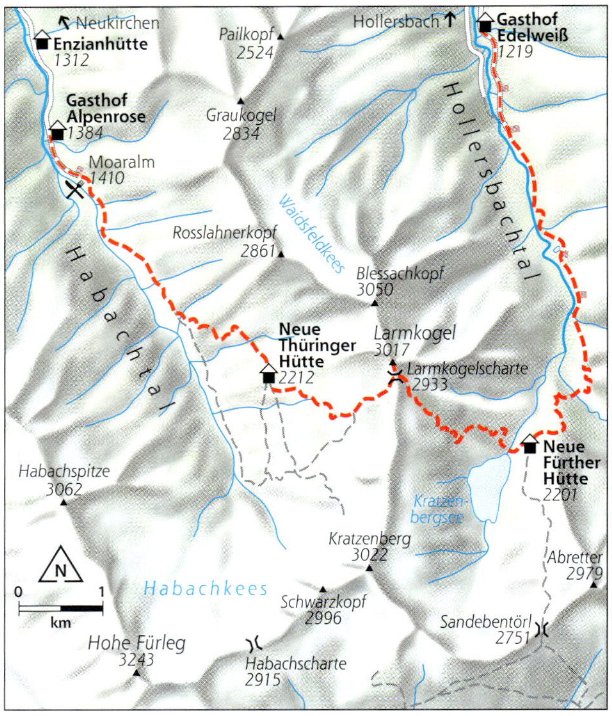

trichterförmigen Tobel ungemein steil nach Nordosten bis ins Tal ab.

Wie so oft: Die einzelnen Abschnitte für sich genommen würden wohl kaum Bergsteiger anlocken, doch zusammen bilden sie eine durchaus begeisternde Tour. Dieses Unternehmen spricht allerdings mehr den Besinnlichen als den Freund spektakulärer Attraktionen an. So imponiert etwa im oberen Hollersbachtal das Herbe in der Natur. Dieses Hochtal, in dem auf 2201 m Höhe die Neue Fürther Hütte liegt, mit seinen himmelhohen, stark felsdurchsetzten Steilhängen, den schmalen Wiesenböden und dem verblüffend großen Kratzenbergsee – seine Wasserfläche ist immerhin einen Kilometer lang – bildet eine ganz in sich geschlossene Welt. Welchen Gegenpol bietet dazu dann der völlig freie Rundblick oben vom Larmkogel! Beim Weg zum nächstem Stützpunkt, der Neuen Thüringer Hütte, wird dem Wanderer wieder ein völlig anderes, ungewöhnliches Bild geboten: Er schaut ständig gewissermaßen senkrecht auf das steile, gewellte und ungewöhnlich zerklüftete Habachkees. Und beim Weg hinaus durch das tief eingefurchte Habachtal umgibt ihn ein ganz eigenes Fluidum – das Tal der Smaragde! Hier wurden neben vielen anderen Mineralen besonders schöne und reine Exemplare dieses grünen Edelsteins gefunden.

Charakter: Durchgehend ordentliche, manchmal steile, manchmal durch Blockwerk führende Bergwege, bei guten Verhältnissen ohne Probleme. Zur Neuen Fürther Hütte 2 Std. Aufstieg, auf den Gipfel nochmals gut 2 ½ Std., längerer Abstieg zur Neuen Thüringer Hütte und ins Habachtal.

Ausgangspunkt: Von Mittersill im Pinzgau 6 km nach Hollersbach und von dort Fahrt mit dem Linientaxi (Anmeldung unter Tel. 06562/82 18 oder 06562/83 90) bis in den Talschluss.

Zur Fürther Hütte: Vom Talschluss (1550 m), der sehr eindrucksvoll von steilsten Felshängen eingefasst ist, in den teilweise mit Buschwerk überwucherten Talhängen auf der linken Seite empor zur auffallenden Geländestufe beim so genannten Steinmanndl. Hier über den Hollersbach und über die grünen Hänge noch eine knappe Stunde zur Neuen Fürther Hütte (2201 m, DAV, 77 Schlafplätze, Tel. 06562/83 90), die 40 m über dem Kratzenbergsee liegt.

Über den Larmkogel: Von der Hütte zum nahen Kratzenbergsee hinab und gleich gegenüber wieder empor auf einen deutlichen Absatz im Gelände. Weiter in Serpentinen über die anfangs noch begrünten Hänge, dann mehr und mehr über Schutt, zwischen Blockwerk und auf Felsplatten immer etwa in der gleichen Richtung – und zwar genau auf den Larmkogel zu – weit empor, schließlich nach links in die Larmkogelscharte (2933 m). Über den blockreichen Südgrat rasch auf den Gipfel des Larmkogels. 2 ½ Std. Aufstieg.

Zurück in die Scharte und nach Südwesten über die oft recht steilen, mit Geröll und Blockwerk übersäten Hänge – wiederum stets in der gleichen Richtung – hinab (geradeaus das Habachkees), bis das Gelände flacher wird und man bald darauf die Neue Thüringer Hütte (2212 m, DAV, 82 Schlafplätze, Tel. 06566/75 55) erreicht. Dann in Serpentinen in das hier ganz enge, schuttgefüllte Habachtal, an Wasserfällen vorbei, hinab. Immer rechts des weiterhin schmalen, von Felsfluhen eingefassten Tals talauswärts zum Gasthof Alpenrose (1384 m) und am besten auch hier mit dem Linientaxi hinaus in den Pinzgau bei Bramberg.

67 Mullwitzaderl
3244 m

Mitten zwischen den großen Eisströmen

Den Status eines Gipfels kann man diesem Fels- und Moränenriff zwischen den ausgedehnten Eisfeldern von Mullwitz- und Rainerkees wirklich nicht zuerkennen. Trotzdem ist dieses Ziel allemal einen Ausflug wert. So findet sich der Bergwanderer hier plötzlich selbst mitten im großen Eis der Venedigergruppe, die ja außergewöhnlich stark vergletschert ist. Selbst hier auf der Südseite der Kämme dehnen sich die Eisflächen über Kilometer aus. Da gerade die obersten Teile der Gletscher besonders flach sind – gäbe es nicht die Spalten, könnte man ganz bequem etwa bis auf die Schwarze Wand (3511 m) bummeln –, herrschen hier ideale Bedingungen für das Entstehen dicker Eismäntel.

Neben diesen Nahblicken begeistert vom Mullwitzaderl aus auch das Gipfelpanorama im Süden und Westen. So können wir von unserer hohen Warte über die ja viel niedrigeren Kämme der Lasörling- und Defereggerberge hinwegschauen bis in die Dolomiten, wo zum Beispiel die Dreischusterspitze, der Monte Cristallo oder die Tofanen besonders ins Auge fallen. Und einen Reiz ganz anderer Art stellt die Atmosphäre des Defreggerhauses dar, das immerhin in Zugspitzhöhe liegt. Die Gäste dort sind vor allem die Gipfelstürmer, die den Großvenediger (3666 m) auf der einfachsten Route besteigen wollen. Sie sorgen schon am frühen Morgen für ein ungewöhnlich geschäftiges Treiben, steckt doch jeder voller Erwartung und Spannung. Steigen auch wir zur gleichen Zeit zum Mullwitzaderl auf, dann können wir noch lange den Seilschaften zuschauen, wie sie über die weiten Flächen des Rainerkeeses zum 3422 m hohen Rainertörl hinaufpilgern, über das der Venedigergipfel als elegantes Firndreieck schaut. Nebenbei: Als »Aderl« werden in dieser Region schmale Felsstreifen zwischen den Gletschern bezeichnet, die wie dunkle Adern im reinen Weiß wirken.

Charakter: Hüttenwege bis zum Defreggerhaus (nach dem Maler Defregger benannt), dann Spuren im Geröll und zwischen Blockwerk zum oberen Ende des Mullwitzaderls, dort Trittsicherheit angebracht. 5 Std. Aufstieg zum Haus, dann noch knapp 1 Std. zum höchsten Punkt.
Ausgangspunkt: Von Matrei in Osttirol, zwischen Felbertauern und Lienz im Tal der Isel gelegen, nach Westen durch das Virgental 17 km bis Hinterbichl (1340 m).
Zum Defreggerhaus: Auf schotterigen Fahrweg durch das anfangs scharf eingeschnittene, kräftig steigende Dorfertal nach Norden und über eine hohe Stufe zum Gumbachkreuz; ab dort eindrucksvoller Blick auf die Eisberge im Talhintergrund mit dem dominierenden Großvenediger. Flacher talein in einen breiten Kessel mit der Johannishütte (2116 m, DAV, 35 Schlafplätze, Tel. 04877/51 50). Auf einem begrünten Rücken in dem herrlich freien Gelände weiter empor – direkt voraus das Mullwitzkees –, dann über Hänge und Böden mit kleinen Seen und meist noch über Gras bis unter den Mullwitzkopf. Von dort durch steiles, steiniges Gelände zum Defreggerhaus (2963 m, ÖTK, 72 Schlafplätze, Tel. 0663/9 68 10 90) in feiner Panoramalage.

Das Mullwitzaderl: Vom Haus über die erst noch breiteren Block- und Geröllhänge, dann über die meist aus Blöcken (evtl. Schneezonen) bestehende Schneide zu Punkt 3244.

68 Sailkopf (Säulkopf) 3209 m

Wilde Felsberge 2000 m über dem Virgental

Manche Hütte hat eine herrliche Lage. Doch einen derartigen Luginsland wie die Bonn-Matreier-Hütte (2745 m) findet man kaum ein zweites Mal. Sie steht volle 1500 m über dem Virgental, wohlgemerkt unmittelbar, sozusagen senkrecht darüber, gibt es in dieser Steilflanke doch keine richtigen Täler sondern nur jäh abfallende Mulden. Ja, ihr Standplatz ist so hoch, dass man über die im Süden aufragenden Gipfel des Lasörling-Ostkammes hinwegschauen kann auf die Schobergruppe, auf die Villgratener Berge jenseits des Defereggentals, auf den Hochgall, und selbst Dolomi-

Im Aufstieg zum Sailkopf.

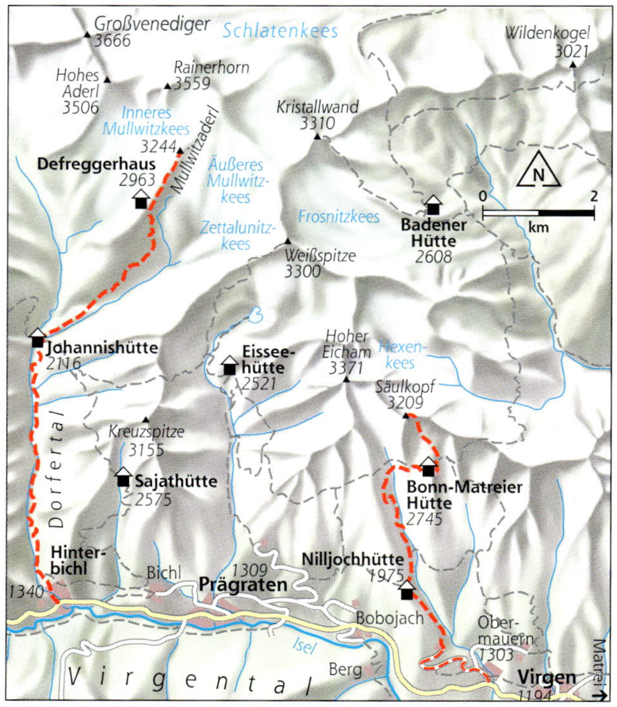

tengipfel gehören zum Panorama. Und wer nun meint, eine derartige Hütte müsse kunstvoll an den Steilhängen verankert sein, ist auf dem Holzweg. Sie liegt auf einem ganz eigenartigen grünen, flachen Gratdach, das jedoch auf beiden Seiten mit Wänden abbricht – ein Platz wie geschaffen für den Hüttenbau. Aber auch die Gipfel im unmittelbaren Bereich sind etwas Besonderes, schroffe, mächtige Felsberge, deren Besteigung teilweise ernste, ja extreme Kletterei erfordert. Besonders imposant schaut die Sailspitze (oder Säulspitze, 3137 m) aus, der südliche Vorposten des Sailkopfes, den wir vor lauter Schwärmen über die Lage der Hütte nicht vergessen wollen. Das Rauhkar vermittelt den Zugang zu unserem Ziel; Rauhkar ist eine passende Bezeichnung für diesen engen, von Wänden eingeschlossenen und von Trümmern gefüllten Bergkessel. Hier führt der Steig empor, überlistet steile Hänge und mündet schließlich auf den Ostgrat, der mächtig aus Fels und Blöcken aufgetürmt zum Gipfel zieht. Das Turnen über Blockwerk, Platten und durch Rinnen macht Spaß, wenn der Fels warm und trocken ist, erfordert aber einige Geschicklichkeit. So hoch und stolz der Sailkopf auch ist, so wird er im Westen noch von einem anderen, ganz nahen Berg mächtig überragt, vom Großen Eichham (Hoher Eichham, 3371 m), einem der auffallendsten Felsgipfel der Hohen Tauern. Noch etwas zum Schmunzeln: ungewöhnliche Bergnamen findet man hier in Fülle, etwa Kuhhaut, Wunspitze, Hexenkopf, Hohes Fenster, Knore, Misenokt, Ochsenbug ...

Charakter: Ordentliche Bergwege in teilweise jedoch steilem Gelände bis zur Hütte, großer Höhenunterschied, oberhalb viel Geröll und Blockwerk, steiler Gipfelgrat, gute Verhältnisse und Trittsicherheit sind dort unbedingt notwendig. Zur Hütte 4 ½ Std. Aufstieg, Weiterweg auf den Sailkopf 1 ½ Std.
Ausgangspunkt: Von Matrei in Osttirol, zwischen Felbertauern und Lienz im Tal der Isel gelegen, nach Westen 7 km ins Virgental und nach Virgen-Obermauern (1303 m).

Zur Bonn-Matreier Hütte: Von Obermauern neben dem Nillbach über Wiesen zum Waldrand. Immer links ein Stück oberhalb des Bacheinschnitts durch das steil ansteigende Tal weit empor in den oberen, schmalen, hochmuldenartigen Taleinschnitt mit den Flächen der Nillalm. Auf der linken Seite über die Steilhänge bis unter die Felsen der auffallend wilden Sailspitze und rechts hinüber zur längst sichtbaren Hütte.
Auf den Sailkopf: Über Gras in das mit Geröll und Felstrümmern gefüllte Rauhkar zwischen Sailspitze und Rauhkopf. Steil, am Schluss sehr steil in die 3040 m hohe Ostgratscharte. Von dort über den Block- und Felsgrat mit einfacher Kletterei auf den mächtigen Gipfel.

69 Großer Muntanitz
3232 m

Höchster Berg zwischen Glockner und Venediger

Der Alpenverein hat eine »offizielle« Einteilung der Ostalpen in verschiedene Gebirge angefertigt. Dabei wurden als einziges Gebiet der Zentralalpen, gegen alle Logik und Konsequenz, die Hohen Tauern in zahlreiche Gruppen aufgesplittert. Dabei entstand als eigenes Gebilde die Granatspitzgruppe, die nicht viel mehr als einen von Norden nach Süden verlaufenden Kamm darstellt. So konnte sogar unser Muntanitz zu einem Hauptgipfel aufsteigen. Wahrscheinlich wissen viele nicht so recht, wo sie den Muntanitz finden können. Er ist aus dem Tauern-Hauptkamm nach Süden herausgerückt und lässt sich am schnellsten aus dem Matreier Tauerntal, von der Südrampe der Felbertauernstraße erreichen. Doch wir beschreiben lieber den Zugang von Kals, bietet doch der Sudetendeutsche Höhenweg eine Wanderung der Extraklasse mit freien Fernblicken und reizvollen Bildern in der Nähe, auch steckt das Gelände nahe dem Weg voller Abwechslung, gibt es doch Gras, Geröll, Blockwerk, mit Drahtseil gesicherten Fels ...

Am Horizont stehen Großer und Kleiner Muntanitz, die Hauptgipfel der Granatspitzgruppe, im Vordergrund der Glockenkogel.

Das Massiv der beiden Muntanitze lässt sich, von Osten und Westen gesehen, nicht verwechseln. Wo gibt es sonst einen Kamm, der bei einer Entfernung von zwei Kilometern nur Höhenunterschiede bis zu 200 m aufweist, der zudem auf der Westseite oft so breit ist, dass mehrere Autobahnen nebeneinander passen würden, gegen Osten jedoch mit einer im mittleren Teil fast senkrechten Wand abbricht. So kann man in aller Ruhe über dieses hohe Dach wandern, auf Platten, auf Geröll, auf Schnee, und zwar bis auf den Kleinen Muntanitz (3192 m). Doch hier ist urplötzlich alle Bummelei zu Ende, und gar mancher war beim Abstieg in die folgende Scharte schon froh um das Drahtseil. Auch beim letzten Teil des Wegs über den grob blockigen Grat hinauf zum Hauptgipfel braucht man immer wieder einmal die Hände. Noch ein Hinweis: Auf dieser Route gibt es fast immer Schneefelder, manchmal auch über die Ostflanken hinausragende Wächten.

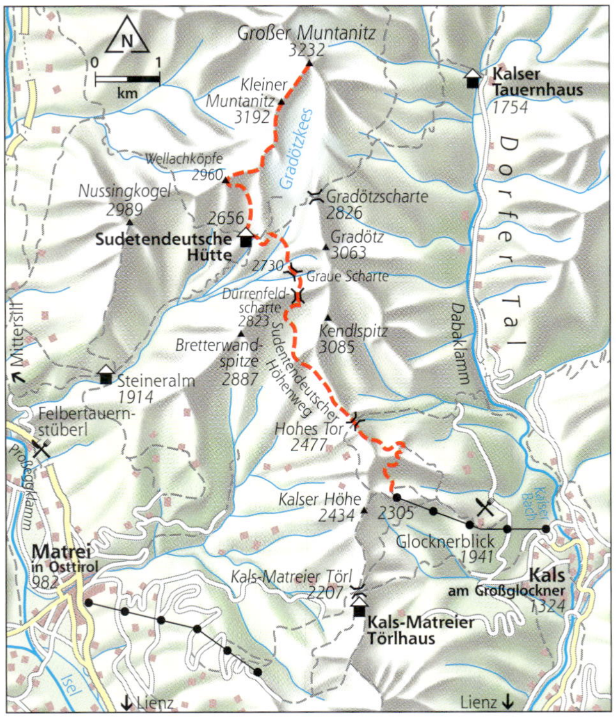

Charakter: Angelegter Steig (Karl-Schöttner-Weg) in oft sanftem, kurzzeitig aber auch steilem Gelände, einfach bis zum Kleinen Muntanitz, dann anspruchsvoller (Drahtseil). Zugang von der Bergbahn zur Hütte reichlich 3 Std., dann zum Gipfel 2 1/2 Std. Aufstieg.
Ausgangspunkt: Von Huben, im Tal der Sill zwischen Felbertauern und Lienz gelegen, 13 km nach

Nordosten ins »Glocknerdorf« Kals (1324 m). Talstation der Bergbahnen im Ortsteil Großdorf.

Zur Sudetendeutschen Hütte: Mit den beiden Vierer-Sesselliften zur Bergstation in 2305 m Höhe (Restaurant) südlich des Blauen Knopfs, auch Blauspitze, wie dieser kleine, aber auffallende Gipfel umbenannt wurde. Von dort quer durch die Flanke unter dem sehr steilen Ganotzkogel hindurch und weiterhin durch die Hänge ins Hohe Tor (2477 m). Nun auf der westlichen Gratseite quer durch teilweise äußerst steile Flanken um den Felsfuß der mächtigen Kendlspitzen in das Hochkar »Dürrenfeld« und empor in die gleichnamige Scharte (2823 m) mit überraschendem Blick auf den Muntanitz. Drüben steil hinab (Drahtseile) und mit zusätzlichem Höhenverlust in weitem Bogen hinüber zur Sudentendeutschen Hütte (2656 m, DAV, 52 Schlafplätze, Tel. 04875/64 66).

Auf die Muntanitze: Von der Hütte 15 Min. aufwärts, dann stark nach links und links um die Felsen des Punktes 2877 herum (Steilstufe) auf die Flächen dahinter. Schräg empor zum Kamm und auf dem Grat über den Unteren Wellachkopf (2960 m). Danach in dem nun weiträumigen Gelände auf und links neben der Schneide mehr als 1 km aufwärts, schließlich steiler auf den **Kleinen Muntanitz** (3192 m), ein ganz auffallendes Horn. Auf der linken Seite durch eine Felsrinne hinab (Sicherungen) und Querung zum folgenden Sattel. Über Schutt und Blockwerk (im Rückblick zeigt sich der Kleine Muntanitz als kecker Dreikant), schließlich wieder steiler auf den Hauptgipfel.

Die Barmer Hütte ist Stützpunkt für den Großen Lenkstein; darüber ragt die Mittlere Ohrenspitze auf.

70 Großer Lenkstein 3236 m

Dem Hochgall gegenüber

Niemand wird den Abstecher ins wenig bekannte Defereggental bereuen. Gerade der Weg zum Lenkstein ist das Ideal einer Zentralalpentour mit allen notwendigen Attributen. Hinter Erlsbach fährt man an der tosenden Schwarzach entlang, einem echten Wildbach, kommt an von mächtigen Fichten umrahmten Wiesenfleckerln vorbei, so richtig verwunschenen Plätzen. Später wandert man dann durch weite Alpenrosenfelder hinauf ins Patschertal mit seinen Mattenböden und den letzten, zerzausten Lärchen.

Wer die Sache gemütlich anpacken will, übernachtet in der behaglich-urigen Barmer Hütte. Sie ist auch der Stützpunkt für den wildesten Gesellen im Rieserfernergebiet, den Hochgall (3435 m). Doch auch am Weiterweg zum Lenkstein gibt es bald eine eindrucksvolle Passage, schlängelt sich der Steig doch, die besten Stellen nützend, über eine 200 m hohe Felsstufe steil zum Rosshorngrat hinauf; an den unangenehmen Stellen helfen Drahtseile. Doch – hoffentlich gibt es kein gefährliches Eis in der großen Rinne dieser Flanke! Schließlich steht man aufatmend auf dem Kamm und wundert sich über das flache und weiträumige Gelände auf der anderen Gratseite. Hier können die Müden nach rechts abbiegen, um auf einem Steiglein über Schutt rasch das **Rosshorn** (3068 m) zu erreichen. Doch das große Ziel bleibt der Lenkstein, der mit einem rostroten Grataufschwung noch einmal die Gipfelstürmer einschüchtern will. Aber auch hier hilft der gute Steig. Die Enttäuschung: Der höchste Punkt liegt dann immer noch ein gutes Stück entfernt, man muss noch einen Firnbuckel queren und über einen Blockkamm turnen, bis das stolze Ziel endlich erreicht ist. Jetzt wird man es sich auf den warmen Felsplatten gemütlich machen, die Brotzeit genießen und die Berge rundum bewundern, von den Dolomiten bis zum Hochgall, von den Zillertalern bis zum Großglockner ...

Charakter: Hochalpine Bergwege mit einigen gesicherten Felsstellen, häufig Schneepassagen, Trittsicherheit notwendig. Aufstieg zur Hütte 3 Std., von dort auf den Gipfel 2 ½ Std.
Ausgangspunkt: Von Huben, im Tal der Sill zwischen Felbertauern und Lienz gelegen, 22 km nach Westen durch das Defereggental nach St. Jakob (1389 m) und nochmals 8 km bis zum Gasthaus Patscherhütte (1675 m, 32 Schlafplätze, Maut).
Zur Barmer Hütte: Von der Patscherhütte auf breitem Weg mit einer langen Kehre über die erste Stufe empor, hinein ins Patschertal und ziemlich flach nach Westen zum Materiallift. Nun auf einem Fußweg weiterhin neben dem Bach in den Talschluss, dann in den Hängen der rechten Seite empor und in einem weiten Bogen zur Neuen Barmer Hütte (2610 m, DAV, 50 Schlafplätze, Tel. 0663/9 75 71 61).
Auf den Lenkstein: Von der Hütte kurz wieder hinab, dann auf der auffallenden Rampe nach Norden und über Schutt, am Schluss steil, auf einen Vorsprung. In ziemlich steilem, kurzzeitig etwas felsigem Gelände mithilfe von Drahtseilen zum Kamm etwas oberhalb der Rosshornscharte. Drüben im Blockwerk (häufig auch Schnee) in einem Bogen hinüber zum Hauptkamm und ganz kurz hinab ins Lenksteinjoch (3082 m). Auf dem Grat zu einem rötlichen Aufschwung, den man von rechts ersteigt, und wieder über den Kamm auf den seine Umgebung weit überragenden Gipfel.

Zum **Rosshorn** (3068 m, 30 Min.): Vom Lenksteinweg hinab in die nahe Rosshornscharte und auf Steigspuren über den Trümmerhang auf diesen mächtigen, durchaus selbstständigen, nach Osten vorspringenden Gipfel.

71 Seespitze
3021 m

Unbekanntes Ziel im einsamen Panargenkamm

Wäre bei einer Tour wirklich der berühmte Name ein Spiegel für das Schöne, das Interessante, das Lohnende, dann müsste man von der Besteigung der Seespitze im Panargenkamm entschieden abraten. Wer kennt schon diesen Berg? Und doch wird es – zumindest unter den Ausdauernden – keinen geben, der am Abend nicht rundum zufrieden nach St. Jakob im Defereggen zurückkehrt. Die Länge des Weges, immerhin 1470 Höhenmeter, ist eines der Seespitz-Attribute, die Abwechslung ein zweites, Ruhe und Unberührtheit ein drittes – dies trotz der neu erbauten Seespitzhütte. Den ganz besonderen Charakter dieser Tour aber schafft der freie Blick, den man während der gesamten Tour hat. Hier gibt es kein enges Tal, keine abgeschlossenen Bergwinkel. Anfangs zieht der Weg an den steilen Talhängen entlang und bietet einen Raubvogelblick hinab auf St. Jakob, diese Streusiedlung mit ihrem Dutzend Ortsteilen. Oben im Almbereich wird die Schau nach Süden auf die dunklen »Fastdreitausender« gegenüber, auf die Defereggenberge, immer freier. Und es bleibt stets ein besonderes Ereignis, sobald über dem Gsieser Törl der Monte Cristallo (3216 m) und die Hohe Gaisl als erste Dolomitenvorboten auftauchen. Im obersten Kessel versteckt sich ein erstaunlich großer, verträumter Bergsee (2576 m), in dem sich unser Gipfel, die Seespitze, spiegelt. Sie ist eine formschöne Felspyramide mit ganz auffallend abgerundetem Gipfel und einem wild gezackten Ostgrat, dessen Anblick das Herz jedes Kletterers höher schlagen lässt. Auch wir brauchen oben am steilen Gipfelaufbau mit seinen Platten und Felsrinnen hin und wieder unsere Hände, müssen trittsicher und schwindelfrei sein. Es ist ein spannendes Turnen in luftiger Höhe, unendlich hoch und fern über dem Tal, wo wir heute morgen aufgebrochen sind.

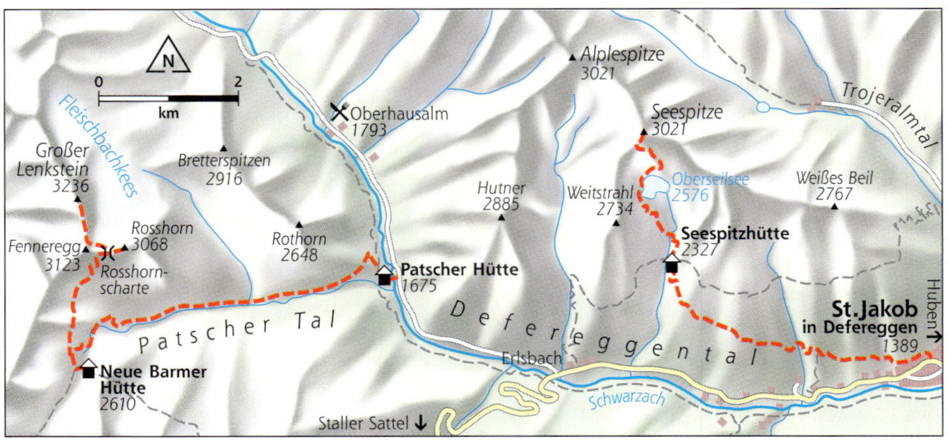

Charakter: Teilweise kleine Bergwege in manchmal steilem Gelände, sehr schöne Ausblicke; Trittsicherheit wichtig. Mindestens 4 ½ Std. Aufstieg.
Ausgangspunkt: Von Huben, im Tal der Sill zwischen Felbertauern und Lienz gelegen, 22 km ins Defereggental bis nach St. Jakob (1389 m). Von dort auf guter Straße nach Außerberg (1550 m), einem im Norden gelegenen Ortsteil.
Die Route: Von Außerberg auf dem Höhenweg nach Innerberg und weiter in nordwestlicher Richtung teilweise steil aufwärts. Entweder über das Gebiet der Frölitz- oder der Reggnalm zu weiten Almböden mit der Seespitzhütte (2327 m, privat, 13 Schlafplätze, Tel. 0663/9 75 44 50). Hinauf zum Oberseitsee (2576 m). Am linken Ufer entlang, dann über eine kurze Stufe. Auf einer Geländeschwelle, kurzzeitig sehr steil, nach links zum Ansatzpunkt des Südgrates. Anfangs in Gratnähe, später daneben über Schutt und Fels steil auf den Gipfel. Vorsicht, Steinschlag!

72 Petzeck
3283 m

Spannender Weg zum Hauptgipfel der Schobergruppe

Es sind bestimmt drei Dutzend Bergseen, die die Karböden der Schobergruppe schmücken, eingebettet in Matten oder Blockfelder und überragt von den typischen schwarzen, kantigen Felsgipfeln des Gebietes. Der größte unter ihnen heißt Wangenitzsee, liegt 2465 m hoch und misst in der Länge immerhin 800 m, in der Breite 500 m. Über seinem Ufer steht die Wangenitzseehütte (2508 m), ein echtes Schmuckstück, adrett, wohnlich, gut ausgestattet: Hüttenleben gemütlich. Bergsteiger, die hier heraufkommen, haben fast alle das gleiche Ziel im Sinn – das Petzeck, den Hauptgipfel der gesamten Schobergruppe, ein wuchtiges Massiv mit weit verzweigten Graten und einer ganz eigenartigen Hochfläche südlich knapp unter dem Gipfel, die auch im Sommer mit Schnee dick gepolstert ist, nach Osten und Westen jedoch mit Wänden abbricht. Der raue, steile Bergpfad windet sich oberhalb der Hütte geschickt zwischen den Abbrüchen hindurch, erreicht bald eine sehr hochalpine Landschaft aus Fels, Blöcken, Schneefeldern, Bächen, um schließlich in die erwähnte Hochfläche zu münden. Wie auf einem Flachdach wandert man hinüber – ein ganzes Dorf hätte hier Platz – und steigt dann über einen letzten Trümmerhang zum Gipfel hinauf. Schade, dass der Gipfelstürmer seinen Berg nicht von unten, vom Gradenmoos aus, sehen kann. Volle 1000 m ist die Petzeck-Nordwand hoch, verziert mit senkrechten Eiskanälen. Nebenan stehen die nicht weniger wilden Gesellen unseres Berges, der Georgskopf und der Friedrichskopf (3134 m). Das ergibt ein wahrlich imposantes Felskastell.

Bei der Rückkehr zur Wangenitzseehütte empfindet man den Kontrast zwischen der herben Hochgebirgswelt und dem wohltuenden Grün der Matten und der blauen Fläche des Sees besonders intensiv. Gerade die so rasch aufeinander folgenden Gegensätze lassen beide Bereiche stärker spüren und tiefer erleben.

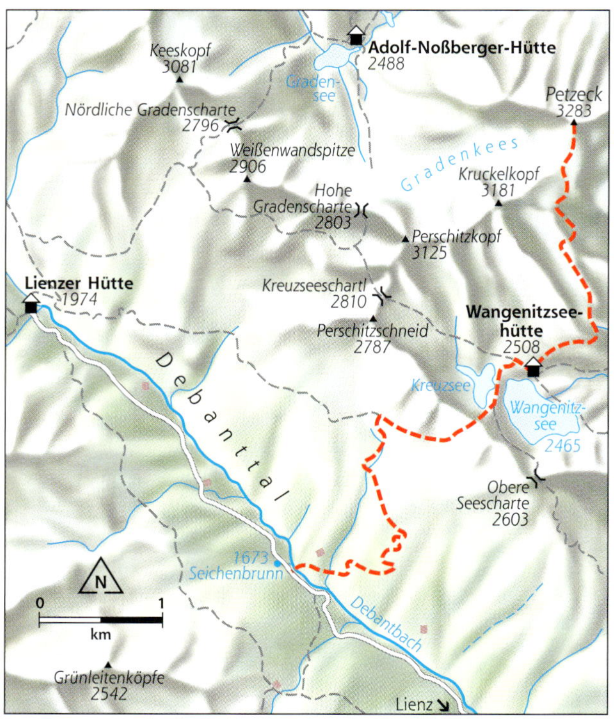

Charakter: Bergwege auf einen mächtigen Gipfel, teilweise etwas felsdurchsetztes Gelände, Trittsicherheit nötig. Von Seichenbrunn zur Hütte und von dort auf den Gipfel jeweils 2 ½ Std.
Ausgangspunkt: Von Lienz, der Hauptstadt Osttirols, Richtung Iselsberg, dann links ab und auf kleiner Bergstraße ins Debanttal und dort bis Seichenbrunn (1673 m).
Zur Wangenitzseehütte: Auf gutem Weg ziemlich direkt über steile Hänge in die Seescharte (2532 m) und zur Wangenitzseehütte (2508 m, OeAV, 63 Schlafplätze, Tel. 04826/229).
Von der Hütte aufs Petzeck: Über einen Bach und fast waagrecht um den felsigen Ausläufer des Kruckelkopfes herum (Drahtseil). Dann hinauf zum Beginn des Kruckelkars. Jetzt rechts über eine Stufe auf eine Abdachung, die die Abbrüche von rechts weiter nach links durchzieht. Zum oberen Ende der Abdachung, dann rechts über Schnee und Blockwerk zur Südschulter. Flach über den Firn nach Norden und über den letzten, kurzen Hang auf den Gipfel des Petzeck.

Beim Aufstieg zum Petzeck mit Blick auf Glödis, Großglockner und Hochschober (Schobergruppe der Hohen Tauern).

73 Grießkogel 3066 m

Der Vorposten des Hocheiser

Eine Bergsteiger-Zeitschrift reiht die Tauern-Kraftwerke unter den Sehenswürdigkeiten ein, ein ADAC-Buch empfiehlt sogar, dass deren Besuch »ein ganzer Tag gewidmet werden sollte«. Der Interessierte kann sich da an großen Zahlen begeistern, etwa an den 172 Mio. Kubikmeter Wasserinhalt der beiden Stauseen, an der Leistung der 85 000-PS-Turbinen des Kraftwerks, an der Limbergsperre oder an den Höhen von 107 bis 120 m der drei Talsperren. Aber auch der Technikmuffel hat seine Freude; der genau drei Kilometer lange See auf dem Mooserboden mit der urgewaltigen Bergkette dahinter sorgt für eindrucksvollste Landschaftsbilder. Und gerade unser Weg hinauf zu den Grießkögeln bietet die beste Perspektive. Bis zu 1400 sind die dunklen Flanken der Klockerin (3425 m) hoch, in die kleine Steilgletscher eingelagert sind und die im Südwesten vom mächtigen Bärenkopfkees begrenzt werden – ein ungemein wilder, urwüchsiger Bergwinkel. Je höher wir an unserem Berg emporsteigen, desto mächtiger zeigen sich die Gletscher im Süden und desto freier wird der Blick auf das Wiesbachhorn (3564 m). Erst oben am noch 300 m hohen Ost- oder Sedlgrat wird auch die eigene Route so richtig spannend; dort konzentriert sich zwangsläufig der Aufsteigende ganz auf das steinig-felsige Gelände. Auf dem Gipfel sieht er dann voll Erstaunen das Obere Hocheiserkees, eine breite Gletscherfläche, die ganz nahe vorbeizieht und bis fast zum Gipfel des benachbarten, noch um 141 m höheren Hocheiser (3206 m) reicht.

Charakter: Zum Kleinen Grießkogel Bergwege ohne schwierige Stellen, doch dann ein Firnfeld und anschließendes, teilweise steileres Felsgelände, dort nur Steigspuren; Trittsicherheit unbedingt nötig. 3 Std. Aufstieg vom Mooserboden.

Ausgangspunkt: Von Zell am See 9 km nach Kaprun (786 m), einen für seine Bergbahnen am Kitzsteinhorn und die beiden großen Stauseen bekannten Ferienort. Von dort noch 9 km talein zum Alpenhaus Kesselfall (1034 m).

Auf den Grießkogel: Vom Ende der allgemein befahrbaren Straße mit dem Bus, dann mit dem Lärchwand-Schrägaufzug, anschließend wieder per Bus zum Stausee Wasserfallboden und über eine weitere Stufe zum Stausee Mooserboden und zur »Heidnischen Kirche«

(2040 m, Restaurant, sehr beliebter Ausflug). Gleich hinter dem Busparkplatz Wegbeginn. Über einen weiten Rücken, dann links steil um einen Aufschwung im Gelände und wieder bequemer über den begrünten, abgerundeten Sedlgrat vor die nächste Stufe. In steilem Moränengelände auf den folgenden Boden mit einem See und in der gleichen Richtung weiter zum Kleinen Grießkogel (2669 m), der keinen Gipfel, nur einen Vorsprung im Gelände bildet, jedoch nach Norden steil abbricht. Von dort meist über Firn hinüber zum Ostgrat unseres Gipfels, der manchmal auch noch als Sedlgrat bezeichnet wird. Auf oder südlich neben der Schneide auf Steigspuren empor zu einem Firnfleck und weiter über Blockwerk auf den Gipfel.

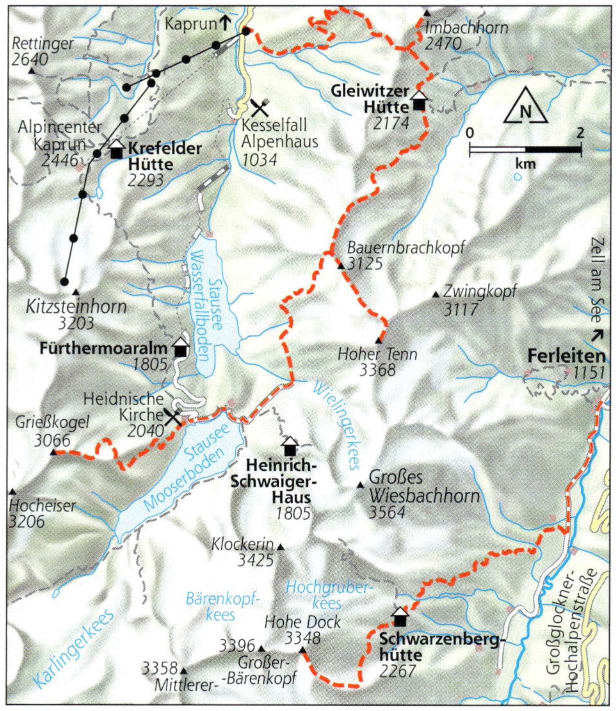

74 Hoher Tenn 3368 m

Gewaltiger Gipfel, lange und großartige Tour

Der Hohe Tenn zählt zu den ganz großen Zielen in diesem Buch. Der nördliche Nachbar des berühmten, 3570 m hohen Wiesbachhorns bildet, zusammen mit seinem Trabanten, dem Bauernbrachkopf, ein mehrere Kilometer breites Massiv mit einer 1000-m-Nordflanke, aus der leider der einst so leuchtende Eismantel mehr und mehr verschwindet und den typischen Bratschen-Wänden weicht. Doch auch auf allen anderen Seiten fällt der Berg in riesigen Steilflanken ab. Der Anstieg passt in der Art genau zu diesem Gipfel, ist sehr lang, anspruchsvoll und besonders stark von den herrschenden Verhältnissen abhängig. Wie immer im schiefrigen Gestein werden auch die Bratschen bei Nässe, mehr noch bei Schnee und Eis rutschig und gefährlich. Passen die Bedingungen und ist man den Anforderungen gewachsen, dann jedoch begeistert die 2-Kilometer-Grattour – stets in einer Höhe über 3000 m – vom Kempsenkopf bis zum Bergspitz des Hohen Tenn!

Um noch mehr zu erleben, wird man eine Rundtour beim Mooserboden, dem oberen der beiden weltberühmten Stauseen (siehe auch »Grießkogel«), beginnen und zur kleinen Gleiwitzer Hütte absteigen. Von dort kann man dann ins Tal von Kaprun zurückkehren und unterwegs sogar noch dem Imbachhorn einen Besuch abstatten, diesem Luginsland hoch über Zell am See. Bei einem Anstieg von Fusch aus, dem Talort der Gleiwitzer Hütte, hätte man bis zum Hohen Tenn nicht weniger als 2600 Höhenmeter vor sich. Auch dies ist ein Argument für unsere Rundtour.

Charakter: Sehr lange und anspruchsvolle Bergfahrt in steilem Gelände, bis in den Sommer Schneepassagen, manchmal Steigeisen und Pickel wichtig. Aufstieg vom Mooserboden 5 Std.

Ausgangspunkt: Von Zell am See 9 km nach Kaprun (786 m) einen für seine Bergbahnen am Kitzsteinhorn und die beiden großen Stauseen bekannten Ferienort. Von dort noch 9 km talein zum Alpenhaus Kesselfall (1034 m).

Auf den Hohen Tenn: Vom Ende der allgemein befahrbaren Straße mit dem Bus, dann mit dem Lärchwand-Schrägaufzug, anschließend wieder per Bus zum Stausee Wasserfallboden und über eine weitere Stufe zum Stausee Mooserboden und zur »Heidnischen Kirche« (2040 m, Restaurant, sehr beliebter Ausflug). Über die beiden Staumauern auf die andere Seite des Sees und quer durch die teilweise sehr steilen Hänge zum Wielingerbach. Nun schräg aufwärts durch die Westhänge des Hohen Tenn auf einen Vorsprung im Gelände, Hauseben genannt, und anschließend weit empor durch die bald steinig-bratschige Flanke zum Hauptkamm (Einmündung des Gleiwitzer Höhenwegs) und auf den unbedeutenden Kempsenkopf (3090 m). Nach einer kleinen Scharte auf dem Grat weiter zum deutlich mächtigeren **Bauernbrachkopf** (3125 m). Auf der lang gestreckten, jetzt teilweise schärferen Schneide (Sicherungen) ins Hirzbachtörl und an den folgenden Steilaufschwung. Mithilfe von Seilen und Stiften über ihn empor auf den Kleinen Tenn (3155 m). Auf der Ostseite ausgesetzt zum nun relativ breiten Kamm, der gletscherfrei zum Schneespitz (3318 m) hinaufführt. Über den noch 450 m langen, schwach eingesenkten Grat hinüber zum höchsten Punkt, dem Bergspitz.

Abstieg zur Gleiwitzer Hütte: Zurück zum Kempsenkopf und auf dem Gleiwitzer Höhenweg über die ausgeprägte Schneide (Sicherungen) in die Obere Jägerscharte (2752 m), dann rechts des Grates durch die von Plattenschüssen unterbrochenen Steilhänge des Spitzbretts (Sicherungen, ausgesetzt) und über eine Kante hinab in die Untere Jägerscharte. Durch eine Rinne ins Ochsenkar und ein gutes Stück über die Rasenhänge zur Gleiwitzer Hütte (2174 m, 76 Schlafplätze, DAV, Tel. 0663/06 90 39). Von dort Abstieg nach Fusch oder:
Zurück ins Tal von Kaprun: Von der Hütte nach Norden über einen Graben zur Wegverzweigung. In Serpentinen über sehr steile Hänge auf eine Gratschulter hinauf und hinüber in die Südliche Brandlscharte (2371 m, 45 Min.). Von dort evtl. Abstecher auf das Imbachhorn (2470 m, 30 Min., Tiefblick auf den Zeller See). Auf, meist jedoch links unter einem Gratrücken nach Nordwesten bis hinter den Rosskopf. Hinab zur Harleitenalm, nach Süden in den tiefen Graben und durch ihn abwärts zur Talstation der Kapruner Gletscherbahnen.

75 Hohe Dock
3348 m

Große Bergtour im Bereich der Glocknerstraße

Auf die Hohe Dock führt eine der längsten, und zugleich großartigsten Touren in diesem Buch. Die Wanderung beginnt nämlich in Ferleiten, tief, tief unten im Fuschertal. Auf halber Höhe in den sehr unmittelbaren und steilen Hängen thront dann auf einem Absatz die Schwarzenberghütte, vor einiger Zeit noch Mainzer Hütte genannt, die ebenfalls etwas Außergewöhnliches darstellt. Bereits 1882 stand dort oben das erste Bauwerk, das dann eine so dramatische Geschichte wie wohl keine andere Alpenvereinshütte erlebte: Sechs Wochen nach Eröffnung schwere Sturmschäden, Reparatur, 1888 Zerstörung durch eine Lawine, 1897 Wiederaufbau jetzt als Mainzer Hütte, 1904 nächste Lawinenzerstörung, Wiederherrichten des Erdgeschosses,

Ihre ungewöhnliche Form erhielt die Schwarzenberghütte wegen der Lawinengefahr; im Hintergrund das Große Wiesbachhorn.

zudem Bau einer Schlafhütte, dann nur kleinere Schäden, bis 1951 wieder eine Lawine die Hütte zerstörte, Neubau 1986, der wieder den ursprünglichen Namen erhält. Die ungewöhnlich flache, lang gestreckte Form soll Lawinen keine Angriffsflächen mehr bieten.

Schöner kann die Route zu einem großen Gipfel nicht sein wie unser Weiterweg zur Hohen Dock! Im Remssattel etwa steht man der Eiswand des Fuscherkarkopfs ganz nah gegenüber, und steigt man dann höher empor, wächst allmählich der Großglockner immer gewaltiger über dem Breitkopf empor; er zeigt zudem seine wildeste Seite. Aber auch die Route selbst steckt voller Spannung, zieht doch der Südostgrat steil empor und ist mit viel Fels durchsetzt. Der Pfad schlängelt sich geschickt durch dieses anspruchsvolle Gelände, zudem helfen Drahtseile an den wichtigsten Stellen. Ganz am Schluss wandert, balanciert, klettert man noch über den relativ flachen, aber aufregend schmalen Gipfelgrat. Vom Kreuz oben bewundert man dann vor allem die schier endlosen Gletscherflächen; bis hinüber zum Eiskögele sind es nicht weniger als sechs Kilometer! Gleich nebenan ragt außerdem der Große Bärenkopf (3406 m) auf, dessen Nordflanke mit einem makellosen Eisschild überzogen ist. Die auffallend glatten Flanken und Grate, die auch die Hohe Dock auszeichnen, sind eine Folge des schiefrigen Gesteins, der Bratschen. Schnee und Eis können auf diesem Gestein rasch unangenehme, ja gefährlich Verhältnisse schaffen. Deshalb auf gute Bedingungen warten!

Charakter: Sehr anspruchsvolle, hochalpine Bergfahrt, Felsgelände mit Sicherungen, teilweise ausgesetzt, schnee- und eisfreie Verhältnisse wichtig. Aufstieg zur Schwarzenberghütte 3 ½ Std., von dort auf den Gipfel gut 3 Std.

Ausgangspunkt: Von Fusch (12 km von Zell am See) im Tal etwa 7 km nach Süden bis Ferleiten (1151 m), wo die Glocknerstraße den Talboden verlässt.

Zur Schwarzenberghütte: In Ferleiten vom Hotel Tauernhaus auf dem Fahrweg etwa 1,5 km nahezu eben talein, dann etwas aufwärts bis vor eine Brücke. Hier nach rechts und bis vor die Hütten mit dem netten Namen Vögerlalm. Über die Matten empor, etwas nach links und teilweise zwischen Buschwerk auf einer Rippe, dem Stangenhagriedel, auf die folgenden Böden mit der Eichhornruh, einem reizvollen Rastplatz mit Quelle. Über diese Böden, dann wieder steiler in vielen Serpentinen aufwärts, schräg links über den Geröllhang, an einer Moräne entlang über eine letzte Stufe und schließlich auf den Geländeabsatz mit der Schwarzenberghütte

Zentrale Glocknergruppe mit dem beherrschenden Großglockner und der anschließenden Glocknerwand.

(2267 m, ÖAV, 28 Schlafplätze, Tel. 06546/387), einem auffallend niederen, lang gestreckten Gebäude.
Auf die Hohe Dock: Von der Hütte nach Westen über die Moränen- und Gletscherschliffflächen 15 Min. aufwärts zur Wegverzweigung. Hier halb links noch ein Stück höher, dann flach über sanfte, steinige Böden unter die bis 700 m hohe Ostflanke der Hohen Dock. Nun wieder steiler aufwärts, evtl. Schnee, in den Remssattel (2600 m) und steil ins Remsschartl (2671 m). Dort setzt der kräftig ansteigende Südostgrat an. Auf und neben der Kante immer wieder mithilfe von Drahtseilen rasch aufwärts, einmal längere Querung in die linke Flanke. Auch das Südosteck des Gipfelgrates wird durch steigende Querungen in der Südwestflanke umgangen. Dann auf dem scharf ausgeprägten Grat noch ein gutes Stück hinüber zum höchsten Gipfel mit kleinem Kreuz und Buch.

76 Spielmann 3027 m

Klagenfurter Jubiläumsweg

Wohl dem, der einen Chauffeur im Gebirge sein Eigen nennen kann. Nur er hat die Chance, unseren heutigen Gipfel auf dem »Klagenfurter Jubiläumsweg« zu überschreiten, was dieser Tour einen besonderen Reiz verleiht. Alle anderen müssen sich entscheiden, ob sie das Glocknerhaus oder das Südportal des Hochtortunnels als Ausgangspunkt nehmen. Der Gebietsneuling wird die erste Möglichkeit vorziehen, denn so lernt er den berühmtesten, den eindrucksvollsten Teil der Glocknergruppe mit dem König der österreichischen Bergwelt, dem Großglockner (3798 m), sozusagen aus einem stillen Hinterzimmer kennen. Trotz der neuen Wege sind es nämlich auch heute nur wenige, die zu unserem Gipfel mit dem ungewöhnlichen Namen Spielmann hinaufwandern. Bei dem Gang über die Mattenhänge gleich über dem Glocknerhaus wird der Blick auf das Hauptmassiv rasch immer freien und eindrucksvoller. Aber auch ganz in der Nähe bekommt man ein Schulbeispiel »Geologie Glocknergruppe« serviert: Das Sonnenwelleck (3266 m) gleich jenseits des Nassfelds präsentiert eine eigenwillige, auffallend glatte, 500 m hohe Südflanke. Diese Formen sind unverkennbar ein Produkt der Bratschen, wie die stark zerfallenden Kalkglimmerschiefer in dieser Region heißen. Wer hingegen die Glocknergruppe schon in- und auswendig kennt, der startet beim Hochtor, der höchsten Stelle (2505 m) der Glocknerstraße, um die Stille und Unberührtheit einiger Hochkare zu genießen. Der erwähnte Jubiläumsweg quert – fast immer mit freien Ausblicken – die Südseite des **Brennkogels** (3018 m, 35 Min.), der sich von Westen und über seinen Westgipfel zwar ohne Weg, doch trotzdem einfach besteigen lässt, und führt dann über die Grate zu unserem Spielmann hinauf.

Charakter: Vom Glocknerhaus Bergwege, kurzzeitig Firn, am oberen Grat etwas Trittsicherheit angebracht. Gut 2 ½ Std. Aufstieg. Vom Hochtor kleine Pfade, nebelfreies Wetter und Trittsicherheit nötig. Von dort auf den Spielmann 2 ¾ Std.
Ausgangspunkt: Auf der Großglockner-Hochalpenstraße Richtung Franz-Josefs-Höhe zum Glocknerhaus (2132 m, ÖAV, 88 Schlafplätze, Tel. 04824/2516), oder zum Südportal des Hochtortunnels (2503 m).
Vom Glocknerhaus: Direkt beim Haus über die grünen Hänge empor, dann immer schräg aufwärts über die Flächen der Trögeralm zum Beginn der Blockfelder. Mit etwas Höhenverlust auf die sanften Flächen des Südlichen Pfandlschartenkeeses, die man in wenigen Minuten überquert (unterhalb ein großer See). Dann auf Blockwerk in die torartige Untere Pfandlscharte (2656 m). Über den zu Schieferschutt aufgelösten Grat zu den Felsen und auf der jetzt ausgeprägten Schneide (rechts um den ersten Aufschwung herum) steiler zum Gipfel.
Vom Hochtor: Vom Südportal des Tunnels zu Fuß vier Serpentinen hinauf ins Hochtor (2575 m), dann Querung unter dem Margrötzenkopf zum Hauptkamm und auf ihm über eine Graterhebung und den ganz unauffälligen Bretterkopf (2645 m) in die Brennkogelscharte. Nun schräg aufwärts durch das folgende Kar auf eine Schulter in einer Geländerippe und etwa eben durch das

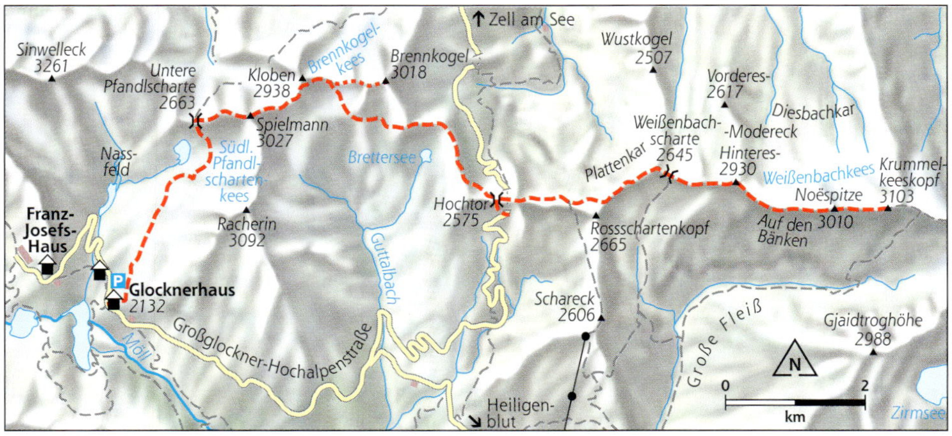

anschließende Guttalkar mit seinen Schneeflecken zur Klobenscharte. Südlich unter dem Kloben hindurch in die Spielmannscharte (2868 m) und auf dem ausgeprägten, noch ziemlich langen Grat zum Gipfel.

77 Krummelkeeskopf 3103 m

Einsames Teilstück des Klagenfurter Jubiläumswegs

Eine weite Hochfläche und ein langer Kamm führen vom Hochtor zum Hocharn, stellen also die Verbindung zwischen der Glockner- und der Goldberggruppe der Hohen Tauern her. Krummelkeeskopf heißt der höchste Gipfel in diesem Grat, ein Name, der früher fast völlig unbekannt war, wie auch der Gipfel äußerst selten Besuch erhielt. Das änderte sich schlagartig 1972, als der Klagenfurter Jubiläumsweg entstand. Zur Feier ihres hundertjährigen Bestehens wollte die Sektion Klagenfurt den Bergsteigern etwas »schenken«. So entstand ein Übergang vom Zittelhaus auf dem Sonnblick über den Goldzechkopf, den Hocharn (3254 m; Hauptgipfel der Goldberggruppe) und unseren Krummelkeeskopf zum Hochtor und weiter über den Spielmann zum Glocknerhaus. Da selbst alpine Marathonläufer mit dieser Mammutstrecke Schwierigkeiten bekommen könnten, steht in der Krummelkeesscharte in 2987 m Höhe des Otto-Umlauft-Biwak, benannt nach dem Initiator dieses Höhenwegs.

Wir wollen wenigstens den weniger anspruchsvollen Westteil der Route, also eine Besteigung des Krummelkeeskopfs, hier vorstellen. Dieser Gang in Höhen zwischen 2500 und 3100 m lässt sich mit nichts in unserem Buch vergleichen. Nach den auffallend weiträumigen Flächen beim Rossköpfl prägt sich die schnurgerade Schneide immer mehr aus und wird dabei immer alpiner, und auf der Nordseite reicht dann das Eis bis unter den Grat. Die vier Gipfel lassen sich von Westen meist auf Schutt erreichen, während sie nach Osten mit Felsen abbrechen. Schönste Ausblicke gehören zur gesamten Tour. Der einzige Wermutstropfen: Man muss auf der gleichen, sehr langen Route wieder zurück.

Charakter: Stille und einsame Bergfahrt in großer Höhe, die zuverlässiges Wetter voraussetzt, zumal der lange Rückweg wieder über den Grat verläuft. Trittsicherheit und Aufmerksamkeit bei der Orientierung nötig. Hinweg 3 ½ bis 4 ½ Std., zurück mindestens 2 ½ Std.

Ausgangspunkt: Auf der Großglockner-Hochalpenstraße zum Nordportal des Hochtors (2505 m, Parkplatz), dem höchsten Punkt dieses berühmten Übergangs.
Auf den Krummelkeeskopf: Vom Parkplatz hinauf ins nahe Hochtor (2575 m) und nach links auf den Tauernkopf (2626 m). Über die weiten Hochflächen auf Gras und Geröll genau nach Osten, am winzigen Rossköpfl vorbei und links um den Rossschartenkopf in die Rossscharte (2598 m). Immer noch in weiträumigem Gelände über einen 2689 m hohen Kopf in die Weißbachscharte. Nun kräftiger steigend über den steinigen Kamm auf das Hintere Modereck (2932 m). Dem folgenden Felsgrat mit einigen Zacken nördlich ausweichend in den nächsten Sattel. Über den Grat auf den Herbertturm (2971 m), steil im Fels nach Osten hinab und wieder einfacher auf die **Noëspitze** (3010 m). Auch hier wieder steil und mithilfe von Sicherungen auf der anderen Seite hinunter und schließlich über den Grat, am Ende auf relativ breiter Fläche, auf den Krummelkeeskopf.

78 Hoher Sonnblick 3106 m

Berühmter Berg mit Gipfelhaus

Aus der tiefen und engen Furche des unteren Pinzgaus zweigt bei Taxenbach ganz unauffällig das Rauriser Tal nach Süden ab. Wie fast alle Seitentäler, die in die Hohen Tauern hineinführen, beginnt es mit einer Schlucht, der sehenswerten Kitzlochklamm, weitet sich dann jedoch zu einem schönen, sonnigen Hochtal mit dem Ferienort Rauris. Fast gerade zieht es weiter nach Süden bis in den sehr malerischen und eindrucksvollen Talschluss, Kolm Saigurn (1620 m) genannt. Dieser Boden mit seinen beiden Gasthäusern – genauer gesagt: die zwei darüber aufragenden Dreitausender – lockt zahlreiche Bergsteiger an.

Sonnblick heißt der zwar nur dritthöchste, aber mit Abstand berühmteste Gipfel der Goldberggruppe, der zudem über Kolm Saigurn mit seiner 800 m hohen Nordwand, in die zwei Gletscherchen eingebettet sind, besonders imponiert. Seit 1882 stehen auf dem Gipfel das Zittelhaus des Alpenvereins und ein Wetter-Observatorium. Das dürfte am meisten zum Ruhm dieses Berges, den man zur Unterscheidung von den vielen Namensvettern auch Rauriser Sonnblick nennt, beigetragen haben. Von Norden schaut er, wie schon beschrieben, wahrlich unnahbar aus, und man ahnt hier nichts von den weiten, relativ sanften Gletscherfeldern der Südseite. Der Sonnblick lockt, wie schon angedeutet, im Frühjahr die Skitourengeher, im Sommer die Bergwanderer in Scharen an, denn über den Südostgrat führt ein angelegter Steig. Das ist eine rassige Tour mit interessanten Felsstellen in einem grobblockigen Gelände. Wer Zeit hat, übernachtet auf dem Gipfel, denn ein Abend und ein Sonnenaufgang auf so hoher Warte werden zu einem besonderen Erlebnis.

Eine Kombination mit dem noch etwas höheren Nachbarberg, dem Schareck (3123 m, Näheres siehe dort), bietet sich geradezu an. An der Neubauhütte treffen sich die entsprechenden Routen.

Charakter: Bergwege, im oberen Teil auch felsige Partien mit Sicherungen, kurzes Stück auf dem Firn des dort flachen Gletschers. Alpine Erfahrung wichtig. Zur Hütte 1 ½ Std, von dort auf den Gipfel gut 3 Std.
Ausgangspunkt: Aus dem Pinzgau 10 km nach Rauris (948 m) und weitere 17 km am Schluss auf kleiner Straße bis nach Kolm Saigurn (1596 m, Gasthöfe).
Zur Neubauhütte: In Kolm Saigurn gleich hinter dem Naturfreundehaus zwischen Buschwerk über eine Stufe, dann auf einer Art Rampe – am schönen Barbarawasserfall vorbei – zu einem Absatz in den Hängen. Etwas nach rechts, anschließend über das bucklige, jetzt ganz freie Gelände zur Neubauhütte der Naturfreunde (2176 m, 44 Schlafplätze, Tel. 06544/81 81).
Auf den Sonnblick: Querung nach Westen und kurz hinab auf den folgenden Schwemmboden. Wegverzweigung. Auf dem rechten Steig über die bald steilen Hänge hoch empor, nach links zur Geländekante und kurz hinab in ein Hochmulde. Auf die andere Seite hinüber, dann zwischen Blockwerk und über Gletscherschliffe zur winzigen, urigen Rojacher Hütte (2718 m, ÖAV, 10 Schlafplätze) nahe dem Vogelmaier-Ochsenkar-Kees. Auf bzw. links neben dem anfangs breiteren Grat, dann über die ausgeprägte, aus Blockwerk steil aufgetürmte, mit Drahtseilen gesicherte Schneide, eine spannend-reizvolle Angelegenheit. Schließlich über den hier flachen Firn und einen letzten Hang zum Gipfel mit dem Zittelhaus (ÖAV, 95 Schlafplätze, Tel. 06544/64 12).

Der sehr anspruchsvolle Klagenfurter Höhenweg führt auch vom Sonnblick zum Hocharn, den unser Foto zeigt.

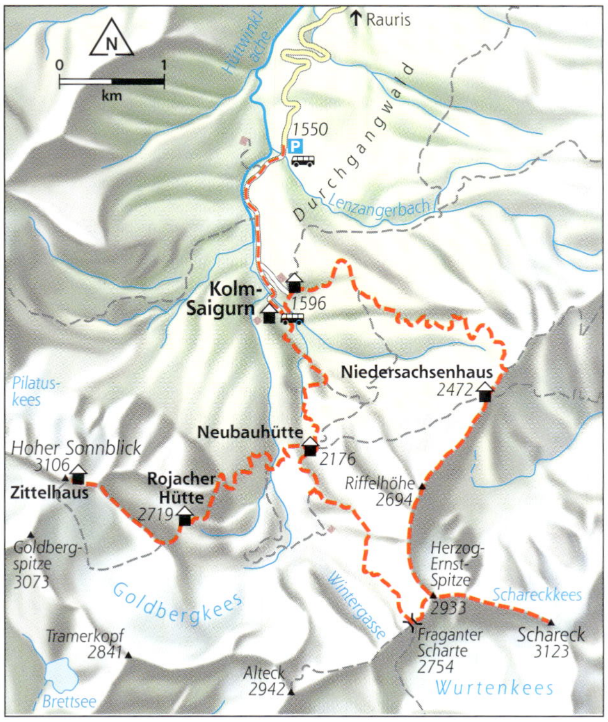

79 Schareck
3123 m

Überschreitung auf felsigen Graten

Vor langen Jahren stieg ich in Montenegro im Durmitorgebirge über eine 700-m-Flanke auf einen markanten Gipfel. Beim Weg durch dieses Labyrinth mit seinen schwierigen Stellen kam ich mir wie ein echter Kolumbus vor. Nach vier Stunden erreichte ich mit einem Aufatmen die Oberkante der Flanke und wurde von – einer weidenden Kuh begrüßt. Ähnlich mag es den Bergsteigern auf dem Pröllweg zum Schareck ergehen. Von Südwesten zieht das Wurtenkees bis fast zum Gipfel empor, und dieses trägt all die »malerischen« Elemente eines Sommerskigebietes. Trotzdem wird keiner bereuen, unsere Runde mit ihren Kletterstellen angepackt zu haben. Es gibt wenige Routen in diesem Buch, die so voller Spannung stecken und doch ein Maximum landschaftlicher Schönheit bieten. Beim Niedersachsenhaus, diesem Luginsland mit Blick in die 900 m hohe Nordwand des Schareck, betritt man den teilweise felsigen Hauptgrat, dem man dann über drei kleinere Köpfe bis zum zweithöchsten Gipfel der gesamten Goldberggruppe folgt. Wer sich im Fels bewegen kann, wird dabei viel Spaß an den kurzen Kletterstellen haben, die im steileren Gelände mit Drahtseilen etc. entschärft sind. Nebenbei: Das hier so häufig in den Namen vorkommende Wort Gold entspringt keineswegs einem Zufall. Ungewöhnlich emsig und auch erfolgreich war man in dieser Region am Schürfen und Waschen, bis über 3000 m Höhe wurde im Sommer und im Winter (!) gearbeitet. Am Ende des Mittelalters schränkten dann allerdings die rasch vorrückenden Gletscher den Betrieb stark ein. Noch heute gibt es viele Relikte der Goldgräbertätigkeit, die erst im 19. Jahrhundert endgültig zum Erliegen kam.

Charakter: Sehr interessante, spannende Tour stets über die höchsten Grate, trotz der gelegentlichen Sicherungen eine Reihe von einfachen Kletterstellen. Gute Verhältnisse, Erfahrung und Trittsicherheit unbedingt notwendig. Aufstieg zur Hütte 2 1/2 Std., Weiterweg auf den Gipfel 3 Std.

Ausgangspunkt: Kolm Saigurn (1596 m, zwei Gasthöfe), siehe »Sonnblick«.

Aufstieg zum Niedersachsenhaus: Vom Ammererhof in Kolm Saigurn nach Osten zur nahen Ammerer- oder Durchgangalm. Dann mit einer Schleife durch den Wald empor zu den freien Hängen. Jetzt über meist begrünte, von Gräben zerfurchte Flächen weit aufwärts, schließlich schräg nach rechts zum Kamm und zum Nieder-

Das nach einem Brand im Jahr 1987 wieder aufgebaute Niedersachsenhaus thront in herrlich freier Lage auf dem Grat.

sachsenhaus (2472 m, DAV, 58 Schlafplätze, Tel. 0663/9 14 34 40) in herrlicher Lage; die Hütte wurde 1987 nach einem Brand neu aufgebaut.

Auf dem Pröllweg zum Gipfel: Kurz auf einem bequemen grasbewachsenen Grat, dann über eine scharfe Schneide, schließlich zwischen steilen Köpfen und Türmen hindurch (Sicherungen) zum großen Steilaufschwung an der Riffelhöhe. Links der Kante in sehr steiler, erdiger Blockrinne an Drahtseil ausgesetzt über die Stufe. Wieder auf dem Grat und über den Neunerkogel (2823 m), schließlich auf zerborstener Schneide zur Herzog-Ernst-Spitze (2933 m) an der Gratverzweigung. Auf dem eindrucksvollen Felsgrat empor, wobei man einen größeren Turm ausgesetzt durch einen Einschnitt und über eine Platte erklettert, schließlich in wieder einfacherem Gelände auf den breiten Gipfel.

Abstieg über die Fraganter Scharte: Zurück zur Herzog-Ernst-Spitze und auf gutem Steig hinab in die Fraganter Scharte (2754 m), dann nach Norden über Schnee, Geröll und Gletscherschliffe durch Kare und über Hänge hinab zur Neubauhütte (2176 m), womit die Verbindung zur Sonnblicktour hergestellt wäre.

80 Ankogel
3252 m

Berühmter, klassischer Dreitausender

Selten stand und steht ein Berg – im übertragenden Sinn – so im Vordergrund wie der Ankogel, obwohl in der gleichen Gruppe ein anderer Gipfel, die Hochalmspitze, um volle 110 m höher aufragt. So wird überliefert, dass der Bauer Patschg schon 1762 den vergletscherten Berg betrat, und auch die erste touristische Besteigung durch Peter Karl Thurwieser im Jahr 1822 fällt noch in die Anfangszeiten der Hochtouren. In der Chronik heißt es über diesen sehr erfolgreichen Bergsteiger: »Mit Thurwieser, einem schlichten Sohn der Tiroler Berge und geistlichen Professor zu Salzburg, trat ein weiterer Vertreter des geistlichen Standes als Alpinist von Bedeutung auf. Mit nicht allzu reichlichen Einkünften ausgestattet, besaß er doch den wahren Alpinistengeist …«

Das auf der Arnoldhöhe (2720 m) im Tauern-Hauptkamm herrlich gelegene Hannoverhaus dient seit 1911 hauptsächlich als Stützpunkt für den Ankogel. Noch weit mehr Gäste aber brachte ab 1966 die von Mallnitz heraufkommende Ankogelbahn. Sie ist auch die Ursache, dass an diesem Gipfel besonders viele ungeübte, unerfahrene Leute unterwegs sind. Seilbahngäste mögen es oft nicht glauben, dass trotz der auf den Karten rot eingetragenen Pfade der Anstieg auf einen Gipfel wie den Ankogel unangenehm, ja schwierig und gefährlich sein kann. Bis auf den Kleinen Ankogel führt ein ordentlicher Steig, doch dann wird das Gelände steil, abschüssig und ziemlich ausgesetzt. Nur bei trockenem Fels und Schutt sollte der »Normalbergsteiger« dort unterwegs sein.

Trotz seiner mächtigen Gestalt wirkt der Ankogel eher breit und behäbig. Nach Nordosten fließt ein ausgedehnter, im unteren Teil stark zerklüfteter Gletscher, das Kleinelendkees, in die Tiefe, während die Nordwestseite mit äußerst steiler Flanke mehr als 1000 m tief abbricht. Dort hinab stürzte 1932 der Gipfel, jawohl, denn bis zu diesem Zeitpunkt »ritt« auf dem obersten Grat noch ein kühner, immerhin 16 m hoher Zacken mit senkrechter Wand nach Nordwesten.

Charakter: Bergwege zum Kleinen Ankogel, Schneefelder, anspruchsvoll dann der Gipfelaufbau mit Blöcken und geröllbedeckten Platten, steil und ausgesetzt. Aufstieg von der Bergstation der Ankogelbahn zum Gipfel 2 ½ Std.

Ausgangspunkt: Mallnitz (1190 m), Kärntner Ferienort nahe dem Südportal des Tauerntunnels. Von dort 3 km nach Norden zur Talstation der Ankogelbahn.

Auf den Ankogel: Seilbahnfahrt über die Mittel- zur Bergstation (2626 m, 15 Min. oberhalb das Hannoverhaus des DAV, 70 Schlafplätze, Tel. 0663/84 08 52). Leicht abwärts über die Böden und auf einem guten Steig unter einem Felssporn hindurch zur Wegverzweigung. Auf dem oberen Pfad über eine Stufe an den Rand des ehemals viel größeren Lassacher Keeses und immer rechts am Firn entlang über Gletscherschliffe und

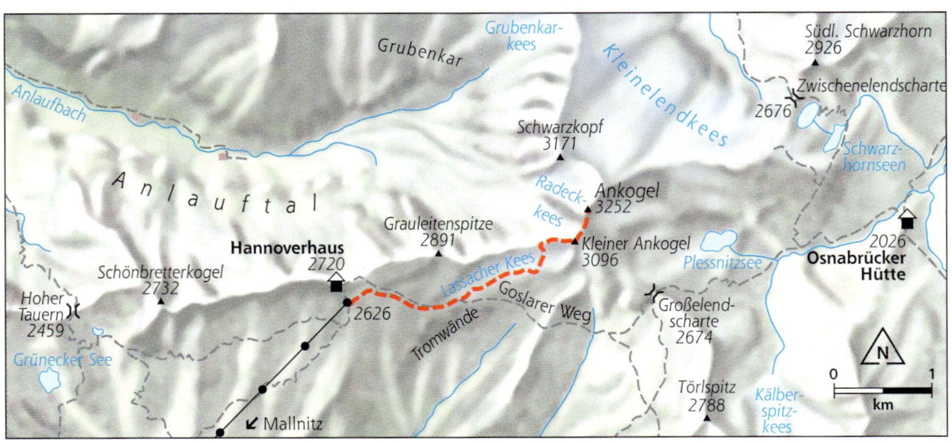

Blockwerk zum obersten Boden. Über Firn auf den Grat und auf steinigem Weg auf den **Kleinen Ankogel** (3097 m, bis hier knapp 2 Std.). Den Pfadspuren folgend über den Verbindungsgrat an das noch 150 m höhere Hauptmassiv, dann rechts der Kante über Blöcke und durch sandige Rinnen steil und mit einiger leichter Kletterei zum Kreuz und über eine ganz schmale Schneide zum höchsten Punkt.

81 Säuleck 3085 m

Dreitausender für jedermann

Das Säuleck ist ein pfiffiger Berg, der seine »schwache Stelle« perfekt verbirgt. Von welcher Seite man dieses Trapez auch betrachtet, es wirkt stets abweisend und unnahbar: eine 550-m-Wand nach Norden, 300 m Fels im Südwesten und Osten. Dennoch gehört dieser Gipfel zu den einfachen Zielen in unserem Buch. Man braucht nur dem ordentlichen Steig zu folgen, der allenfalls – je nach Jahreszeit und Verhältnissen – unter Firnfeldern verschwinden kann. Vom Gipfel zieht nämlich genau nach Süden eine Abdachung herab, die gar nicht so steil ist, selbst die Skitourengeher steigen dort hinauf. Doch diese Rampe versteckt sich hinter einer Felsrippe und lässt sich auch von den neugierigsten Blicken aus dem Tal nicht erkennen.

Das verschindelte Arthur-von-Schmid-Haus, der Stützpunkt für unseren Gipfel, liegt auf einer Geländeschwelle direkt am Dösener See. Nach Abwanderung der vielen Tagesgäste herrscht dort oben himmlische Ruhe. Man kann sich dann irgendwo am Ufer zwischen die Blöcke setzen, diese typische Zentralalpenlandschaft mit dem 700 m langen See, den Blockfeldern, Plattenwänden, Schneeflecken auf sich wirken lassen, später dann in Ruhe zuschauen, wie die Sonne in dem nach Westen offenen Tal immer tiefer sinkt. Und es reizt zudem, am nächsten Morgen ganz früh aufzubrechen, um das Entstehen des Tages mitzuerleben, den um diese Zeit noch weiten und klaren Gipfelblick zu genießen …

Ein paar Minuten unter dem Gipfel des Säulecks steht ein Schild, das eine ganz besondere Route ankündigt. Hier mündet der Detmolder Weg, den wir bei der Schneewinkel- und der Hochalmspitze beschreiben werden.

Charakter: Bergwege, bei guten Verhältnissen ohne schwierige Stellen. Knapp 3 Std. zur Hütte, von dort auf das Säuleck knapp 2 ½ Std.

Ausgangspunkt: Mallnitz (1190 m), Kärntner Ferienort nahe dem Südportal des Tauerntunnels. Von dort nach Süden zum Bahnhof, hier links ab und auf kleiner Straße ins Dösener Tal bis zum Parkplatz (1450 m) bei der Abzweigung zur Wolliggerhütte.

Zum Schmid-Haus: Vom Parkplatz auf dem unteren Weg zur nahen Dösenbachbrücke und weiter im Tal meist nur sanft steigend zur Konradhütte (1616 m). In den Talschluss knapp dahinter, dann über die bewachsenen Hänge in Serpentinen kräftig aufwärts zum Lackenboden und über eine weitere Stufe, nun in ganz freiem Gelände, zum Arthur-von-Schmid-Haus (2275 m, ÖAV, 64 Schlafplätze, Tel. 0663/9 65 58 32) unmittelbar am Dösener See.

Zum Säuleck: Vom Haus genau nach Norden über eine kurze, aber steile Stufe, dann auf den mäßig steigenden, stark gegliederten und steinigen Böden immer schräg nach rechts aufwärts und vis-à-vis der Großen Gößspitze um einen Felssporn herum. So erreicht man die auffallende Südabdachung. Über sie noch 300 Hm zum Gipfel.

Kleine Abstiegsvariante: Auf dem Aufstiegsweg zurück, wo dieser jedoch nahe der Großen Gößspitze nach rechts umbiegt, geradeaus weiter durch das Blockkar bis unter die Mallnitzer Scharte. Hier nach rechts über die Hänge hinunter zum Südufer des Sees und zurück zur Hütte.

82 Schneewinkelspitze 3016 m

Ein harmloser und ein sehr beeindruckender Weg

Lieben Sie die einfachen Dreitausender? Dann müssen Sie die Schneewinkelspitze, jenen etwas unscheinbaren Kopf zwischen Säuleck und Hochalmspitze, besteigen; unscheinbar jedoch nur von Osten, nach Westen bricht der gleiche Berg mit einer fast senkrechten Plattenwand ab. Sie können von der schönen, relativ neu erbauten Gießener Hütte aus (weitgehend) mit den Händen in den Hosentaschen dort hinaufwandern. Sie müssen nur die Augen offen halten, da die Markierungen immer wieder einmal unter den Schneeflecken verschwinden oder sich der Steig auf den Gletscherschliffen nicht erkennen lässt. Sie sollten die Augen auch offen halten für

Das Arthur-von-Schmid-Haus am Dösener See, der Stützpunkt für die Tour auf das Säuleck.

Detmolder Höhenweg – eine besonders eindrucksvolle Grattour. Auf dem Foto Schneewinkelspitze und Säuleck.

die Reize des Gößkars, das mit seinen nach unten steil abfallenden Hängen an einen ostseitig aufgeschnittenen Trichter erinnert mit einem See im tiefsten Grund, mit dunklen Felsgipfeln als Zackenrand und einem besonderen Blickfang, der Hochalmspitze.

Oder lieben Sie anspruchsvolle Bergfahrten? Dann müssen Sie ebenfalls zur Schneewinkelspitze kommen. Der Detmolder Weg hat schon harte Burschen verblüfft, derartig kühn führt er über die Plattengrate, an Zacken und Türmen vorbei oder auch über sie hinweg, und schließlich überlistet er sogar ein 30-m-Wandl, das wirklich abschreckend aussieht. Natürlich sind die spannendsten Stellen mit Drahtseilen, Stiften und Klammern gut gesichert, sonst könnten wir Ihnen diesen Grat nicht in unserem Buch anbieten.

Charakter: Mehr oder weniger deutliche Bergwege über Hochkare (oft mit Schnee) und einen Blockgrat; relativ einfach. Beim Übergang zum Säuleck Klettern über Fels und Blockwerk, an den steilen Stellen Sicherungen, alpine Erfahrung wichtig. Zur Hütte 1 1/2 Std., von dort auf den Gipfel reichlich 2 Std., Übergang zum Säuleck 1 bis 1 1/2 Std.

Ausgangspunkt: Gießener Hütte (2202 m), siehe »Hochalmspitze«.

Auf die Schneewinkelspitze: Von der Gießener Hütte wie bei der Route zur Hochalmspitze erst nach Norden empor zur Wegverzweigung, dann schräg links über Matten, Gletscherschliffe und Moränenfelder zu einer erneuten Verzweigung. Wieder halb links und auf Schutt und Schnee zum Grat (2901 m). Auf und knapp neben der Schneide, die »zwei Welten trennt« – links Schutt- und Trümmerhänge, rechts beeindruckende Felswände – auf den Gipfel.

Übergang zum Säuleck (Detmolder Weg): Von der Schneewinkelspitze auf der, meist jedoch etwas links der Schneide in interessantem Gelände mit wuchtigen, festen Felsen und mächtigen Blöcken nur mäßig an Höhe verlierend nach Südwesten, dann südlich unter der ganz unbedeutenden Gussenbauerspitze, die aus markanten Köpfen und Türmen besteht, hindurch. Über einen Abbruch in eine schmale Lücke hinab und gegenüber wieder sehr steil 30 m empor (gute Sicherungen). Über den Grat, dann ein wenig abwärts durch die Flanke auf die Südseite des Säulecks, wo man auf die vom Arthur-von-Schmid-Haus heraufkommende Route trifft. Auf ihr nach Süden hinab, bis der Weg am Fuß der Großen Gößspitze scharf nach rechts abbiegt. Hier geradeaus weiter über die Karböden und kurz wieder empor in die Mallnitzer Scharte (2673 m). Drüben über ein Band mit Drahtseil hinab, steil in ein kleines Kar, dann auf dem »Hessenweg« in weitem Bogen zur Gießener Hütte.

83 Hochalmspitze 3360 m

Königin der östlichen Hohen Tauern

Unter den Dreitausendern mit Weg verdient die Hochalmspitze fünf Sterne, bietet sie doch einen der formschönsten Gipfel und einen der spannendsten Anstiege. Als einziger Berg dieser Höhe östlich des Großglockners ragt sie gewaltig über ihre Umgebung auf und fällt von allen Seiten ins Auge. Der kompakte, kantige, plattige Fels bildet die typischen glatten, bis zu 300 m hohen Wände, in denen es Kletterrouten bis zum Schwierigkeitsgrad V gibt. Diese Felsen wirken doppelt eindrucksvoll, da sie aus weiten Gletscherflächen herauswachsen. Der Detmolder Grat trennt zwei dieser Eisflächen, zum wild zerschründeten Winkelkees bricht er mit imposanter Steilwand ab. Detmold – das Wort klingt reichlich fremd im tiefsten Kärnten. Doch die Erklärung ist einfach: Die Alpenvereinssektion dieser westfälischen Stadt errichtete eine Steiganlage über den Südwestgrat der Hochalmspitze, der dann nach der Stadt benannt wurde. Der Detmolder Weg führt über den gesamten, drei Kilometer langen Kamm zwischen Säuleck und Hochalmspitze. Dabei könnte die Bezeichnung »Weg« Gutgläubige in echte Bedrängnis bringen. Es führt zwar ein guter Steig in die Lassacher Winkelscharte, einer Bresche wie im Montblancgebiet mit dunklen Schartentürmen und Blick auf eine supersteile Plattenwand. Auch der Weiterweg über Schneeflecken und zwischen mächtigen Blöcken zur Winkelspitze lässt sich noch gut begehen. Doch dann ändert sich das Gelände! Über steilen Schnee (Pickel nötig) oder in der brüchigen, plattigen Flanke daneben geht es empor zum oberen Grat. Was folgt, ist schöne Kletterei, ausreichend gesichert, aber bestimmt kein »Weg« im herkömmlichen Sinn, eher ein Klettersteig mittlerer Schwierigkeit – also nichts für den Unerfahrenen! Auch der mögliche Abstieg nach Osten und Südosten zählt zu den hochalpinen Routen. Man begegnet dabei den Steinernen Mannln, zwei Felstürmen aus senkrecht aufgerichteten Felstafeln, so schmal und grotesk, dass sie allen statischen Gesetzen Hohn zu sprechen scheinen.

Charakter: Eine der anspruchsvollsten Touren in diesem Buch, Klettersteig mit Kletterstellen bis II-, teilweise ausgesetzt; Abstieg mit Schnee- und Eisfeldern, dort evtl. Pickel und Steigeisen nötig. Zur Gießener Hütte 1 ½ Std., auf den Gipfel etwa 3 ½ Std.
Ausgangspunkt: Von Gmünd an der Tauernstrecke in den Kärntner Ferienort Malta (843 m), von dort knapp 5 km weiter talein nach Koschach. Hier links ab und durch den tief eingeschnittenen Gößgraben noch 12 km zum Parkplatz der Gießener Hütte (1677 m) unter dem Damm des Gößkarsees.
Zur Gießener Hütte: Auf dem zur Hütte führenden Fahrweg ein Stück nach rechts, dann auf Fußwegen erst noch zwischen Bäumen, dann in immer freierem Gelände recht direkt empor zur 1977 neu erbauten und modern ausgestatteten Gießener Hütte (2202 m, DAV, 66 Schlafplätze, Tel 0663/9 14 80 24).
Detmolder Weg: Von der Gießener Hütte wie bei der Route zur Schneewinkelspitze erst nach Norden empor zur Wegverzweigung, dann schräg links über Matten, Gletscherschliffe und Moränenfelder zu einer erneuten Verzweigung und halb rechts in die Lassacher Winkelscharte (2856 m, oft auch Schneefelder). Rechts des Grates über grobes Blockwerk empor bis vor die **Winkelspitze** (3150 m, kurzer Abstecher). Kurz abwärts, dann entweder in recht steilem Schnee oder durch die zerborstene Flanke quer hinüber und an den Fuß des Gipfelaufbaus. Zwischen mächtigen Blöcken (Drahtseile)

empor, dann meist in der Flanke rechts des Grates durch Rinnen und über Stufen auf den höchsten Gipfel, die Apere Hochalmspitze.

Rudolstädter Weg als Abstieg: Zur nahen Schneeigen Hochalmspitze (inzwischen ausgeapert) und über Firn und Blockwerk mit einer Stufe (Sicherungen) hinab zum Sattel neben den Steinernen Mannln. Über eine sehr steile, aber gut gestufte und mit Drahtseilen gesicherte Plattenwand auf den Ostrand des Trippkeeses. Kurzzeitig steil, dann bequem auf den Resten des Gletschers und über die folgenden Kar- und Mattenböden hinab zur Hütte (einfacher als der Aufstieg).

84 Großer Hafner
3076 m

Dreitausender ganz im Osten der Hohen Tauern

Ein so großflächiges Gebiet wie die Ötztaler Alpen wird ausschließlich unter dieser Bezeichnung genannt, niemand käme auf die Idee, von einer Wildspitz- und von einer Weißkugelgruppe zu sprechen. Die Hohen Tauern hingegen werden – wenig konsequent – bei der Alpeneinteilung in zahlreichen mittlere und kleine Gebiete aufgesplittert. Das letzte Massiv ganz im Osten heißt Hafnergruppe, die dann tief gegen den Lungau abfällt. Hier stehen die äußersten Dreitausender der Alpen, der Malteiner Sonnblick und der Große Hafner. Letzterer passt ideal in dieses Buch: Ein angelegter Steig führt bis auf den Gipfel, die Route ist reizvoll, abwechslungsreich und zwischendurch, am Grat, auch spannend. Dazu kommt ein freier Gipfelblick, zu dem zum Beispiel auch die großen Felsgipfel der Julischen Alpen gehören. Eine kleine, noch gemütlich-ursprüngliche Hütte mit herrlich freiem Blick nach Westen teilt den Aufstieg in zwei bequeme Hälften. Sie trägt ihren historischen Namen Kattowitzer Hütte.

Das Maltatal, das von Süden tief in die Berge zwischen Hochalmspitze und Hafner zieht, ist bekannt für seine Wasserfälle (hier Fallbach bei Malta).

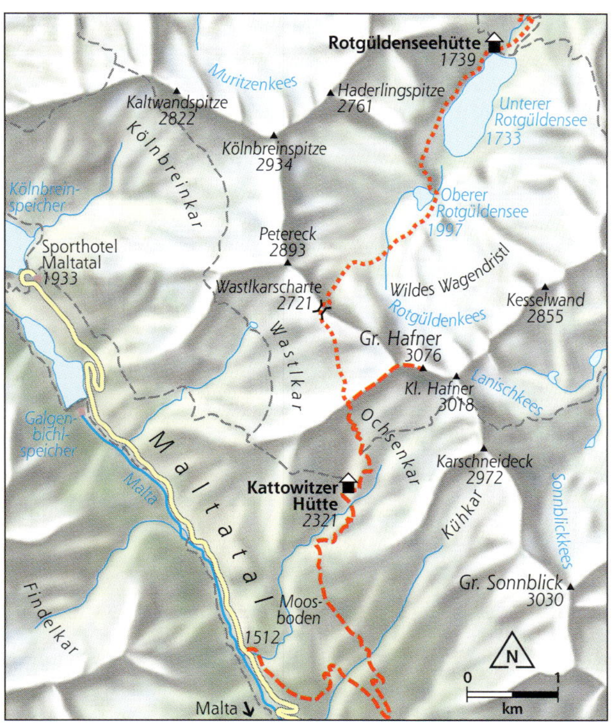

Es gibt noch eine zweite Hütte, von der ein Steig zum Hafner führt. Dieser kleine, malerische Stützpunkt trägt den klangvollen Namen Rotgüldenseehütte (ÖAV, 49 Schlafplätze) und liegt in 1739 m Höhe noch zwischen Bäumen am Ufer der großflächigen Unteren Rotgüldensees. Das kurze, auffallend steil ansteigende Rotgüldental ist von einer wilden Urwüchsigkeit und zeigt zudem vom Großen Hafner ein ungewohntes Bild: Aus einem zerschründeten, allerdings stark zusammengeschmolzenen Gletscher wächst die Nordwand des Hafner bis zum 500 m empor, so steil, dass es dort Kletterrouten bis zum Schwierigkeitsgrad VI gibt.

Charakter: Bergwege, am Grat steilere, leicht felsige Passagen, Trittsicherheit nötig. Aufstieg zur Hütte gut 2 ½ Std., auf den Gipfel 2 ¼ Std.

Ausgangspunkt: Von Gmünd an der Tauernstrecke in den Kärntner Ferienort Malta (843 m), von dort durchs innere, sehr malerische Maltatal (Maut) mit sehenswerten Wasserfällen an der Gmünder Hütte vorbei, durch drei Tunnels und danach noch etwa 1,5 km zu einem Parkplatz (1512 m) an der Abzweigung einer Forststraße.

Aufstieg zur Kattowitzer Hütte: Auf dem Forstweg meist durch Wald ein gutes Stück aufwärts zu einer Kehre nach links und zur Oberen Maralm mit einem Jagdhaus. Gleich danach über den Hinteren Maralmbach und diagonal aufwärts über die allmählich immer freieren Hänge (letzte Zirben und Lärchen) auf einen kleinen Boden, in Serpentinen über die folgende Stufe und halb links zur Kattowitzer Hütte (2321 m, DAV, 56 Schlafplätze, Tel. Tal 04784/647) am Rand des begrünten Ochsenkars.

Auf den Großen Hafner: Von der Hütte knapp eine halbe Stunde über die Mattenflächen des Ochsenkars zu einer Wegverzweigung. Geradeaus weiter empor über die Flächen, die allmählich steiniger werden, und nach einer Stufe auf den Südwestgrat des Hafner. Über die bzw. rechts neben der anfangs scharf ausgeprägten Schneide zu einem Geröllrücken, über ihn zum fast ebenen Gipfelgrat und noch kurz nach rechts zum Kreuz.

Dolomiten

Immerhin dreizehn Gipfel der Dolomiten haben wir in unseren »Klub der Dreitausender« aufgenommen, eine erstaunlich hohe Zahl für dieses Reich der gewaltigen und ungewöhnlich wilden Felsberge. In keinem anderen Gebirge war die Auswahl, die »Nominierung«, so schwierig wie hier! Erhöht wurde diese Schwierigkeit durch die Frage: Wie anspruchsvoll darf eine Via ferrata sein, um in ein Buch mit Bergen zu passen, die auf Wegen erreichbar sein sollen?

So braucht man zum Beispiel für den Klettersteig über den Westgrat der Marmolada nicht nur gute Verhältnisse, sondern auch eine Portion alpine Erfahrung. Und manchmal gibt es, wie in den Dolomiten so üblich, ein wenig Kletterei. Ist deshalb eine Zehnerspitze, die über der Karstfläche der Fanesalpe aufragt, schon zu schwierig für unsere Klientel, oder hätten wir nicht unbedingt auch einen Antelao und einen Monte Pelmo beschreiben sollen? Eines haben alle dreizehn Dolomitenziele gemeinsam: Die Routen stecken voller Spannung und Abwechslung, werden nie langweilig oder einförmig, zudem wird man mit malerischen, markanten, imposanten Nah- und Fernblicken regelrecht verwöhnt. In keinem anderen Gebirge kommen auch die Fotografen so auf ihre Kosten wie hier in der Felsenwelt der Dolomiten. Diese Superlative locken natürlich die »Konkurrenten« in Scharen an, da gibt es dann schon einmal Gedränge auf den Gipfeln und in den Hütten oder ein Anstehen an einer Felsstelle, besonders dann, wenn mit Selbstsicherung geklettert werden muss. Man sollte vielleicht dort nicht gerade im August unterwegs sein, zur Hauptferienzeit der Italiener. Außerdem quellen in dieser Jahreszeit die Wolken oft schon am Vormittag allzu dick und dicht und entladen sich dann in entsprechenden Gewittern. Im frühen Herbst kann man eher auf stabile Verhältnisse hoffen. Die unzähligen Wege und Hütten, mit denen die bekannteren Teile der Dolomiten regelrecht überzogen sind, laden zu weiteren Unternehmungen ein. In diesem Sinne haben wir etwa beim Piz Boè auch eine Überquerung der gesamten Sella empfohlen. Ähnliche Möglichkeiten lassen sich mithilfe von Karten und Führern fast überall entdecken; sehr reizvoll ist zum Beispiel im Anschluss an eine Besteigung der Civetta eine Runde um dieses so beeindruckende Massiv mit seinen Riesenwänden.

Karten: Für alle Touren in den Dolomiten eignet sich die Tabacco-Karte 1:50 000, Blatt 02; einzig die Palagruppe fehlt auf dieser Karte, hier benützt man das Blatt Nr. 022 im Maßstab 1:25 000. Bitte beachten Sie, dass diese Karten nicht immer zuverlässig sind und dass hier eher zu viele als zu wenige Wege eingetragen wurden.

85 Sass Rigais
3025 m

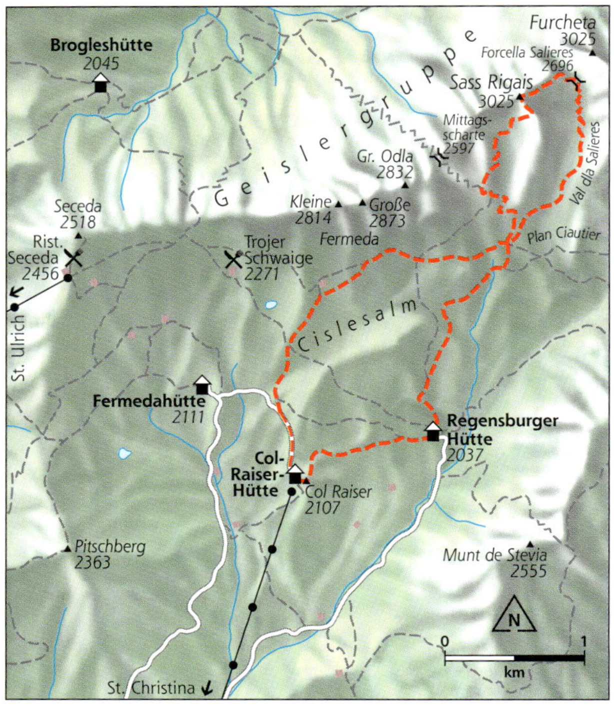

Überschreitung von Ost nach Südwest

Im ersten großen Felskamm im Nordwesten der Dolomiten, der Geislergruppe, dominieren zwei exakt gleich hohe Gipfel, ein auffallendes Horn und eine abgerundete Felsscheibe, die beide mit hohen, wilden Wänden nach Norden abstürzen. Zusammen mit der Kirche in Villnöß bilden diese Berge eines der beliebtesten Fotomotive überhaupt. Furchetta und Sass Rigais heißt das Gipfelpaar. Keine Via ferrata, wohl aber ein gut gesicherter Steig führt von Osten auf den Sass Rigais empor, und ein Steigerl mit einigen Sicherungen, das wesentlich einfacher zu begehen ist, leitet über die Südflanke und durch eine Schlucht wieder hinunter. Das Ganze ergibt eine Rundtour mit echt dolomitischen Akzenten, deren wichtigste hier kurz vorgestellt werden: Nach dem kurzen, problemlosen Zugang vom Lift ins Reich der Felsen stapft man zwischen hohen Fluhen durch das schmale, schuttgefüllte Wasserrinntal empor, schaut aus der abschließenden Scharte kurz nach Norden in eine düstere Felsschlucht hinab, eine absolut lebensfeindliche Wildnis, und turnt dann mithilfe von Drahtseilen, Stiften usw. über steiles Schrofengelände zum Gipfel empor mit seinem unbegrenzt weiten Blick, zu dem nicht nur Felsberge, sondern auch die Gletschergipfel etwa der Zillertaler Alpen gehören. Und natürlich begeistert auch der Tiefblick nach Villnöß. Das Ganze ist keine große, dramatische Tour, mehr ein mittleres Unternehmen, kurzweilig, voller Überraschungen und leider auch voller gleichgesinnter Menschen.

Charakter: Ein Aufstieg von Südwesten wäre relativ einfach (trotzdem etwas Trittsicherheit nötig), teilweise Schrofengelände mit Sicherungen, kurzer, etwas ausgesetzter Gipfelgrat. Beim Ostanstieg gut gesichertes Felsgelände, entsprechende Erfahrung unbedingt notwendig. Aufstiegszeit etwa 3 Std.

Ausgangspunkt: Im Grödental nach Santa Christina (1427 m), dort nach Nordosten ins Cislestal und zur Talstation des Liftes.

Ostanstieg: Mit dem Tonnenlift auf den Col Raiser (2106 m) und über die Wiesenböden leicht abwärts zur Regensburger Hütte (2037 m, CAI, 80 Schlafplätze, Tel. 0471/ 79 52 06). Nach Norden über die grünen Hänge der Cislesalpe auf den Boden von Ciantier mit seinen Blöcken unterhalb der Wände (hierher auch direkt vom Lift). Bei der Wegverzweigung halb rechts und um den Felsfuß herum in das Wasserrinntal. Durch das gesamte Kar bis in die abschließende Scharte (2696 m), ein enges Tor. Links über Geröll und Schrofen auf eine Schulter und in eine Lücke. Jetzt den guten Sicherungen folgend durch eine teilweise ziemlich steile Flanke und wieder flacher auf den ganz freistehenden Gipfel.

Abstieg nach Südwesten: Auf dem schmalen, etwas ausgesetzten Südgrat mithilfe von Sicherungen ein Stück abwärts, dann über die meist steinige Südwestflanke hinab, über Felsstufen mit Sicherungen und durch eine Schlucht in die Geröllrinne unter der Mittagsscharte, durch sie weiter hinunter und schließlich zurück auf die freien Böden von Ciantier.

86 Kesselkogel
3002 m

Hauptgipfel im Rosengarten

Der Kesselkogel thront als mächtiger, aber behäbiger Felsquader im Mittelpunkt der Rosengartengruppe. Er zeigt nicht die Eleganz anderer Gipfel wie der berühmten Vajolettürme, dafür ist er der einzige Dreitausender der Gruppe; zudem lässt er sich auf sehr interessanten, gut gesicherten Felsenrouten besteigen, ja sogar überschreiten. Die meisten – und das sind so viele, dass es zu regelrechtem Anstehen kommen kann – steigen vom Grasleitenpass durch die immerhin 400 m hohe Felsflanke. Die Überraschung unterwegs: Man wandert leicht abwärts um eine Felsecke – und steht urplötzlich über einer scheinbar senkrecht abbrechenden Wand. Bei der folgenden Querung auf schmalem Felsband hat sich schon mancher ängstlich an das Drahtseil geklammert. Doch alles andere ergibt sich relativ einfach, oft zieht sogar ein richtiges Steiglein durch Schutt und Schrofen; und deshalb ist es leicht übertrieben, hier von einem Klettersteig zu sprechen. Auch die stillere Route durch die Ostflanke ist nur um einen Grad anspruchsvoller.

Der schnellste Zugang beginnt in Vigo di Fassa. Mit einer Seilbahnfahrt kommt man von dort nach Ciampedie und mit einer Wanderung über Gardeccia zur Vajolethütte. Doch wer möchte sich die mit Recht berühmte Rosengartengruppe nicht etwas genauer anschauen, etwa die Vajolettürme einmal ganz aus der Nähe bewundern? Die mit einer Bahn erreichbare Rosengartenhütte bietet sich als Startpunkt für eine etwas längere Route voller Spannung und ungewöhnlicher Bilder an. Ein gesicherter Steig führt durch die berüchtigte Eisrinne zum Santnerpass, und unmittelbar an den Vajolettürmen vorbei erreicht man dann ebenfalls die Vajolethütte.

Charakter: Mehrere gesicherte Steige in großer Felsarena, die einige Erfahrung und Trittsicherheit erfordern. Unter dem Santnerpass eine bis in den Sommer mit Schnee oder Eis gefüllte Rinne; evtl. in der Hütte nach den Verhältnissen erkundigen. Über den Pass zur Vajolethütte knapp 3 Std. Von dort auf den Kesselkogel 2 ½ Std. Aufstieg. Rückweg je nach Route 3 ½ bis 5 Std.

Ausgangspunkt: Von Bozen durch das Eggental nach Welschnofen und bis kurz vor den Karerpass (28 km). Hier links auf der Rosengarten-Panorama-Straße noch etwa 4 km zur Talstation des Laurinslifts.

Zur Vajolethütte: Fahrt mit dem Gondellift zur Rosengartenhütte (2339 m, CAI, 50 Schlafplätze) in herrlich freier Lage. Über eine Felsstufe mit Drahtseil auf eine geneigte Terrasse. Hier ein gutes Stück ohne Steigung nach Norden zum Felsbeginn. Nun mithilfe von Drahtseilen, Stiften, Klammern und einer Leiter über Rinnen und Stufen in ein Schartl und von dort hinab in die Eisrinne. Auf der linken Seite empor und noch über

Im Herz der Rosengartengruppe mit Pope- und Scalieretspitze und dem Kesselkogel links hinten; davor das Vajolettal.

eine Stufe in den Santnerpass mit der gleichnamigen Hütte (2734 m, privat, 1 1/2 Std.), überraschender Blick auf die Vajolettürme. Durchs so genannte Gartl – einst der Rosengarten König Laurins, heute sehr steinig – mit der Gartlhütte (2621 m, privat, 40 Schlafplätze, Tel. 0462/63428), dann auf sehr viel begangenem Steig über Geröll und einige Schrofen hinab zur Vajolethütte (2243 m, CAI, 104 Schlafplätze, Tel. 0362/6 32 92), daneben die kleine private Preußhütte.

Auf den Kesselkogel: Von der Vajolethütte immer am linken Hang schräg aufwärts und über Schutt in den Grasleitenpass (2599 m, kleine Hütte). Nach rechts an das Massiv des Kesselkogels. Ein Stück empor, dann nach rechts durch eine kleine Lücke und über ein ausgesetztes Band (am Schluss eine kurze Leiter). Durch eine Rinne und einen Kamin zum großen Westwandband. Auf ihm ein gutes Stück nach Norden, dann über Schrofen und Geröll auf den Gipfel.

Rückweg: Vom Gipfel entweder direkt zurück in den Grasleitenpass. Oder über den ebenfalls gesicherten Felsensteig (Drahtseile, 2 Leitern) auf der Ostseite ins oberste Antermojakar, wieder aufwärts in den Antermojapass (2769 m) und hinab zum Grasleitenpass (gut 1 Std. mehr). Weiterweg ab Vajolethütte: Kurz abwärts, dann Querung unter der eindrucksvollen Ostwand der Rosengartenspitze, bei der Verzweigung rechts und schließlich steil ins Tschagerjoch (2630 m, knapp 1 1/2 Std.). Drüben steil über Geröll und Schrofen hinab, dann mehr nach rechts und hinab zur Rosengartenhütte.

87 Piz Boè 3110 m

Wege zum Hauptgipfel der Sellagruppe

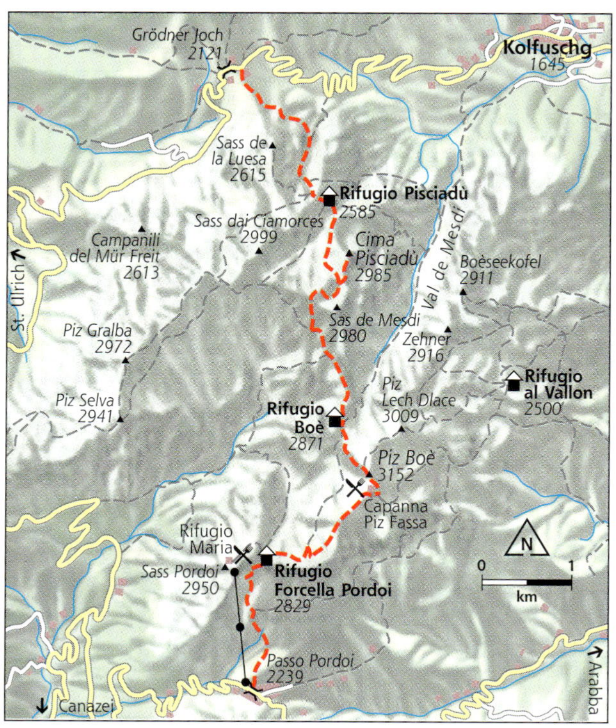

Aus gutem Grund bezeichnet man die Sellagruppe auch gerne als Sellastock, ist dieses kleine Gebirge doch nicht nur ganz in sich abgeschlossen, sondern hat auch seine unverwechselbare Eigenart: Die Schichtung ist auffallend waagerecht, und die hohen Wände rund um den Bergstock werden immer wieder ganz auffallend von geröllbedeckten Terrassenbändern unterbrochen, als hätte ein Riese mehrere Gesteinspakete aufeinander getürmt. Auf dieser Felsenfestung von etwa vier Kilometer Durchmesser verstekken sich die unterschiedlichsten Hochflächen, kleine und sehr große wie jene von Meisules. Und als eine Art Krönung ist dann dem Massiv noch eine aus Fels und Geröll bestehende Pyramide aufgesetzt, der seine Umgebung weit überragende Piz Boè. Ausgerechnet dieser Sella-Hauptgipfel gehört zu den »schnellsten« Dreitausendern mit Weg. Man braucht nur am Pordoijoch in die Seilbahn zu steigen, zum Sass Pordoi (2950 m) hinaufzugondeln, um dann in eineinhalb Stunden über Schuttflächen und eine Gratkante den Gipfel mit seinem Hüttchen zu erreichen. Zum Panorama gehört vieles, was in den Dolomiten Rang und Namen hat, ja die Gletscherfelder der Marmolada leuchten gleich jenseits des Padonkammes in der Sonne.

Wer etwas mehr Zeit und Muße hat, sollte drüben am Grödnerjoch starten, durch die etwas düstere Val Setus zur Pisciadù-Abdachung mit Hütte und See hinaufsteigen, man kann anschließend die Cima Pisciadù (2985 m) im Handstreich mitnehmen, um dann über die Hochfläche zum Piz Boè zu wandern. Steigt man schließlich durch die ganz schmale, von hohen Wänden eingerahmte Val de Mesdi nach Norden ab (wobei allerdings harter Schnee für Probleme sorgen kann), dann hat man in eineinhalb Tagen eine Fülle großartiger Eindrücke gesammelt.

Charakter: Vom Sass Pordoi steinige Bergwege, etwas Trittsicherheit erforderlich, 1 1/2 Std. Aufstieg. Vom Grödner Joch anspruchsvollere Tour, wegen der Hochflächen nur bei stabilem Wetter zu verantworten, etwa 5 Std. zum Piz Boè.

Ausgangspunkt: Im ladinischen Fassatal nach Canazei und dann mit etwa 30 Serpentinen hinauf ins Pordoijoch (2239 m). Dorthin auch aus dem Grödner Tal über das Sellajoch.

Sass Pordoi – Piz Boè: Mit der Seilbahn auf den Sass Pordoi (2950 m), über dessen Hochfläche nach Osten und steil hinab in die Pordoischarte mit dem Rifugio Forcella Pordoi (2829 m, privat). Nördlich des Kammes über Geröll- und Felsflächen im Bogen an den Fuß der Gipfelpyramide und noch ein gutes Stück auf der Südwest-

Auf diesem Bild zeigt die Marmolada ihre vergletscherte Nordseite; unser Klettersteig führt über den von rechts kommenden Grat.

kante über Geröll und wenige Schrofen auf den Gipfel mit seinem Hüttchen (Capanna Fassa, 30 Schlafplätze).

Vom Grödner Joch: Aus dem Grödner Tal oder von Canazei über das Sellajoch zum 2121 m hohen Pass (auch Busverkehr). Über den Kamm nach Süden, dann Querung nach links und anschließend durch den eindrucksvollen Felskessel der Val Setus (Sicherungen) zu den Flächen von Pisciadù mit der Pisciadùhütte (2585 m, CAI, 100 Schlafplätze, Tel. 0471/83 62 92, 1 ½ Std.). Nach Süden über Geröll durch die Val Titus zum Sattel am Südfuß der schönen **Cima Pisciadù** (2985 m, Abstecher zum Gipfel 25 Min.) und weiter empor zum Beginn der Hochfläche. Über sie sanft abwärts, dann über den Zwischenkofel (2908 m) zur Boèhütte (2871 m, CAI, 79 Schlafplätze, Tel. 0471/84 73 03) und durch die steile Westflanke auf den Gipfel (3 ½ Std. ab Pisciadù). Zurück zur Boèhütte, steil, evtl. auf Schnee, hinab in das enge, ungemein eindrucksvolle Mittagstal (Val de Mesdi) und hinaus nach Kolfuschg.

88 Marmolada di Penia
3343 m

Klettersteig auf die »Königin der Dolomiten«

Bei der Marmolada passt wahrlich das Wort von der »Königin«, so gewaltig ragt sie über ihre Umgebung auf. Auf der Nordseite leuchtet ein großflächiger Gletscher als wallender weißer Mantel, den vielleicht in den Ötztaler Alpen niemand besonders beachten würde, der jedoch im Felsenreich der Dolomiten einen imponierenden Kontrast bildet. Man darf allerdings nicht allzu genau hinschauen, denn Bahnen, Lifte, Hütten usw. machen das Gebiet an der 3309 m hohen Punta di Rocca, dem Ostgipfel, schon arg zum Rummelplatz. Doch drüben auf dem westlichen Gipfel, der Punta die Penia, sind die Bergsteiger unter sich, gibt es doch nur

Blick von Westen auf das höchste Massiv der Palagruppe mit Cimone della Pala (rechts), Cima della Vezzana und Campanile di Val Strut.

relativ anspruchsvolle Zugänge. Teilweise über Gletscher führt die Nordroute vom Fedaiasee. Aber man kann auch zur Marmoladascharte hinaufsteigen und dem großen Klettersteig über den Westgrat folgen und kommt so – gute Verhältnisse vorausgesetzt – eisfrei auf den Hauptgipfel der Dolomiten.

Mit etwas schlechtem Gewissen haben wir die Marmolada in unsere Dreitausender-Galerie eingereiht. Der Aufstieg ist nämlich alles andere als ein gemütlicher Bummel auf bequemen Wegen! Den Gipfelstürmer erwartet ein schon ziemlich anspruchsvoller Klettersteig in recht hochalpiner Umgebung, der zwar ausreichend gesichert, aber doch recht lang und oft steil und ausgesetzt ist. Da der Steig zudem teilweise durch die Schattenseite des Grates führt, trifft man hier, in dieser großen Höhe, häufig auf Schnee oder Eis. Auch der Rückweg ist ein Problem: Am besten klettert man über die Via ferrata wieder hinab, sonst müsste man den Gletscher mit seinen Spalten begehen. Also – eine Tour ausschließlich für den Könner bei besten Verhältnissen und zuverlässigem Wetter.

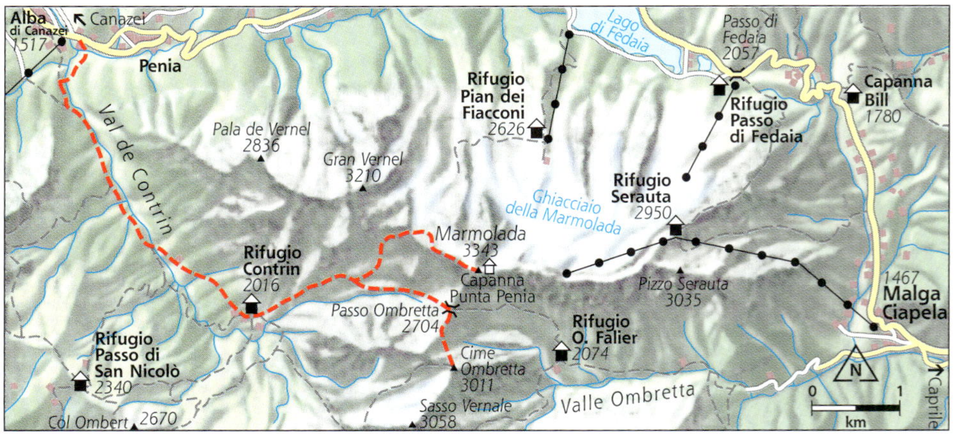

Die kilometerbreiten, auffallend steilen und glatten Marmolada-Südwände kann man ideal von der Cima Ombretta aus bewundern, dieser einfachen Alternative zu unserem Hauptgipfel. Die Wände werden deshalb erst dort, also im nächsten Kapitel, beschrieben.

Charakter: Große Tour inmitten einer imponierenden Bergwelt, Klettersteig mit steilen und ausgesetzten Passagen, nur mit entsprechender Erfahrung zu verantwor-

ten; stabiles Wetter wichtig. Aufstieg zum Contrinhaus knapp 2 Std., von dort auf den Gipfel mindestens 4 Std.
Ausgangspunkt: Contrinhaus (2016 m), siehe Cima Ombretta.
Westgrat-Klettersteig: Von der Hütte nach Osten und auf der linken Seite über die Hänge empor zum Beginn des obersten Contrin-(Rosalia-)tals. Wegverzweigung. Auf dem linken Steig in Kehren über die bald recht schuttreichen Hänge gegen die Felsen des Kleinen Vernel empor, dann durch eine etwas mühsame Rinne und schließlich über eine Leiter in die Marmoladascharte (2916 m). Nun auf dem Klettersteig mit fast durchgehendem Drahtseil in dem auffallend abgerundeten, splittrigen, teilweise recht steilen Felsgelände relativ weit links der Gratkante, also nordseitig, empor. Nach etwa 250 Höhenmeter auf den nun deutlich flacheren Kamm und über ihn (evtl. Schneereste) zum Gipfel mit seinem zwar bescheidenen, aber meist bewirtschafteten Hüttchen.

89 Cima Ombretta 3011 m

Aussichtsloge vor der Marmolada-Südwand

Dolomiten-Dreitausender fast ohne Kletterei – das gibt's nur zweimal, den Piz Boè und die Cima Ombretta. Niemand braucht sich zu genieren, der den Namen Ombretta nicht kennt. Der Gipfel versteckt sich vollkommen hinter der Marmolada (3343 m), hinter deren gewaltiger Südfront, jener viele Kilometer breiten und bis zu 800 m hohen Wandflucht, die die Kletterer ganz besonders schätzen. Wie eine Aussichts-Tribüne ist die Cima Ombretta den Marmolada-Wänden gegenüber gestellt, als wäre sie eigens als Auslug dort errichtet. Zum Panorama gehört aber auch manches andere; so zeigt die Civetta ihre Breitseite, ihre ebenfalls mächtige Wandflucht, ein weiteres Kletterdorado für die Guten unter den Steilfelsjüngern. Und im Süden wächst ein ganz auffallendes Zackenmeer in den Himmel: die bis zu 3193 m hohe Palagruppe.

Der Weg zur Cima Ombretta vermittelt die unterschiedlichsten Eindrücke. Als malerisch lässt sich der Boden des Contrintals einordnen mit seinen Wiesenflächen, den alten Bäumen und den wilden Felsbergen steil über dem Betrachter, unter denen vor allem der Westgipfel der Cima Ombretta imponiert. Zwischen Hütte und Ombrettapass ist man in einer von Felswänden eng begrenzten Urwelt unterwegs, während oben auf den Graten der Blick immer freier, weiter und großartiger wird. Und der Besitzer eines Fernglases kann eventuell den Kletterern in den berühmten Südwänden zuschauen.

Charakter: Größere und kleine Bergwege in meist steinigem, manchmal mühsam abschüssigem Gelände, doch ohne anspruchsvolle Stellen. Aufstieg zum Contrinhaus knapp 2 Std., von dort auf den Gipfel knapp 3 Std.
Ausgangspunkt: Im Fassatal nach Canazei und noch etwa 1,5 km Richtung Fedaiapass bis kurz hinter Alba (1517 m).
Zum Contrinhaus: Auf breitem Weg über eine erste, hohe Talstufe, dann flach im Contrintal einwärts und schließlich am linken Hang empor zu dem auf einem grünen Geländevorsprung thronenden Contrinhaus (2016 m, privat, 100 Schlafplätze, Tel. 0462/60 11 01) mit großer Bergkulisse.
Auf die Cima Ombretta: Von der Hütte nach Osten und auf der linken Seite über die Hänge empor zum Beginn des obersten Contrin-(Rosalia-)tals. Wegverzweigung. Auf dem rechten Weg durch das Tälchen und durch Mulden, schließlich über Schutthänge in den breitem Ombrettapass (2704 m) am Fuß der Marmolada-Südwände. Nun nach rechts rasch hinauf zur roten Biwakschachtel Marco dal Bianco und weiter über schuttreiche Hänge, dann nach links und durch eine Steilmulde ein gutes Stück aufwärts zum Grat knapp neben dem Mittelgipfel (2983 m). Auf dem Grat, später auch etwas tiefer in der rechten Flanke, über Geröll und Schrofen zum höchsten Punkt.

90 Cima della Vezzana 3192 m

Höchster Gipfel der Palagruppe

Jeder kennt das berühmte Bild: Segantinihütte und Cimone della Pala (3184 m), diese leicht verdrehte Flamme aus Fels. Daneben steht ein weiterer großer Felsberg, nicht ganz so elegant, aber doch gewaltig, scharfkantig und mit großen, im Eis fußenden Wänden. Das ist die viel weniger bekannte Cima della Vezzana; dabei bildet sie den Hauptgipfel der gesamten Palagruppe. Keiner ahnt bei diesem Anblick, dass jedermann, der mit Schneefeldern und Schrofen zurechtkommt, fast ohne Kletterei diese stolze Dolomitenzinne besteigen kann.

Die für einfache Dolomitenaufstiege so typische Route führt durch geröllgefüllte Hochkare und begeistert mit dem Blick auf grandiose Felsszenerien.

In der Palagruppe stehen so elegante Felsberge wie die Pala di San Martino oder das Gipfelpaar Sass Maor und Cima della Madonna. Vielleicht übernachtet doch der eine oder der andere in der Rosettahütte (siehe unten), um sich noch ein wenig umzuschauen. Man könnte etwa folgende Rundtour durch diese Felsen-Zauberwelt unternehmen: Passo Pradidali – Rifugio Pradidali – Passo di Ball – Passo di Roda.

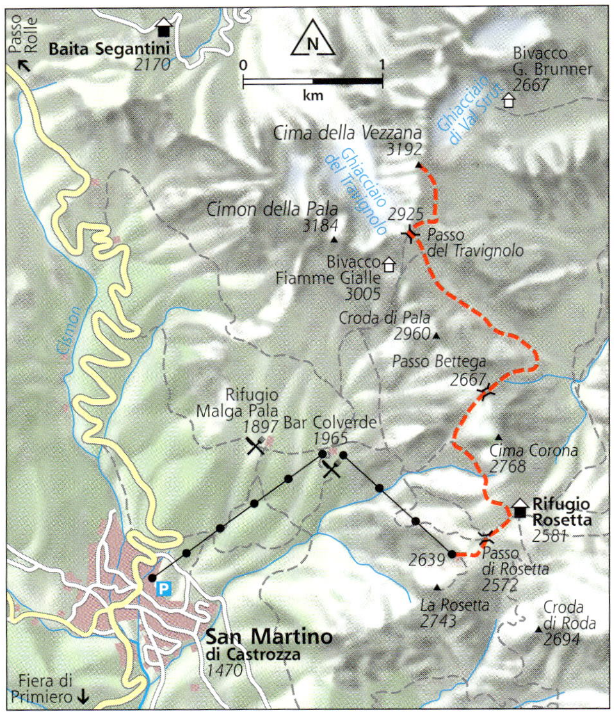

Eigentlich ganz einfach: Auf den Karten steht Rosettahütte oder Rifugio Rosetta, und wenn nicht gerade dicker Nebel herrscht, kann man das Haus nicht übersehen, so auffallend und scheinbar mutterseelenallein liegt es inmitten der steinigen Pala-Hochfläche. Trotzdem findet man es nicht – im Hüttenverzeichnis; dort steht es nicht unter dem Buchstaben R und auch nicht unter seinem »Zweitnamen« Pedrottihütte. Man müsste halt wissen, dass der gesamte Name Rifugio Giovanni Pedrotti alla Rosetta lautet und das Haus unter G eingeordnet wurde.

Charakter: Hochalpine Bergfahrt, meist Schneefelder, einfache Schrofenkletterei, trotz der Steigspuren und Markierungen nebelfreies Wetter wichtig! Aufstiegszeit 3 Std.
Ausgangspunkt: Von Predazzo im Fassatal zum Rollepass (1980 m, 20 km) und drüben hinab nach San Martino di Castrozza (1470 m, 10 km) mit schöner Felsbergkulisse und zur Talstation der Bahnen links der Straße.
Gipfelroute: In zwei Abschnitten zur Bergstation in 2639 m Höhe und auf der Hochfläche leicht abwärts zum Rifugio Rosetta (2581 m, CAI, 83 Schlafplätze, Tel. 0439/6 83 08). Etwa eben im Westen um die Cima Corona in den Passo Bettega (2667 m). Mit etwas Höhenverlust um eine Geländekante in die Valle dei Cantoni und auf Geröll, Schnee und etwas Fels bis vor den Passo del Travignolo. Durch die schrofige Flanke erst etwas nach rechts in eine Lücke neben dem Nuvolo, dann wieder links auf den Grat und den Gipfel, der mit jäher Wand nach Westen abbricht.

91 Zehnerspitze 3026 m

Der Herrscher über dem Reich der Fanes

Heiligkreuz – dieser Name führt schon auf die passende Spur: Ein Kreuzweg zieht hinauf zu einem Wallfahrtskirchlein, das bis ins 15. Jahrhundert zurückgeht. Hier ist aber weniger das Kunsthistorische interessant als die Lage in 2045 m Höhe, schon oberhalb der Waldgrenze. Nach Westen und Süden ist der Blick von dort oben völlig frei, er reicht sogar bis zur Marmolada mit ihren Gletschern. Gleich hinter den Gebäuden aber ragen die rostroten, kilometerbreiten Wände des Heiligkreuzkofels in den Himmel. Kein Bergwanderer hat bei diesem Anblick auch nur die kleinste Hoffnung, dort je hinaufzukommen. Und doch gibt es eine Möglichkeit für alle Trittsicheren. Man muss nur den glatten, rötlichen Wänden weit, weit nach Süden ausweichen. Sie fußen ja in einem splittrigen, zerfallenen, grauen Gestein, das nicht allzu steil ist und das der Weg Nr. 7 geschickt durchschneidet. In der Scharte kommt dann die große Überraschung: Man steht hier nicht auf einem scharfen Grat, sondern am Rand der viele Kilometer weiten, hellgrauen Karsthochfläche der Kleinfanesalm. Die Sage erzählt, dass es sich hier einst um üppig grünes Land handelte, in dem das Volk der Fanes lebte. Von dort entpuppt sich dann der Aufstieg auf den scheinbar so wilden Heiligkreuzkofel als gemütlicher Bummel. Doch dieser Gipfel ist nur 2908 m hoch. Ganz anders aber schaut es mit unserem Dreitausender aus. Der Zehner stürzt nach Nordwesten mit Riesenwänden, nach Südosten zur Fanesalm mit auffallenden Plattenschüssen ab, die im obersten Teil urplötzlich senkrecht aufgerichtet sind und wie eine Mauer auf dem Grat aufsitzen. Bei diesem Anblick hat schon mancher ganz spontan auf den Übergang zu unserem Hauptgipfel verzichtet. Wer nicht ein bisschen klettergewandt ist (Schwierigkeitsgrad I+), verzichtet sowieso besser auf dieses Ziel.

Charakter: Steig mit Sicherungen im Schrofengelände zur Kreuzkofelscharte, Trittsicherheit nötig, am Zehner

Kletterei bis I+, ausgesetzt, nur für wirklich Erfahrene. Aufstieg zum Heiligkreuzkofel knapp 4 Std., Übergang zum Zehner 45 Min.

Ausgangspunkt: Im Gadertal nach Pedraces/Pedratsches (1324 m). Hier nach Osten über den Gaderbach und zur Talstation der Bahn.

Auf den Heiligkreuzkofel: Mit dem Lift zur Bergstation in 1840 m Höhe. Auf dem Sträßchen an den Kreuzwegstationen vorbei nach Heiligkreuz (2045 m, Gasthaus/Hospiz, 27 Schlafplätze). Noch kurz auf die Wände zu, bei der Verzweigung dann rechts und schräg empor zwischen Latschen und über viel Geröll zu den Schrofen unter den großen Wänden. Auf Bändern, durch Rinnen immer weiter nach rechts allmählich in der Flanke höher und schließlich in die Kreuzkofelscharte (2612 m), wo man auf weite Karstflächen trifft. Auf dem meist weiträumigen Kamm, der allerdings links in wilden Wänden abbricht, noch ein gutes Stück zum Gipfel des Heiligkreuzkofels (2907 m).

Übergang zum Zehner: Auf den Steigspuren in sicherem Abstand zu den großen Nordwänden in den nahen Sattel (2875 m) hinunter und an den letzten, steilen Gipfelaufbau heran. Den Markierungen durch den teilweise ausgesetzten Fels folgend – eine Rinne mit Drahtseil – auf den Gipfel.

Der letzte Aufschwung zum Gipfel der Zehnerspitze erfordert etwas Kletterei in ausgesetztem Gelände.

92 La Varella 3055 m

Kilometerbreites Felsmassiv über Alta Badia

Nur ganz am Anfang des langen Weges zur Varella umgibt uns die typische Dolomitenlandschaft; den geröllgefüllten Boden der Val Sarè überragen die bis zu 600 m hohen, ungemein glatten Wände der Cima Scotoni (2874 m), ein Namen mit Wohlklang in den Ohren der Kletterer extremer Richtung. Doch die makellosen Wiesenböden am Tadegapass, das schmale Hochtal mit seinen Platten und den relativ kleinen, aber glatten Felsfluhen, der Trümmerhang zum Gipfel – das ist alles kleinräumige, wuchtige Kalk-Hochgebirgswelt, hat jedoch keine Ähnlichkeit mit dem Himmelstürmenden, Unnahbaren, das für die Dolomiten typisch ist. Dazu kommt eine relative Ruhe; auch das ist untypisch für dieses Gebirge. Wer kennt schon die Varella, obwohl sie – zusammen mit ihrem Cunturines-Bruder – gewaltig über ihre Umgebung emporragt und das Hauptmassiv im gesamten Gebirge zwischen Pustertal und Falzàregopass bildet? Die Individualisten und Menschen mit Muße werden jedoch gerade an dieser ungewöhnlichen Tour Gefallen finden, zumal es unterwegs – was man bei diesem Gelände gar nicht glauben mag – keine ernsthaften Schwierigkeiten gibt. Der Unaufmerksame kann allenfalls vom kleinen Weglein abkommen. Der höchste Punkt des kilometerbreiten Massivs liegt genau im Schnittpunkt der drei Hauptkämme. Ihm ist im Westen ein Gratecke vorgebaut, die mit einem Kreuz geschmückt wurde und die einen ebenso überraschenden wie faszinierenden Tiefblick auf La Villa und St. Kassian bietet.

Charakter: Große Bergfahrt in relativ stiller Dolomitenwelt, im oberen Teil kleine Steige, steilere Stellen und viel Geröll, doch keine Kletterei. Zuverlässiges Wetter wichtig! Aufstieg mindestens 4 ½ Std., lang gezogener Rückweg.

Ausgangspunkt: Von La Villa (Stern) im Badia bzw. Gadertal nach St. Kassian und weiter Richtung Falzàregopass bis zur Brücke über den Rio Sarè. Hier links ab und noch etwa 1 km zum großen Parkplatz vor der Capanna Alpina (1726 m); oberhalb gewaltige Felskulisse.

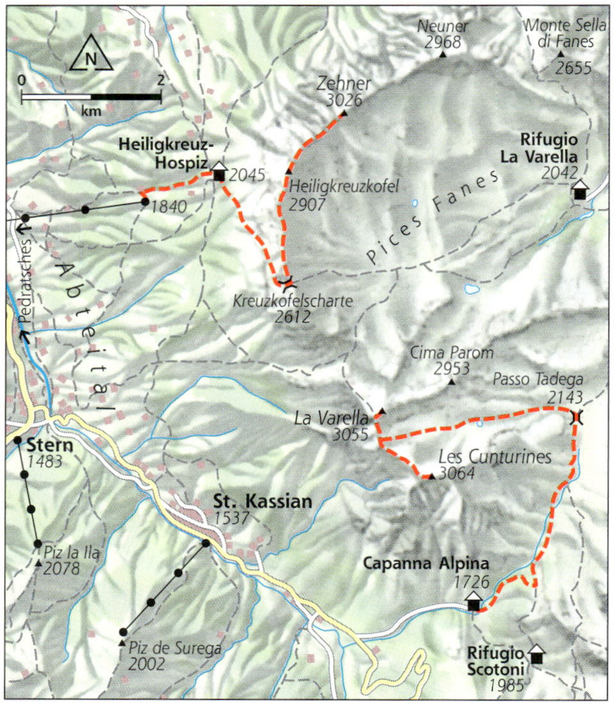

Aufstieg zur Varella: Flach in den großen Boden der Val Sarè. Bei der Wegverzweigung links, zwischen Latschen empor und über eine Felspassage auf den weiten Grasboden am Fuß der Campestrinspitzen, von dort weiter talein bis kurz vor den Tadegapass. Hier scharf nach links und auf einem erst etwas undeutlichen, bald aber guten Steig in das abgeschiedene, eigentümliche Hochkar zwischen La Varella und Les Cunturines, das die ladinische Bezeichnung Busc da Stlü trägt. Am flachen Cunturinessee vorbei und immer auf der rechten Seite bleibend – oberhalb immer wieder glatte Wände – weiter talein, wobei das Gelände zunehmend von Geröll bedeckt ist, bis in die abschließende Scharte (2889 m), einem Felstor mit senkrechten roten Wänden. Über Schutt nach Norden empor, dann auf einem ausgeprägten Band nach rechts um die

Die Südabstürze von Les Cunturines sind bis zu 1000 m hoch und in zahllose Grate, Rippen, Schluchten usw. aufgeteilt.

Ecke. Über Böden und durch eine Rinne zum Grat und nach rechts auf den höchsten Punkt. Beim Rückweg sollte man sich stets genau an die Aufstiegsroute halten.

93 Les Cunturines 3064 m

Hauptgipfel zwischen Fanes und Falzàrego

Selbst für die Dolomiten bilden die 1000 m hohen und bis zu zwei Kilometer breiten Südabstürze der Cunturines ein einmaliges Bild: Ein chaotisches Durcheinander von Graten, Felsrippen, Pfeilern, Rinnen, Schluchten, Tälern, Bändern. Wenn Nebel durch diese Riesenflanke ziehen, wird das Wirrwarr von Felsformen erst so richtig deutlich und plastisch. Eine kräftig rostrote Farbe verstärkt den Eindruck, und so wird sich niemand darüber wundern, dass dieses Motiv so oft in großformatigen Kalendern auftaucht, zumal sich die Orte im Gebiet von St. Kassian als schöner Vordergrund anbieten.

Dreitausender mit Weg ist ein etwas kühner Titel für die Tour auf die Cunturines. Soweit die Route mit dem Aufstieg zur Varella zusammenfällt, also immerhin bis in 2889 m Höhe, lässt sie sich als Bergwanderung einordnen, doch das letzte Stück mit seinen eigenwilligen Steigbäumen an einem Felsabsatz erfordert schon einiges alpines Können. Aber es ist natürlich auch etwas Besonderes, auf dem höchsten Gipfel im weiten Umkreis zu sitzen und die wahrhaft freie Aussicht zu bewundern. Da könnte man sich mit folgendem Spiel beschäftigen: Wie viele der Dolomitengipfel kann ich bestimmen?

Charakter: Der Nachbarberg der Varella ist nur über eine kurze ausgesetzte, aber gesicherte Stelle zu erreichen; deutlich anspruchsvoller. Knapp 5 Std. Aufstieg; lang gezogener Rückweg.
Ausgangspunkt: Val Sarè und Capanna Alpina (1726 m), siehe Tour 92.
Auf die Cunturines: Wie bei der Varella beschrieben in die torartige Scharte im Hauptkamm. Hier nun links, auf Pfadspuren unter der Zweischartenspitze hindurch in einen weiteren Sattel und über den steinigen Kamm und ein Geröllband an die kleine Felsstufe, die den Zugang zur Gipfelfläche sperrt. Mithilfe von Steigbäumen und einer Brücke empor und weiter auf den sich zurücklegenden Gipfel, der seine gesamte Umgebung überragt.

94 Tofana di Dentro 3238 m

Möglichkeiten hoch über Cortina

Als kurzer, aber ungemein wuchtiger und auffallender Kamm erheben sich die Tofanen westlich oberhalb des berühmten Ferien- und Skiortes Cortina d'Ampezzo. Als Tofana di Mezzo bezeichnet man den mittleren der drei Gipfel, der mit seinen 3244 m nicht nur der höchste Punkt des Kammes, sondern auch der dritthöchste Berg der gesamten Dolomiten ist. Dank der großen Seilbahn kann jeder diese Aussichtsloge erreichen und so trifft sich auf dem Gipfel ein bunt gemischtes Volk. Außer den reinen Seilbahngästen ist auch so mancher mit festen Bergstiefeln unterwegs, startet man dort oben doch zu einigen spannenden Touren.

Hinter einer nur um 150 m eingesenkten Scharte ragt im Norden die Tofana di Dentro auf. Früher hat kaum einer auf diesen fast gleich hohen und durchaus selbstständigen Gipfel geachtet. Inzwischen jedoch turnt mancher über den 800 m langen Verbindungsgrat, seit dieser nämlich durch die Via ferrata Lamon erschlossen wurde. Das klingt so imponierend, dabei handelt es sich hier nur um einige Sicherungen auf der schon vorher nicht allzu anspruchsvollen, kurzzeitig allerdings etwas ausgesetzten Schneide. Doch was soll man nach dieser Spritztour mit dem Rest des Tages anfangen? Wieder mit der Seilbahn in die Tiefe schweben? Oder vom hinteren Gipfel nach Nordosten auf der Via ferrata Formenton absteigen, wo man relativ oft auf schlechte Verhältnisse trifft? Dann gibt es noch die große Lösung: drei Tofanen an einem Tag. Interessant wäre dabei der Abstieg auf dem mittelschweren Klettersteig zum Bus, dem gewaltigen Felsenfenster, das man schon von der Passstraße zum Falzàrego aus sehen kann. Oder man macht es sich etwas einfacher und steigt aus der Gipfelscharte direkt zur Giussanihütte ab, vorausgesetzt das Firnfeld lässt sich gut begehen; den Schlüssel für die Route bildet ein langes Felsband, das mitten durch die große Wand zieht. Über die Möglichkeiten an der Tofana di Rozes informiert das nächste Kapitel.

Charakter: Lamonweg, ein felsiges Steiglein, gut gesichert, zwischendurch etwas ausgesetzt, sehr große Höhe, Trittsicherheit erforderlich. Evtl. mittelschwerer Klettersteig von der Tofana di Mezzo hinab zum Bus. Gratübergang von der Bergbahn zum hinteren Gipfel 1 Std., kürzester Abstieg zur Hütte knapp 1 ½ Std., über den Klettersteig mindestens doppelte Zeit.

Ausgangspunkt: Cortina d'Ampezzo (1224 m), Talstation der Seilbahn nahe dem Fluß Boite.
Lamon-Weg zur Tofana di Dentro: Auf dem mit Felsblöcken geschmückten Grat und in der linken Flanke von der Tofana di Mezzo in den tiefsten Sattel (3084 m) hinab. Nun auf einem relativ luftigen Grat hinüber zum Gipfelfuß der Tofana di Dentro, dann rechts der Kante über Stufen und Bänder auf den weiträumigen Gipfel.
Abstieg zur Giussanihütte. Klettersteig: Zurück auf die Tofana di Mezzo und weiter über die Schneide zum Südeck des Gipfelgrates. Links in der Flanke über Bänder und kleine Stufen hinab zu hohem Abbruch. Über Leitern und mit Drahtseilhilfe sehr steil und ausgesetzt hinunter, dann schräg über eine unangenehme Rinne, wieder auf den Grat und über eine letzte Stufe zum Bus di Tofana, einem gewaltigen Felsenfenster. Dort den Grat verlassen und über ein sehr hohes Geröllfeld hinab und schließlich rechts haltend zum Rifugio Giussani (2580 m, früher Rifugio Cantore, CAI, 60 Schlafplätze, Tel. 0436/57 40).
Direkter Abstieg: Von dem 3084 m hohen Sattel zwischen den Tofanen den Spuren folgend nach Südwesten über den Firn hinab und etwas weiter unten dann durch eine schmale Stelle auf ein großes Geröllband in der Westflanke des Mittelgipfels. Über das bequeme Band nur wenig abwärts in eine Lücke und dann immer im Geröll und über Halden hinab ins Hüttengebiet. Weitere Möglichkeit und Rückwege siehe Tourengebiet Tofana di Rozes.

95 Tofana di Rozes 3225 m

Rostrote Mauer über der Falzàregostraße

Etwa in der Mitte zwischen dem Falzàregopass und Pocol führt die Straße über relativ freie Böden, die gewaltig von den Tofanen überragt werden. Das ist Dolomitenlandschaft par excellence: rostrote Riesenwände, von Kulissen und Schluchten gegliedert, einzeln stehende Türme, gezackte Grate. 800 m ist der Südabsturz der Tofana di Rozes hoch und zählt mit seinen extrem schwierigen Routen zu den großen Kletterwänden. Für den Bergwanderer bietet die »Rozes« einen faszinierenden, aber doch eher abschreckenden Anblick. Und trotzdem findet hier der Erfahrene, wenn die Verhältnisse günstig sind, spannende, erlebnisreiche und landschaftlich großartige Dreitausendertouren.

Ein ganzes Netz von Wegen, Klettersteigen, Straßen und Bergbahnen sorgt für ein buntes Angebot an Möglichkeiten. Man kann ganz »brav« von der Dibonahütte am Rifugio Giussani vorbei über den Normalweg auf die Tofana di Rozes steigen. Oder man startet weiter oben an der Falzàregostraße, wandert unter den Südwänden hindurch und kehrt nach der Gipfelbesteigung durch Masarè- und Travernanzestal zurück; das ergibt eine großartige Rundtour. Entsprechende Könner wiederum gehen den sehr anspruchsvollen Lipella-Klettersteig mit seinem 800 m langen Stollen, in dem man unbedingt eine Lampe braucht. Doch für uns wird wohl die Kombination aller drei Tofanen das größte und reichhaltigste Erlebnis bringen. Tofana di Mezzo und Tofana di Dentro lauten die beiden ersten Ziele dieser großen Bergfahrt; sie wurden im vorangegangenen Kapitel bereits beschrieben.

An der Tofana di Rozes fallen die abgerundete Form und die nach Norden hinabziehenden Geröll- und Schrofenflächen ins Auge. Natürlich führt unser Steiglein über diese »schwache« Seite. Schutt, Platten, Felsbänder bilden keine großen Hindernisse, doch gibt es dort oben selbst im Sommer manchmal Schnee und Eis, ja zu Zeiten trifft man sogar auf einen kurzen Firngrat. Man sollte sich deshalb vorher unbedingt nach den Verhältnissen erkundigen.

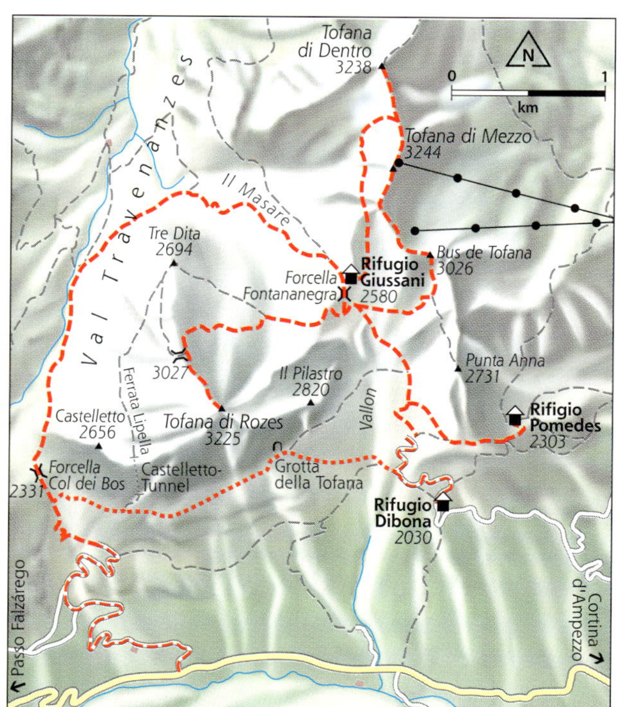

Charakter: Am hohen Gipfelaufbau kleiner Steig in oft splittrigem Felsgelände, Trittsicherheit wichtig, stark von den Verhältnissen abhängig. Aufstiegszeit zur Hütte 1 ½ Std., von dort auf den Gipfel knapp 2 Std.
Ausgangspunkt: Auf der Straße von Cortina Richtung Falzàrego empor, bis sie in das gleichnamige Tal einbiegt. Hier rechts ab und auf einem Sträßchen noch weit aufwärts zum

Klettersteig an der Punta Anna im Südkamm der Tofana di Mezzo, im Hintergrund die Tofana di Rozes.

Rifugio Dibona (2030 m, privat, 50 Schlafplätze, Tel. 0436/86 02 94). Sollte die Straße gesperrt sein, fährt man von Cortina mit den Bahnen zum Rifugio Pomedes (2303 m).

Normalweg: Von der Dibonahütte auf breitem Weg in Kehren über Gras in das Geröllkar unter der wilden Punta Anna, dort erst gerade empor, dann nach links zum modernen Rifugio Giussani (2580 m, früher Rifugio Cantore, CAI, 60 Schlafplätze, Tel. 0436/57 40). Über Geröll zu den Felsen und immer nach Westen schräg durch die Flanke bis zur Geländekante mit ihren wilden Abbrüchen auf der anderen Seite. Nun über kleine Stufen auf dem Nordrücken empor, der gegen den Gipfel zu immer flacher wird.

3-Tofanen-Tour: Wie bei den Touren unter Nr. 94 zur Tofana di Dentro und zur Tofana di Mezzo und Abstieg zur Giussanihütte. Von dort weiter wie oben beschrieben auf die Tofana di Rozes. Zurück zur Hütte und nach Südosten ins Kar hinab, um den südlichen Felsfuß der Punta Anna herum zum Rifugio Pomedes, schließlich mit den Bahnen hinab nach Cortina.

96 Cristallo di Mezzo
3154 m

Via ferrata zu großem Felsberg

Wuchtige Felsriesen bestimmen das Bild in der kleinen, aber sehr eindrucksvollen Cristallogruppe; auffallend sind die fast viereckigen Formen, die vielleicht zu dem Namen Cristallo führten, was ja nichts anderes als Kristall bedeutet. Die zweithöchste Erhebung des Massivs ist unser Ziel, der Mittelgipfel oder die Cima di Mezzo. Beim Anblick der bis zu 750 m hohen Felswände kommen wohl Wünsche für eine Besteigung gar nicht erst auf. Dennoch gehört der Cristallo di Mezzo zu den »schnellsten« Dreitausendern, kann man mit den Liften doch fast bis in Zugspitzhöhe fahren. Und dort oben gibt es dann die Via ferrata Marino Bianchi, einen echten Klettersteig mit 800 m Drahtseil, zwei Leitern und 140 Haken. Oben am schmalen, scheinbar senkrechten Grat sorgt er sogar für einige Aufregung. Auch auf dem Gipfel selbst ist kaum Platz; doch im Süden, zehn Meter tiefer, findet man einen breiten Absatz für eine »stressfreie« Gipfelrast. Außerdem: Wer nichts übrig hat für Felsakrobatik, der kann auf Geröllbändern relativ bequem den Schwierigkeiten ausweichen. Apropos Geröll – bei der Liftfahrt lässt sich die Grava di Staunies bewundern, ein rötliches Schuttfeld, steil und schier endlos hoch. Eine Warnung: Unser Berg ist 3154 m hoch; man kann also häufig auf Schneeflecken, Neuschnee oder Eis treffen, was dann die Route für den Bergwanderer endgültig unbegehbar macht.

Spritztour oder große, lange Bergfahrt? Lifte und Klettersteig sorgen für einen ganz kurzen Zugang, auch beim Rückweg wird man wegen der Riesengeröllhalde die Lifte benützen. Man kann also nach der Gipfelbesteigung entweder in aller Ruhe faulenzen oder sich neue Abenteuer suchen. Dazu bieten sich mehrere Möglichkeiten. Ganz nahe liegt ein weiterer Dreitausender, dessen Südkante man schon aus dem Lift bewundert hat: der **Cristallino d'Ampezzo** (3008 m). Eine Rundtour von mittlerer Länge führt über die Forcella Bassa, und ganz Eifrige locken die Höhenwege »Dibona« und »Renato de Pol«. Dabei wird jeweils auf einer kühnen Hängebrücke eine breite Felskluft überquert; das ist zwar nicht gefährlich, aber doch eine echte Mutprobe.

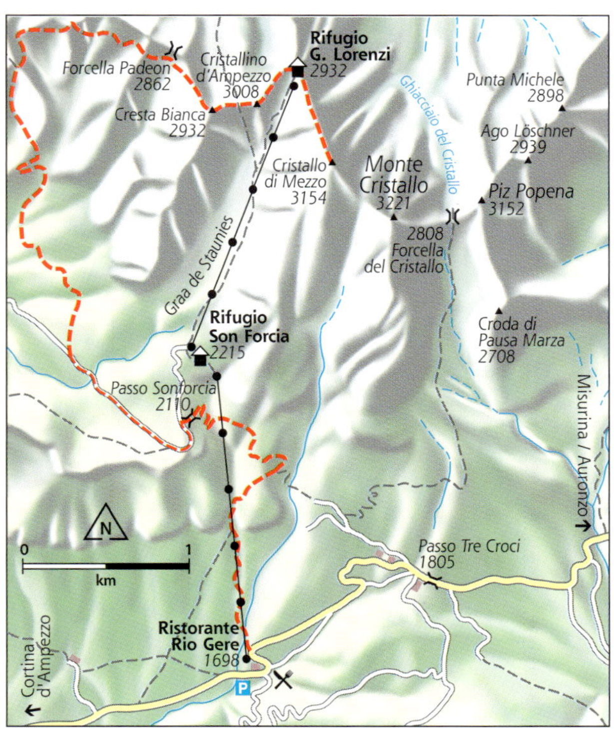

Blick von Nordwesten auf die Cristallogruppe mit Piz Popena, Cristallopass, Monte Cristallo und Cristallo di Mezzo.

Charakter: Mäßig schwieriger Klettersteig, entsprechende Erfahrung unbedingt nötig, am Gipfel äußerst steil und ziemlich ausgesetzt; der Gipfelgrat lässt sich jedoch auf Geröllbändern umgehen. Von der Hütte zum Gipfel gut 1 Std.

Ausgangspunkt: Von Cortina auf der Straße Richtung Passo Tre Croci und Misurina nach Rio Gere mit der Talstation der Cristallo-Lifte (1698 m, Restaurant).

Auf den Gipfel: Fahrt mit den beiden Gondelliften zur Bergstation an der Forcella Staunies

Am Coldaisee in den südöstlichen Dolomiten mit Blick auf den Torre Coldai (im Vordergrund) und die Civetta.

mit dem Rifugio Lorenzi (2932 m, privat, 24 Schlafplätze, Tel. 0436/86 61 96). Auf der Hüttenterrasse Beginn des Marino-Bianchi-Klettersteigs. Mithilfe guter, straffer Drahtseile um ein paar Felstürmchen, durch eine Rinne 20 m hinab und in die Lücke am Fuß des Gipfelaufbaus. Gerade aufwärts über Geröll. Schrofen und Felsen mit Leiter zu dem schon von der Hütte aus auffallenden Gipfelgrat. Sehr steil und ausgesetzt empor, schließlich einfacher über den Grat auf den schmalen Gipfel.
Den gesamten Gipfelaufbau kann man rechts auf Schuttbändern schräg aufwärts umgehen. Diese bieten auch einen schnellen Abstieg.

97 Civetta 3220 m

Die Riesenfelsmauer

Volle fünf Kilometer ziehen sich die mauerglatten Nordwestwände des Civettakammes vom Torre Coldai bis zum Torre Venezia hin. Hervorragende Kletterer schwärmen von den vielen, eleganten und oft reichlich anspruchsvollen Routen. Das Zentrum der Wand, die an der Civetta selbst 1200 m hoch ist, beeindruckt mit ihren sehr, sehr langen und ernsten Klettereien noch heute die besten Alpinisten, obwohl die Erstbegehung der Wand durch Solleder und Lettenbauer schon mehr als 75 Jahre zurückliegt.

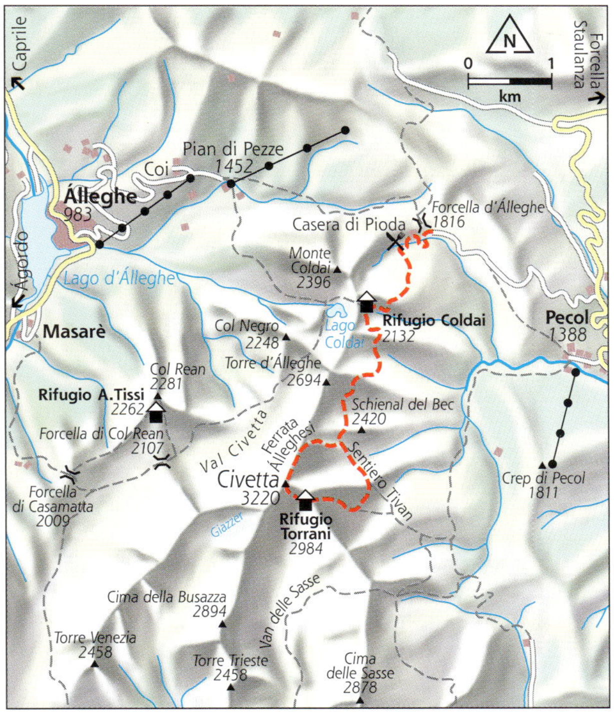

Aber auch beim »Normalbergsteiger« hinterlässt die Civetta tiefste Eindrücke, ob er sie nun ausschließlich vom Coldaisee aus bewundert, sie auf der einfachsten Route besteigt oder ob er gar auf der Via ferrata degli Alleghesi unterwegs ist. Diese gehört zu den beeindruckendsten Eisenwegen überhaupt. Man muss zahlreiche steile und sehr ausgesetzte Stellen meistern; nur den Dolomitenerprobten packt dabei kein Gruseln, nur er hat vielleicht Spaß an der »vielen Luft unter den Sohlen«, wie es so schön im alpinen Fachjargon heißt. Jeder, der sich an diesen Steig wagt, sollte wenigstens den Schwierigkeitsgrad II sicher beherrschen, gibt es doch immer wieder auch Passagen ohne Drahtseile.

Aber selbst auf dem Tivanweg, wie man den Normalanstieg zur Civetta nennt, beeindrucken die weiten Kare in einer gigantischen Welt aus steilem Fels. Zudem darf trotz der mäßigen Schwierigkeiten niemand diese Route unterschätzen, die sich ziemlich in die Länge zieht und in große Höhen führt, sodass man fast immer auch auf Schneefelder trifft.

Charakter: Eindrucksvolle und anspruchsvolle Bergtour auf ein gewaltiges Massiv, Bergwege in teilweise felsigem Gelände mit Sicherungen; Trittsicherheit und zuverlässiges Wetter unbedingt notwendig. Via ferrata degli Alleghesi sehr anspruchsvoll, nur für wirklich erfahrene Klettersteiggeher. Etwa 5 Std., langer Rückweg!
Ausgangspunkt: Aus dem Fiorentinatal (Gebiet von Álleghe) über den Staulanzapass oder direkt aus dem Zoldotal nach Palafavera und auf einem Almsträßchen zur Casera di Pioda (1816 m).
Zur Coldaihütte: Von Pioda auf breitem Weg meist über Wiesenflächen empor zum Rifugio Coldai-Sonino (2132 m, CAI, 80 Schlafplätze, Tel. 0437/78 91 60) knapp östlich der Forcella di Coldai (oder Forcella di Lago), hinter der der Coldaisee liegt.
Über den Tivanweg: Knapp über der Hütte, noch vor der Forcella, vom Hauptweg abzweigend nach Süden. Durch die Hänge der obersten Valle Ziolere auf eine erste Gratrippe, dann langer Weg quer durch zwei Kare auf den Sattel (2350 m) neben dem Schienal del Bec, Porta del Masarè genannt. Nochmals quer durch ein eindrucksvolles Kar, die Busa del Zuiton, und mit etwas Höhenverlust um einen Felsrücken herum auf die Ostseite der Civetta. Erst ab hier nun durchgehender Anstieg. Über Geröllflächen und Platten zu einem Felsriegel. Durch tiefe Rinnen und über Bänder (Sicherungen) dort empor, schließlich durch eine weite Rinne zu den oberen, steinigen Flächen mit dem kleinen Rifugio Torrani (2984 m, CAI, 15 Schlafplätze) und über Schrofen und Geröll auf den Gipfel.
Alleghesi-Klettersteig: Wie oben beschrieben zur Porta del Masarè und von dort an den Ostgratfuß der Punta Civetta. Mithilfe der Sicherungen über teilweise sehr steilen Fels auf eine Schulter des Grates und gegen die Punta empor. Dann nach links auf den Hauptkamm und über die Punta Tissi (2922 m) hinweg noch ein gutes Stück hinauf zum Gipfel (sehr anspruchsvoller, ausgesetzter Klettersteig).

Die Coldaihütte, bei der der Normalweg zur Civetta beginnt, und das Massiv des Torre Coldai.

Nördliche Kalkalpen

Bei Grins, einem klimatisch bevorzugten Ort auf der Südseite der Parseierspitze; diesen Gipfel sieht man rechts hinten.

Unterschiedlicher können zwei Bergfahrten kaum sein als die Touren zu den beiden höchsten Gipfeln in den Nördlichen Kalkalpen, die hier noch als eine Art Anhängsel vorgestellt werden. Die Lechtaler Alpen mit ihrem Hauptgipfel, der Parseierspitze, bilden ein auffallend urwüchsiges, unberührtes Revier der gewaltig-wilden Felsberge. Still bis einsam bleiben hier fast alle Gipfel. Der Dachstein hingegen mit seiner großen Seilbahn, seinem Gletscher und der gewaltigen Südwand bildet gewissermaßen den Mittelpunkt eines alpinen Rummelplatzes; so lebhaft geht es dort – unten und oben – zu. Doch eines haben beide Ziele gemeinsam: Im Rahmen dieses Buch gehören sie zum besonders Anspruchsvollen.

Karten: Für die Tour 98 Alpenvereinskarte 1:25 000, Blatt 3/3, »Lechtaler Alpen – Parseierspitze«, für Tour 99 Alpenvereinskarte 1:25 000, Blatt 14, »Dachsteingruppe«.

98 Parseierspitze 3036 m

Höchster Kalkalpenberg

Exakt müsste es heißen: höchster Gipfel der Nördlichen Kalkalpen. In den Südlichen Kalkalpen gibt es ja viele Dreitausender, etwa die Marmolada (3343 m). Hier gleich eine Warnung: In der 220 m hohen Südostflanke der Parseierspitze gibt es keinen angelegten Steig, nur mehr oder weniger gute Steigspuren, und man muss immer wieder ein wenig klettern (bis Schwierigkeitsgrad I+). Bei blankem Eis kann zudem der winzige Gletscher, der Grinner Ferner, unangenehm sein. Also bestimmt keine Tour für den Anfänger!

Die Parseierspitze ragt ganz gewaltig über ihre Umgebung empor, nur selten dominiert der Hauptgipfel eines Gebirges so auffallend. Trotz seiner Ausnahmestellung ist dieser Berg erstaunlich wenig bekannt, wie das in den sehr wilden Lechtaler Alpen fast überall zutrifft. Dazu trägt natürlich auch die versteckte Lage bei. Nur bei Landeck schaut er ins Tal hinab. Besteigt man jedoch einen anderen Gipfel im Revier, dann kommt das wahrlich Königliche der Parseierspitze voll zur Geltung. Vor allem von Norden erscheint sie als eleganter Dreikant.

Die Parseierspitze von Norden gesehen.

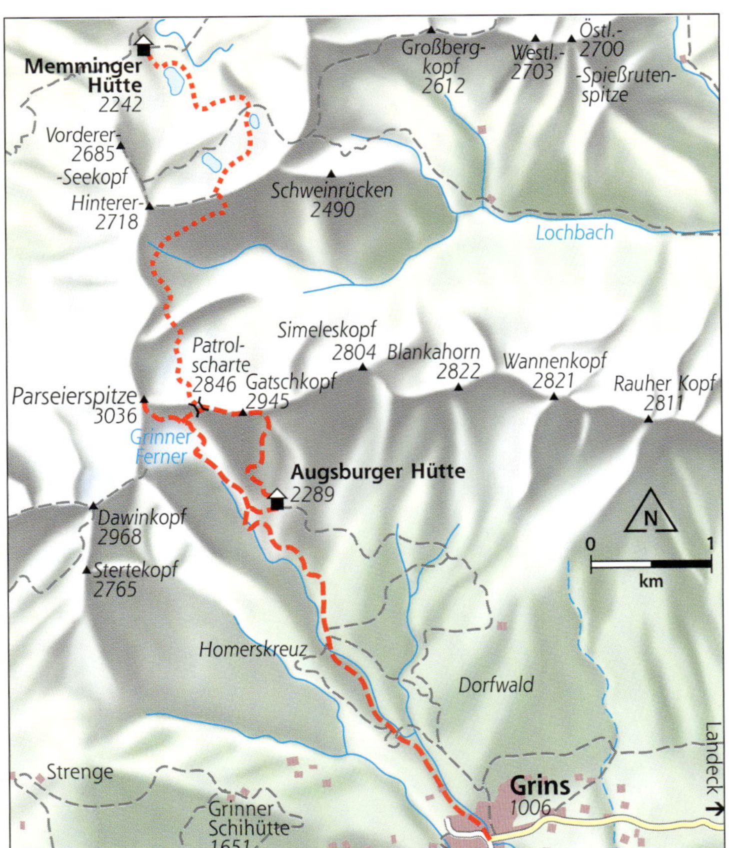

Das dürfte eigentlich gar nicht sein! Ausgerechnet dieser überragende Berg besteht nämlich aus den weichen, stark verwitternden Fleckenmergeln, denen allerdings eine markante Haube aus dem ungleich widerstandsfähigeren Aptychenkalken aufgesetzt ist.

Wir beschreiben hier die einfachste Möglichkeit, die – wie schon ausgeführt – eben gar nicht so einfach ist. Eine weitere Route kommt von der Memminger Hütte herauf; diese spannende Tour steckt voller Überraschungen, leider auch im negativen Sinn, kann das steile Schrofengelände unter der Patrolscharte bei schlechten Bedingungen doch recht unangenehm werden, außerdem droht Steinschlag aus den hohen Felsflanken. Und nochmals eine Steigerung bietet der Augsburger Höhenweg; er zählt zu den längsten und anspruchsvollsten Hüttenübergängen überhaupt und ist mit vielen sehr steilen Stellen »gewürzt«; splittrige Schrofen sind bei dieser Route das besondere Merkmal.

Charakter: Bis auf den Gatschkopf, der fast so hoch ist wie die Zugspitze, Bergwege ohne Probleme, dann je-

doch Überschreitung des kleinen Grinner Ferners und Aufstieg durch eine Schrofenflanke mit Kletterstellen bis I+. Alpine Erfahrung unbedingt nötig. Von Grins zur Hütte knapp 3 ½ Std., von dort über den Gatschkopf auf den Gipfel reichlich 3 Std.

Ausgangspunkt: Gleich von der Autobahnausfahrt im Westen von Landeck auf der Bergstraße hinauf in das reizvoll gelegene, vom warmen Klima bevorzugte Grins (1006 m). Aus der Ortsmitte noch 600 m mit dem Auto zum Parkplatz (1080 m) hinter dem Schwimmbad.

Zur Augsburger Hütte: Vom Parkplatz auf dem breiten Weg halb rechts über Lichtungen und durch Wald am Wildbad vorbei zum freien Gelände am Steinigen Boden. Über Grasflächen und zwischen Latschen auf teilweise schuttigem Steig zum Gasillboden (1597 m), wo man die Hütte oberhalb der Felsen sieht. Rechts neben dem Bach weiter aufwärts, dann über Gras- und Geröllhänge in zahllosen Kehren empor bis in 2200 m Höhe. Nun nach rechts durch die Flanke zur Augsburger Hütte (2289 m, DAV, 70 Schlafplätze, Tel. 05442/6 36 04); herrliche Lage inmitten der gewaltigen, hier begrünten Südflanke des Gatschkopfs mit sehr weitem Blick etwa zu den großen Felsbergen des Kaunergrats.

Auf die Parseierspitze: Von der Hütte auf dem Steig – stets mit schönsten Ausblicken – in vielen Kehren erst über die teilweise noch begrünten Hänge, dann im Fleckenmergel-Material (keine Steine abtreten) weiterhin steil zum Ostgrat und auf den nahen Gipfel des **Gatschkopfs** (2945 m). Von dort am Westgrat entlang hinab in die Patrolscharte und weiter über Geröll (Schnee, evtl. auch Eis) auf den Grinner Ferner (2780 m) bzw. auf das, was von ihm noch übrig ist, hinunter und kurz nach Nordwesten an den Fuß der Südostflanke. Links neben einer Rinne über Schrofen, Platten und Geröll etwas nach rechts empor, in der Wandmitte nach links, dann ziemlich gerade zum Gipfel (Markierungen in der Flanke).

Abstieg durch die Gasillschlucht: Zurück auf den Grinner Ferner, an dessen Ostufer der Steig beginnt. Unterhalb des Eises nach rechts, steil hinab über Felsstellen und auf Bändern über eine Stufe, die so genannte Fernerwand (Sicherungen, erhöhte Steinschlaggefahr). Dann im Gasilltal, einem schluchtartigen, geröllgefüllten Steilkar, hinab bis auf Höhe der Hütte und entweder zu ihr hinüber oder direkter Abstieg nach Grins.

Blick von der Dachsteinwarte in die berühmten Südwände des Hohen Dachsteins, durch die beliebte Kletterrouten führen.

99 Hoher Dachstein 3003 (2995) m

Ein Schwindel-Dreitausender?

Wer wohl die Höhe von 3003 m für den Dachstein aufgebracht hat? Sehr wahrscheinlich sind dies acht Meter mehr, als dem Herrscher im Ostteil der Nördlichen Kalkalpen zusteht. Offensichtlich lässt sich ein Dreitausender doch werbewirksamer vermarkten, denn in den Prospekten und dergleichen wurde diese Höhe eifrig verbreitet. Sei's drum! Dem Außergewöhnlichen, dem Spannenden dieser Gipfeltour tut dies – so oder so – keinen Abbruch. Außerdem handelt es sich hier um ein reichlich anspruchsvolles Unternehmen. Der Zugang führt nämlich über den Hallstätter Gletscher, auf dem es allerdings eine sehr dicke, »offizielle« Trasse gibt, die von einem ganzen Strom von Seilbahngästen und Bergsteigern bevölkert wird. Auf ihr kommt man zur Dachsteinwarte. Imponierend ist der Blick von dort in die 800 m hohe, scheinbar senkrechte Südwand des Dachsteins. Von der Warte sind es dann nur noch wenige Meter zum Beginn des so genannten Felsensteigs. Häufig wird der Aufstieg durch die folgende, teilweise recht steile Felsflanke unterschätzt, wie das erstaunlicherweise an berühmten Bergen die Regel zu sein scheint. Man muss wirklich schwindelfrei sein und kräftig zupacken können, um sich an den guten Klammern und Stiften hinaufzuziehen. Ein besonderes Handicap ist dabei der recht lebhafte Gegenverkehr. Doch was wird nicht alles in Kauf genommen für den König Dachstein! Ein besonderes Merkmal der – nordseitigen – Aufstiegsflanke ist außerdem ihre ganz auffallende, fast waagerechte Bänderung.

Charakter: Begehen eines Gletschers auf ausgetretener Trasse, dann 250 m hohe Felsflanke, meist nordseitig, deshalb häufig ungünstige Verhältnisse; gut gesichert, dennoch perfekte Trittsicherheit notwendig, sehr viel begangen. 1 ½ Std. von der Bergstation der Dachstein-Südwandbahn.

Am Einstieg vom Hallstättergletscher zur Nordflanke des Hohen Dachsteins an der so genannten Randkluft-Route.

Ausgangspunkt: Von Schladming auf guter Straße empor auf die weiten Flächen der Ramsau (1135 m) mit sehr schöner Bergkulisse. Mautstraße zur Talstation der Dachstein-Südwandbahn.

»Felsenweg« zum Gipfel: Beeindruckendes Felsgelände bei der Seilbahnfahrt von der Talstation auf den Hunerkogel (2694 m, Gaststätte). Auf den breiten Trassen über den obersten Hallstätter Gletscher um die Felsgipfel mit dem Namen »Dirndl« herum und empor auf die Dachsteinwarte mit der Seethalerhütte (2740 m, OeAV, keine Übernachtung). Hinüber zum Einstieg in die Felsen. Steil über zwei hohe Felsstufen zur Schulter, kurzer Grat (evtl. Schnee). In Gratnähe auf einen breiten Absatz, dann auf Felsbändern (Mecklenburgband) leicht abwärts in die Gipfelschlucht. Mithilfe von Klammern über steile Absätze zum höchsten Punkt.

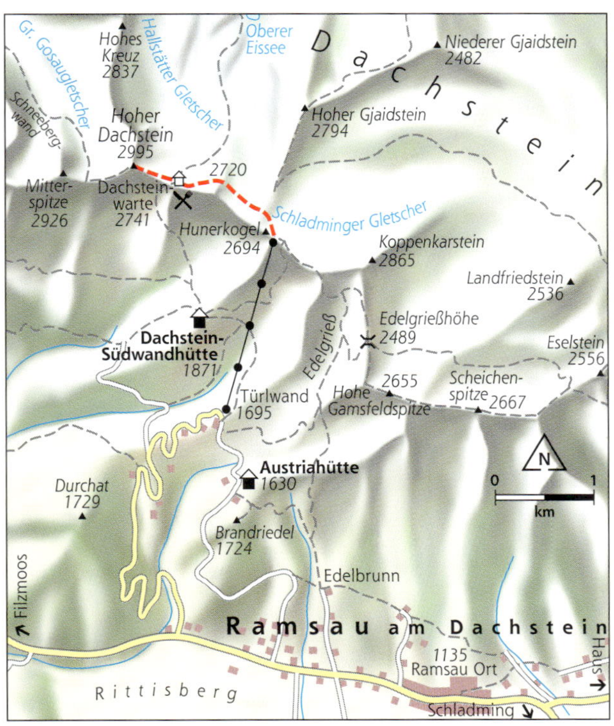

Register

Das Register verweist auf die Seitenzahlen, nicht auf die Tourennummern.

Impressum

Titelfoto:
Blick über den Gschwandbach zur Tiefentaler Alm; im Hintergrund der Fundusfeiler (Ötztaler Alpen).
(Foto: Siegfried Garnweidner)
Umschlagrückseite:
Im Aufstieg zum Sailkopf überm Virgental. (Foto: Sepp Brandl)

Abbildung Seite 4:
Die Nordwände von Sass Rigais und Furchetta in den Dolomiten.
Abbildung Seite 14/15:
Blick aus dem Gebiet der Dawinalm über das Stanzertal auf den Pettneuer oder Hohen Riffler im Verwall.
Abbildung Seite 32/33:
Blick aus dem oberen Vinschgau auf den Schafberg und die Tschenglser Hochwand am rechtenBildrand.
Abbildung Seite 44/45:
Gurgler Bergwelt mit dem Rotmoosferner ganz links, dem Massiv der drei Seelenkögel und dem Hangerer am rechten Bildrand.
Abbildung Seite 70/71:
Unter den Stützpunkten im zentralen Teil der Stubaier Alpen ist die Regensburger Hütte im Hochmoosgebiet relativ wenig bekannt.
Abbildung Seite 88/89:
Blick von der Wilden Kreuzspitze (Pfunderer Berge der Zillertaler Alpen) in die Dolomiten mit Langkofel und Rosengartengruppe.
Abbildung Seite 120/121:
Blick von Norden auf die Gipfel der Geislergruppe mit Sass Rigais (rechte Seite) und Furchetta.

Bildnachweis

S. Brandl: S. 26, 92, 96, 99, 108, 112, 116; I. Heidler: S. 64, 123; Th. Hellwein: S. 137; W. Hellberg: S. 49, 107; St. Herbke: S. 43; R. Lindel: S. 9, 41; L. Mallaun: S. 14/15, 70/71; A. Meier: S. 6 oben, 7 rechts oben, 37, 59, 60, 84, 95, 125; K. H. Modlmeier: S. 7 links unten; K. Puntschuh; S. 4, 12, 28, 83; W. Rauschel: S. 129, 134; B. Ritschel: S. 8, 69, 133; A. Ritzel: S. 6 unten, 136; alle übrigen Fotos: Dieter Seibert.

Umschlaggestaltung: Studio Schübel, München

Lektorat: Heinrich Bauregger, Georg Steinbichler

Layout&Satz: Wagner, Nördlingen

Routenkarten und Übersichtskarte: Ingenieurbüro Christian Rolle, Umweltkartografie und Geoinformationstechnik, Holzkirchen

Alle Angaben dieses Werkes wurden vom Autor sorgfältig geprüft und auf den aktuellen Stand gebracht sowie vom Verlag auf Stimmigkeit geprüft. Für die Richtigkeit der Angaben kann jedoch keine Haftung übernommen werden. Für Hinweise und Anregungen sind wir jederzeit dankbar.

Bitte richten Sie diese an:
Bruckmann Verlag GmbH, Lektorat, Postfach 80 02 40, 81602 München

Gesamtverzeichnis gratis:

Bruckmann Verlag GmbH, Postfach 80 02 40, 81602 München

Internet:
www.bruckmann.de
www.bergsteiger.de – Touren, Bergwetter, Aktuelles, alpine Links

Gedruckt auf chlorfrei gebleichtem Papier

Die Deutsche Bibliothek – CIP-Einheitsaufnahme

Ein Titeldatensatz für diese Publikation ist bei der Deutschen Bibliothek erhältlich

Printed in Slovenia by Neografia
ISBN 3-7654-3677-1